光丨大丨律丨师丨丛丨书丨

经营性物业管理的法律原理与实务

丨吴燕华丨主编丨

1994 / 2024

3 th ANNIVERSARY OF EVERBRIGHT

文汇出版社

图书在版编目（CIP）数据
经营性物业管理的法律原理与实务 / 吴燕华主编 .
-- 上海：文汇出版社，2024.9.
-- ISBN 978-7-5496-4331-8

Ⅰ. D922.181

中国国家版本馆 CIP 数据核字第 2024C5G746 号

经营性物业管理的法律原理与实务

主　　编 / 吴燕华
责任编辑 / 乐渭琦　周卫民
装帧设计 / 刘慧芬

出版发行 / 文匯出版社
上海市威海路755号
（邮政编码200041）
经　　销 / 全国新华书店
照　　排 / 上海歆乐文化传播有限公司
印刷装订 / 上海颛辉印刷厂有限公司
版　　次 / 2024年9月第1版
印　　次 / 2024年9月第1次印刷
开　　本 / 890×1240　1/32
字　　数 / 270千
印　　张 / 11.5

书　　号 / ISBN 978-7-5496-4331-8
定　　价 / 58.00元

开 篇 辞

我精心策划编辑本书，凝聚了光大律师三十载在经营性物业管理领域的实践经验和成果，是我们深耕经营性物业管理领域、坚持不懈地探索研究法律和解决经营性物业争议纠纷的实践，包括了其间所形成的独特见解和丰富经验。本书通过深入剖析经营性物业的法律问题，以案例为载体，系统梳理经营性物业管理的法律规定和实务操作。我们在编辑过程中，有幸与上海市物业管理行业协会密切合作，并获得大力支持，有幸呈现两家服务机构在这一特殊领域的研究成果。

随着我国社会经济发展和城市化进程的高速推进，经营性物业的市场价值越来越大，服务类型越来越多样，由此管理矛盾也日益凸显。而目前的物业管理法规，都没有对居住性物业和经营性物业严加区分及做出特别规定。如《上海住宅物业管理规定》中，对商业物业管理只是参照执行。客观上，经营性物业和居住性物业的形态各不相同，最根本的差异体现在经营性物业的开放性和居住性物业的私密性上，所产生的管理方式也是截然不同的。光大律师坚持探索经营性房屋物业的管理法律，有意推动《经营性物业管理规定》早日成文立法，以便规范经营性物业主体的职责，监督经营管理者的行为，保障使用主体的权益，维护商铺租赁市场的秩序，促进经营性物业管理的健康发展。

编辑出版本书，不仅是为经营性物业管理从业人员和法律工作者提供参考和指导，更冀望成为经营性物业管理立法的理论引导，为立法的可行性研究贡献一份力量！

我要衷心感谢上海房产法律学科的领军人物、陪伴光大律师走过三十载的顾问田汉雄老师的倾情奉献，感谢上海市物业管理行业协会高清廉副秘书长、上海市物业管理行业协会商办专委会专家丁伟先生的鼎力支持。

愿本书能够成为您在物业管理法律研究中的得力助手，与您共同探索法律的奥秘，开启成功之门！

序 一

忻一鸣

拿到上海光大律师事务所和上海市物业管理行业协会商业办公专业委员会编撰出版的《经营性物业管理的法律原理及实务》，既惊讶、又高兴。统计资料显示，上海存量房地产中，大约有一半的建筑面积是住宅，另一半建筑面积是非住宅建筑物，而非住宅建筑物中又有一半是经营性建筑物，可见经营性建筑物数量之庞大。

上海市的住房制度是走在全国前列的。至20世纪90年代末，上海市已有半数家庭居住在商品房或自售的公有房屋（又称售后公房）中，这些住房均已进入物业管理服务的范畴中，因而急需制定有关管理办法。2007年5月，上海市人大常委会通过了《上海市居住物业管理条例》，这是全国第一个由当地人大立规的物业管理条例。我当时也参与了该条例的调研与起草工作，后又几经修改，形成了现在的第5个版本；同时还出台了十多个配套文件和办法，这对上海居住物业管理服务起到了规范作用，在全国也具有示范效应。

然而在非居住物业中，尤其是经营性物业管理服务领域，尚缺乏相关法律法规。当年调研和形成物业管理条例时，非居往物业（含经营性物业）数量还不多，大多是自建自管，矛盾及问题并不突出；加之经营性物业管理服务与居住物业管理服务在主体、客体、服务内容等方面，其法律关系复染，涉及方方面面的权利与义务，一时难以厘清，因而未列入相关条例，只在条例最后泛泛地写了一句"非住宅物业管理，参照本规定执行"。

以后有关方面几次对非居住物业管理，尤其是经营性物业管理进行了调研，也专门组织过课题，仍由于种种原因，一直没出台相关规范。

本书第一编是法律原理，仔细分析了经营性物业的特征、多种法律主体、复杂多重的法律关系、及有关背景材料等，对经营性物业管理服务有一个大致梳理。第二编收集了有关经营性物业管理服务的案例，以及这些案例背后的法理和法律条文，并分门别类列出。这些归类性案例都可以为经营性物业的业主、租客、使用人、管理人等提供一种可资借鉴的思路和方法，这是本书的一大亮点；而且编撰者分别以法律意义上的主体、客体、法律行为为分类标准，使查阅人一目了然，能找到类似的案例，这也给经营性物业的方方面面提供了一个参考的依据。

当然，仅仅靠一本书，是不可能包罗经营性物业管理服务的各种矛盾、问题和解决问题的方式方法。这可能仅仅是一个开端，以后还会有更多的专业人士加入这个领域中，汇编出更多的案例供大家参考，以指导经营性物业管理服务的完善和进步，这也是大家的期望。

（作者系上海市房产经济学会副会长兼秘书长、

上海市房管局物业管理处原处长）

序　二

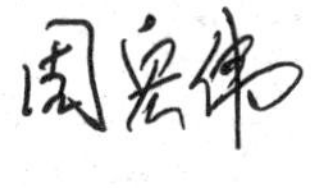

收到这本由上海市物业管理行业协会商业办公专业委员会参加、由上海光大律师事务所编撰的《经营性物业管理的法律原理及实务》一书，内心有些感慨。光大律师事务所并非物业管理服务的专业企业，却在其事务所成立30周年之际，邀请协会商业办公专业委员会共同编撰本书，实属跨界。

随着我国房地产业的蓬勃发展，物业管理服务行业经历了从无到有、从小到大、从粗到细的发展过程，行业的内涵和外延也日益丰富。尤其是经营性物业在城市发展、商业环境改善和经济创收方面提供了重要的物质基础，然而由于经营性物业本身的特性和其涉及的许多法律关系，时时出现各种问题和矛盾。经营性物业的管理在我国还处于发展阶段，缺少专门的立法、法规等来加以规范，急需有关方面关注和解决问题。光大律师事务所牵头编撰这本书，为物业管理行业在这一领域内提供了一种尝试，以律师事务所业务、律师的眼光对经营性物业管理的现状进行分析，提出了规范经营性物业管理的一些建议，更好地实现业主、经营者、顾客等之间的利益平衡。

本书以物业管理行业的发展、境内外经管性物业的管理模式的比较和对照、适用法律的范围及大量的案例和判例，为经营性物业的各方利益相关人提供了一个有益的借鉴，有着较高的参考和学习价值。希望通过本书的发行，能引起相关部门的重视和关心，从而制定出一系列打造良好营商环境，引导我国经营性物业管理健康、稳定、发展的法律和法规。

（作者系上海物业管理行业协会常务副会长）

目　录

开篇辞…………………………………… 祝小东　1
序　一…………………………………… 忻一鸣　1
序　二…………………………………… 周宏伟　3

第一章　经营性物业概述………………………………… 1
一、经营性物业的管理特征……………………………… 2
二、经营性物业的营利特征……………………………… 4
三、经营性物业的复杂法律关系………………………… 5
四、经营性物业的发展历史……………………………… 7
五、经营性物业的发展趋势……………………………… 8
六、发展经营性物业的必要性…………………………… 10
七、发展经营性物业的趋势……………………………… 11
八、发展经营性物业的某些问题………………………… 13
第二章　经营性物业的种类和特点……………………… 15
一、经营性物业的特点…………………………………… 17
（一）多元产权式经营性物业责任权利明确难 ………… 17
（二）服务对象多样化 …………………………………… 18
（三）经营性物业设施、设备繁多，管理要求高 ……… 19
（四）物业管理模式多样化 ……………………………… 20

（五）经营性物业产权人、管理服务企业、使用人、顾客之间关系复杂 …………………………… 21
（六）法律法规缺失，协调解决矛盾难度大 ……………… 23
二、经营性物业的类型及特点………………………………… 23
（一）办公物业 …………………………………………… 24
（二）商业物业 …………………………………………… 26
（三）工业物业 …………………………………………… 29
（四）物流园区 …………………………………………… 32
第三章　经营性物业管理中的法律关系……………………… 39
一、经营性物业管理的主要法律关系………………………… 40
（一）主要法律关系 ……………………………………… 40
（二）次要法律关系 ……………………………………… 41
（三）其他法律关系 ……………………………………… 41
二、业主与物业服务企业的法律关系及合同………………… 41
（一）酬金制物业服务合同的法律关系的特点 ………… 42
（二）包干制物业服务合同的法律关系的特点 ………… 44
三、经营性物业管理的主要合同类型………………………… 46
四、租户与业主物业服务企业的法律关系…………………… 47
五、物业服务企业与供应商的法律关系……………………… 48
六、物业服务企业与监管机构的法律关系…………………… 49
七、物业服务企业还“越界”承担了许多社会责任………… 50
八、业主及物业公司与公众的法律关系……………………… 52
第四章　经营性物业管理的境内外相关法律比较…………… 54
一、境内外经营性物业管理法律法规的启发………………… 54
二、境外物业管理的介绍……………………………………… 55
三、中国内地的物业管理法律规定…………………………… 64

四、国内各地关于经营性物业管理的法律实践……73
第五章 经营性物业管理的法律建议……79
一、“经营性物业”相关法律法规并不明确……79
二、“经营性物业”中多元产权下业主权益保护问题……80
三、非业主使用权人权益保障不明确、力度不足够……81
四、建议决策和监督权……82
五、物业管理服务收费与费用的管理存在问题……82
六、缺乏有效的争议解决机制……83
七、完善建议……83
（一）明确对经营性物业的法律界定……83
（二）提升物业行业协会的自治能力……84
（三）行业协会的自律与监督……84
（四）新加坡行业协会的做法借鉴……85
八、对行业协会自律与监督的希望……86
九、完善、丰富纠纷解决机制……87
第六章 经营性房屋出租人的义务……88
一、经营性房屋出租人义务的概述……88
二、案例分析……89
案例一 没有房屋所有权证书的房屋是否可以出租？……89
案例二 违法、违章建筑的出租……95
案例三 出租房屋的部分是违章搭建，合同效力如何认定？……100
案例四 未盖章的租赁合同，是否可以作为履行依据？……106
案例五 划拨用地上的房屋是否可以出租？……111
案例六 未告知被抵押的租赁合同是否有效？……120
案例七 未告知被查封的租赁合同是否有效？……129

案例八　业主出租房屋不符合经营目的，如何处理？…… 137
案例九　改变房屋规划用途的房屋，租赁合同是否有效？…… 145
案例十　超过 20 年的租赁期限，租赁合同是否有效？…… 153
第七章　经营性房屋承租人的义务…… 156
一、经营性房屋承租人的义务概述…… 156
二、案例分析…… 157
案例一　承租人未按约定目的使用房屋，应当承担何种责任？…… 157
案例二　房屋租赁合同的签署人和实际使用人不一致，何方承担合同责任？…… 161
案例三　未取得营业执照的公司，如何签署租赁合同？该类合同签署后出租人应向谁主张权利？…… 166
案例四　原租赁合同中未约定承租人是否有权转租的，转租合同的效力问题…… 170
案例五　非法转租合同可以变为合法转租？…… 173
案例六　转租合同终止后，转让费（顶手费）能否获得赔偿？…… 181
第八章　经营性房屋租赁合同的解除及争议…… 187
一、合同解除的认定…… 189
二、租赁合同解除后房屋的交还及装修的处理…… 191
案例一　房屋交还不符合约定的条件，不能当然视为租赁合同的解除…… 192
案例二　租赁合同解除后工商注册地址未注销的处理…… 196
案例三　房屋占用费如何计算和承担…… 200

案例四 不定期租赁合同的解除与占用费支付…………203
案例五 出租人是否有权阻止承租人搬离……………210
案例六 租赁房屋正常使用后的合理状态判定………213
第九章 经营性房屋租赁合同期间遇到征收的争议……219
案例一 承租人是否有权主张征收利益？……………219
案例二 承租人是否有权主张搬迁费？………………224
案例三 承租人是否有权主张停产停业损失？………229
案例四 租赁合同的效力对于征收补偿是否有影响？……234
第十章 房屋租赁期间的执行与执行异议……………243
一、关于房屋的执行措施……………………………243
二、拍卖房屋中“买卖不破租赁”原则的适用………245
三、执行异议和执行异议之诉…………………………247
案例一 承租人的执行异议不能仅对房屋查封提出执行异议 ……………………………………………248
案例二 何种情形下，承租人阻却执行拍卖的申请才能得到支持？ ……………………………………255
第十一章 其他纠纷……………………………………263
案例一 承租人欠付租金，是否可以断水断电？………263
案例二 承租人将房屋钥匙交还出租人能否被当然视为合同解除？ ……………………………………268
案例三 承租人擅自搭建违章建筑导致的损害，出租人要承担责任吗？ …………………………………271
案例四 房屋不能办理营业执照，承租人是否可以解除租赁合同？ ……………………………………275
案例五 合同解除后承租方的装饰装修损失谁来承担？ ………………………………………………277

案例六　空调盘机爆裂漏水，物业公司未尽合理注意义务承担部分赔偿责任 …………………… 280
案例七　物业公司是否可规定水电费的标准？ ………… 287
案例八　业主大会程序违法，业主大会决议被撤销…… 292
案例九　业主知情权的范围和方式，业主是否缴纳物业管理费不影响业主的知情权 ……………… 300
案例十　追缴维修基金，不受诉讼时效限制…………… 308
案例十一　使用他公司楼盘名称是否构成侵权？……… 313
案例十二　违法售后包租，涉及刑事犯罪被追究刑事责任………………………………………… 320
第十二章　隐形法律关系、或有法律关系纠纷及问题………… 328
案件一　饭店洒了垃圾，导致商场顾客摔跤，物业管理公司是否承担赔偿责任？ ………………… 329
案件二　顾客参加商家的活动而受伤，物业公司是否承担责任？ …………………………………… 338

参考文献……………………………………………………… 347
后　记………………………………………………………… 350

第一章　经营性物业概述

物业是指已建成并竣工验收的，可投入使用或已投入使用的各类房屋、相关建筑物及与之相配套的设备、设施、实物资产、场地等。各类房屋、相关建筑物可以是住宅区，也可以是单体的其他建筑，还包括综合商住楼、高档写字楼、工业厂房、仓库、宾馆和饭店等。与之相配套的设备、设施和场地，是指房屋室内外各类设备、公共市政设施及相邻的场地、庭院、道路等，经营性物业只是物业大概念中的一种（见下图）。

物业分类表

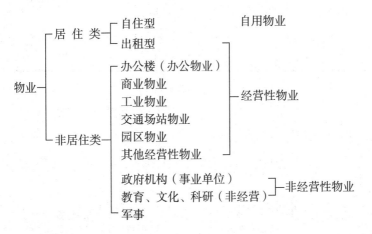

- 物业
  - 居住类
    - 自住型 —— 自用物业
    - 出租型 —— 经营性物业
  - 非居住类
    - 办公楼（办公物业）—— 经营性物业
    - 商业物业 —— 经营性物业
    - 工业物业 —— 经营性物业
    - 交通场站物业 —— 经营性物业
    - 园区物业 —— 经营性物业
    - 其他经营性物业 —— 经营性物业
    - 政府机构（事业单位）—— 非经营性物业
    - 教育、文化、科研（非经营）—— 非经营性物业
    - 军事

物业并不等同于房地产业。房地产业是指土地开发和房屋建设等全产业链，它包括房地产开发、建设、经营、维修、服务及最终房屋拆除等，以及房地产经济活动全过程的所有经济组织。物业则是指具体的宗地、已建成的建筑物及它们的附着物。物业经营是指房地产进入使用、消费领域后的筹划与管理。

"物业"一词在我国民间的使用中，实际上还有另外一种重要含义——人们通常将已投入使用的房地产为主要管理和服务对象的物业管理经营行业，以及从事物业管理的企业，简称为"物业"。它含有"物业管理行业""物业管理公司""物业服务企业""物业管理企业"或"物业管理人"等概念。

一、经营性物业的管理特征

本书中，经营性物业是指产权人出租给使用人或经营链条上的其他人使用，通过取得物业收益来运行的物业。经营性物业的目的在于"经营"，以取得物业收益为运行目的，由此，其管理性、营利性特征表现得特别明显。此外，经营性物业也常表现出法律关系复杂的特征。

经营性物业的管理特征：

（一）经济性：经营性物业的管理目标是追求经济利益，通过有效的管理和经营来实现物业价值的最大化。物业管理应注重收入增长、成本控制、投资回报等经济指标的管理。

（二）商业性：经营性物业管理注重商业运作和市场竞争，将物业作为商品进行市场化运作，吸引租户，提供商业服务，满足市场需求。物业管理会关注市场营销、品牌建设、客户关系等商业运营方面的管理。

（三）运营性：经营性物业的管理工作需关注物业运营的各个环

节，包括租赁、维护、安保、清洁、设备维修等方面。物业管理应进行计划、组织、协调和控制物业运营活动，确保物业的正常运行。

（四）服务性：经营性物业的管理要注重为业主、租户和其他相关方提供优质的服务，以满足他们的需求和期望。物业管理需要关注客户导入、客户服务、投诉处理、设施管理、社区建设等方面的管理。

（五）长期性：经营性物业的管理是一个长期持续的过程，需要进行长远规划和战略管理，注重长期的稳定运营和未来发展。物业管理应注重可持续发展、市场预测、投资规划等方面的管理。

（六）优秀物业管理不仅从物业经营中取得良好回报，还能使物业保值、增值。

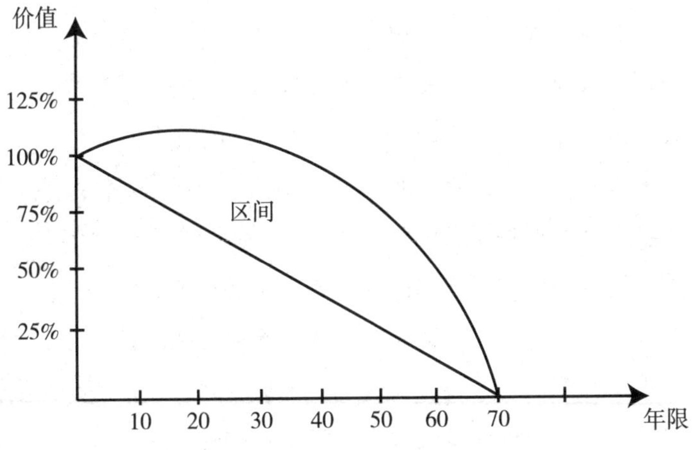

物业保值升值图

一般物业价值因每年提取折旧，财务报表显示为直线式下降（图中下行直线），物业管理企业的优秀服务能延缓物业物理老化和市场竞争性价值下降，使物业在价值评估中有升值的表现（图中区间），这是物业管理的最高境界和最优管理服务。平时所说的物业管理，其英语为 property management，中文直译就是财产（财富）管理。

总之，经营性物业的管理特征是以经济利益为导向，以商业化运作，注重物业运营和服务为重心，具有长期性的特点。这些特征使得物业能够在市场竞争中脱颖而出，实现经济效益和社会效益的双赢。

二、经营性物业的营利特征

经营性物业的营利特征主要有以下几点：

1. 租金收入：经营性物业通过出租物业来获取租金收入，租金通常是物业的主要经济来源。物业管理者需要制定合理的租金政策和收费标准，确保租金收入能够覆盖物业的运营成本，并获得一定的盈利。

2. 其他收入来源：除了租金收入，经营性物业还可以通过其他途径获得收入，例如广告收益、设施设备的使用费、停车费等。物业管理者需要充分利用物业资源，获得额外的收入。

3. 成本控制：经营性物业的管理者需要精确控制物业的运营成本，包括维修、设备更新、保险、人力资源等方面的费用，通过合理的成本控制和精细的管理，可以提高利润率和竞争力。

4. 投资回报：经营性物业的管理者通常会将物业视为一个投资项目，追求经济回报。他们会通过管理和运营的手段提升物业的价值，以期在物业销售或转让时获得较高的回报率。

5. 市场竞争：经营性物业需要在市场竞争中持续盈利。因此，管理者必须关注市场需求和竞争情况，制定相应的市场营销策略，并提供吸引租赁者的服务和措施。

总的来说，经营性物业的营利性特征体现在物业获得租金收入和其他收入来源、管理成本控制、追求投资回报，以及在市场竞争中获得持续盈利。这些特征使得物业管理者能够通过有效的经营和管理手段，确保物业的经济效益，并实现盈利和增值。

三、经营性物业的复杂法律关系

经营性物业的使用人可以是产权人也可以是非产权人，使用人也往往不只是单一承租人。以商用写字楼这种典型的经营性物业为例，其链条上的使用人可能包括承租商户、商户企业的内部员工，以及与商户有业务往来的客户等其他人，由此可能在不同主体间产生多种复杂的法律关系。此外，经营性物业中法律关系的复杂性还体现在涉及多个方面的合同关系，涉及不同权益方的权益关系，如物业所有者与租户之间建立租赁关系、物业管理者与业主或业主委员会之间的物业管理合同关系、物业管理者与其雇用员工之间的劳动关系，以及政府与经营性物业在包括城市规划、建筑安全、消防安全、环境保护等方面的监管和监督法律关系等。因此，经营性物业的合法合规运营，需要物业管理者具备一定的法律意识和法律知识，并在必要时寻求法律帮助。

1. 经营性物业产权人更为单一

虽然一些经营性物业采用分割产权的方式出售（俗称小产证办公楼、商业广场等），但相当一批商业建筑、商务建筑（也称“办公建筑”）是由一个大开发商、大业主长期持有的，不采用分割的方法出售。例如“梅龙镇广场”“中信泰富广场”“恒隆广场”号称南京西路“金三角”，均是单个业主所有，其他如南京东路、淮海路、徐家汇等主要商业区的商业、商务楼大都是以单个业主所持有的形式存在。上海除办公楼、商铺等大量存在小业主外，其他经营性物业大多是单个业主。专家估计，上海4亿多平方米经营性物业中单个业主占了大多数。

2. 经营性物业与非经营性物业的服务对象不同

封闭式管理成为居住小区管理的首选方式，而经营性物业正好相反，除部分经营性物业因种种原因采用封闭式管理外，大多采用对外开放的形式，尤其是商业、商务、旅馆、公众物业等，其主要运营形式是对外开放甚至对外营业。这就决定了这些物业既要有保安维持秩序等安排，又要最大可能满足外来群众的活动。这与居住小区的封闭管理理念是完全不同的。

3. 经营性物业设施设备繁多，管理要求高

居住物业除了高层住宅有电梯、水泵、消防设施、监控设施外，其他设施设备一般较少，而经营性物业则拥有大量的设施设备。

（1）电梯。除了有垂直升降电梯外，为了加快人流上下楼层，还大量采用了大客流的上下自动扶梯，有时一个经营性物业拥有十多台甚至几十台、上百台各种电梯。

（2）消防。有火警报警系统、消防喷淋系统，有大量消防通道、消防门、消防隔断卷帘门，还有大批消防设备，如灭火器、水泵、消防水管水龙头等。

（3）保安系统。有楼外区域的保安管理，有楼内的保安，有各种电子监控设施、中央监控设备等。

（4）大楼弱电系统。有通讯系统、宽带、视频接入系统，有无线接入放大系统，还有自己的物业管理系统等，设备繁杂，系统繁多。

（5）大楼水、电、煤系统。经营性物业一般采用高压电接入，自备高压配电所，变压器等，因此，有一批高压、低压电业监控维修人员，同时还承担着电费计量、收费的任务。自来水、煤气也有类似情况。

（6）工程维修系统。经营性物业的面积大，设备多，高档装修材料种类繁多，工程维修保养量大，加上外墙还有玻璃幕墙等，维修管理也是十分复杂的。

4. 经营性物业产权人、管理服务企业、使用人、顾客之间的复杂法律关系

由于经营性物业平时由产权人、承租人、顾客及物业管理服务企业等多方构成，其关系复杂，彼此之间又有许多合同约定，其间的法律关系较居住型物业更为复杂多样。

四、经营性物业的发展历史

经营性物业的发展跟工业化、城市化、全球化、数字化进程均密切相关。一般认为经营性物业可追溯至19世纪的英国，随着工业化的推进，工厂和办公楼的需求大大增加，特别是在工业城市，如曼彻斯特和伦敦等地，许多富有的商人和企业家开始投资建造商业物业，并通过租赁或销售获得收益，这些商业物业成为英国经济发展的重要推动力。此后持续至20世纪初，随着城市工业化和商业活动的迅速发展，商业和工业物业需求增加，出现了一些以开发商为主的商业物业，其中包括购物区和办公楼等。在20世纪中叶，经济的繁荣和城市化进程推动了经营性物业的发展。在美国，兴起了大型购物中心，成为商业活动和社交休闲的主要场所。同时，写字楼和厂房等办公和工业物业也得到了快速发展。20世纪后期，随着城市的进一步扩张和全球化的加速，经营性物业的需求进一步增加。购物中心、商业办公楼、酒店和度假村等都得到了快速发展。同时，物业管理公司和房地产投资信托基金（REITs）等专业机构也开始涌现，为经营性物业提供管理和投资服务。21世纪以来，随着数字化和科技创新的发展，经营性物业的管理和运营模式也发生了改变，智能建筑和物联网技术的应用，使得物业管理更加高效和智能化。近年来，新兴的共享经济模式也带动一些新形式的经营性物业，如共享办公空间和共享商业设施等，也更加大了经营性物业的广度和深度。

在中国内地，经营性物业的发展历史可以追溯到改革开放以后的时期。

改革开放初期（1978 年到 20 世纪 90 年代初）：随着经济体制改革和市场经济的引入，商业和企业活动开始蓬勃发展，这促使了商业物业的需求增加，在这一时期，中国内地逐渐兴起了一些商业综合体和购物中心。

20 世纪 90 年代中期到 21 世纪初：经济的快速发展和城市化进程加速，促进了经营性物业的迅猛发展，在经济特区、沿海城市和一些大城市，例如北京、上海、广州、深圳等地，经营性物业的发展尤为明显，大型写字楼、商业综合体、购物中心、酒店、工业用房等开始涌现。随之产生了与原有房屋管理截然不同的现代意义上的物业管理服务。

2000 年以来：随着中国经济的持续增长和城市化的进一步推进，经营性物业的需求继续增加。在中国内地，购物中心、商业街、写字楼等经营性物业得到了快速发展。同时，物业管理公司和房地产投资信托基金（REITs）等专业机构的涌现，为经营性物业提供了更专业化和规范化的管理和投资服务。

五、经营性物业的发展趋势

经营性物业的发展趋势主要受到社会经济、技术创新和市场需求等因素的影响，发展趋势明显。

1. 多功能、大型化和综合化

越来越多的经营性物业将不同功能融合在一起，以满足不同需求。例如商业综合体将办公、旅馆、购物、餐饮和娱乐等多种功能集成在一个场所，规模巨大达到30~50万平方米的超大型综合体也出现了，以提供更全面的服务和体验。

2. 个性化和差异化

随着市场竞争的加剧，经营性物业积极寻求个性化和差异化的发展策略，以吸引更多用户。通过提供独特的设计和服务，满足不同用户群体的需求，增强竞争力。

3. 智能化和可持续发展

随着科技的进步，经营性物业越来越重视智能化的应用，包括智能建筑管理系统、能源管理系统和物联网等技术，以提高效率、节约能源和改善用户体验。同时，可持续发展也成为经营性物业的重要关注点，例如绿色建筑认证和环保措施的采用等。

4. 多样化和共享化

共享办公空间、共享商业设施等共享经济模式迅速发展，为经营性物业带来新的商机。这种模式可以提供更灵活和经济高效的解决方案，满足不同用户的需求。

5. 跨界创新化

经营性物业越来越倾向于与其他行业进行跨界合作，创造新的业态和增值服务。例如零售商与物业管理公司合作提供配送服务，酒店与共享住宿平台合作提供短期租赁等。

6. 数据化和集成化

随着大数据和人工智能等技术的发展，经营性物业越来越注重数据的收集和分析，以优化管理和运营决策。通过对用户行为和需求的深入了解，提供更个性化的服务和增值功能。

简而言之，经营性物业的发展趋势是智能化、可持续发展、多功能和差异化、共享经济、跨界合作以及数据驱动的管理和运营。这些趋势反映了社会需求和技术创新对经营性物业的影响和塑造。

六、发展经营性物业的必要性

随着我国国民经济的快速发展，人口城镇化水平的提高，城乡人口经济收入和消费增长，经营性物业在全国各城市处处布点，成为经济增长的一个亮点。

1. 促进经济发展

经营性物业的发展可以促进商业和产业活动的增长，推动经济的繁荣。购物中心、写字楼等经营性物业的兴起可以吸引投资和消费，增加税收收入，推动贸易和服务业的发展。以上海为例，上海市静安区 2023 年 200 多幢重点楼宇实现税收 622.08 亿元，税收过亿元楼达到 88 幢，其中月亿元楼 9 幢、年百亿元楼 1 幢。上海市长宁区年税收超过亿元的楼宇达 36 幢，年税收超过百亿元楼 1 幢。显然，楼宇经济、总部经济、大流量人群消费经济已成为经营性物业的核心内容，为地区国民生产总值和税收增加，创造了物质基础。

2. 提供便利和丰富的生活服务

经营性物业为社会提供各类商业、文化、医疗、教育等服务设施。大型商业综合体和购物中心提供了丰富多样的购物、餐饮和娱乐选择，满足了人们的生活需求。商业办公楼提供舒适的办公环境，促进企业的发展。医院、学校等非经营性实体也需要经营性物业来提供运营和管理支持。

3. 促进城市发展和改善城市环境

经营性物业的建设和运营，可以推动城市的建设和改善。高品质的建筑和生活设施提升了城市的形象和品质，吸引了更多的投资和人才。同时，物业管理和城市配套设施的规范化和专业化也有助于城市环境的改善，以及城市管理能力的提升。

4. **优化资源利用和地域发展**

通过合理规划和管理，经营性物业可以实现对土地和资源的优化利用。例如通过商业综合体和共享办公空间的建设，可以最大限度地利用空间和设施资源，提高效率和资源利用率。同时，经营性物业的发展也可促进地区的经济发展和城市整体规划。

5. **增加就业机会**

物业管理服务还应成为一个城市、一个地方创造（增加）就业的一个重要行业。单据上海市物业管理协会对全市物业服务企业不完全统计，2022 年全行业就业人数达到 91 万人（其中含外包 45 万余人），居上海就业排名前五位，为解决就业提供了很好的机会。

2020—2022 年上海市物业管理从业人员

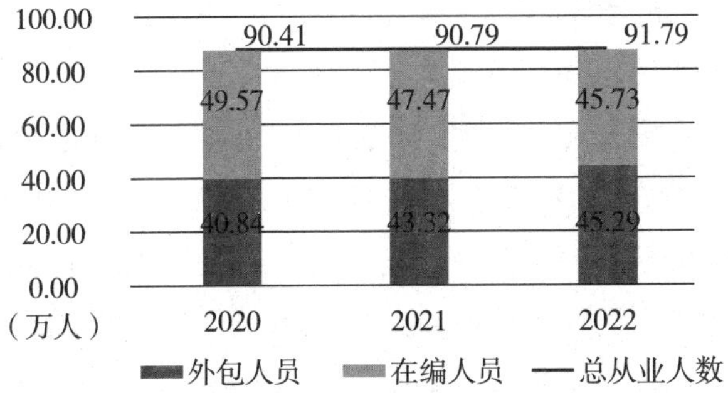

七、发展经营性物业的趋势

发展经营性物业对于经济发展、提供便利服务、促进城市发展和优化资源利用等方面有着重要的作用和必要性。它不仅满足了人们的需求，也促进了社会和城市的发展进步。

1. **经济发展和城市化进程**

随着经济的持续发展和城市化进程加速，商业和产业活动的规模扩大，对经营性物业的需求不断增加。购物中心、商业街、写字楼等经营性物业充当了商业、办公和生活空间的重要角色，推动了经济的繁荣和城市的发展。

2. 市场需求和消费升级

随着人们生活水平的提高和消费观念的变化，对高品质、多样化、宽便利的服务需求增加。经营性物业的发展可以满足人们对购物、娱乐、办公、医疗、教育等方面的需求，可提供更便利、舒适和多样化的生活服务，适应市场需求的升级。

3. 城市空间优化和资源利用

通过合理规划和设计，以高层建筑为主的经营性物业可以有效利用有限的土地资源，实现空间的最大化利用。与传统的低密度建筑相比，高层建筑和多功能楼宇能够在有限的面积内提供更多的功能和服务，减少土地浪费，可以提高城市空间的利用率和经济效益。

4. 提升城市形象和竞争力

具备高品质、现代化和多功能的经营性物业能够提升城市形象和吸引力，增强城市的竞争力。优质的商业综合体、购物中心、酒店、写字楼等不仅能够吸引投资和人才，还能够推动城市的品质提升，增加城市的软实力，通过高端经营性物业载体的打造，能够有效提升城市的品位，代言这个城市。如上海市浦东新区陆家嘴的“三件套”高层建筑经营性物业，已经与东方明珠齐平，成为上海市的新地标。它们集中展现了浦东新区的现代化程度，亦吸引着世界各地的人才和游客前往。

5. 促进创新和创业，吸引外资，落实产业政策

经营性物业的发展为创新和创业提供了平台。共享办公空间、创客空间等创新模式的出现，为创业者提供了灵活、经济高效的办公环境，促进了创新创业的活动。此外经营性物业管理水平高，可以吸引外商投资的，吸引优质企业（优质业主）入驻，促进国家产业发展政策的落实。如上海市长宁区金虹桥国际中心完善的物业管理体系，便不断为楼宇招引和补充科技、媒体、通信和数字经济等领域的优质企业，促进了长宁区重点产业政策的落实。

综上所述，随着经济的发展、消费需求的升级和城市化进程的推进，发展经营性物业已经成为不可避免的趋势。它满足了人们对各类服务的需求，优化了资源利用，提升了城市形象和竞争力，促进了经济的发展和城市的进步。

八、发展经营性物业的某些问题

经营性物业在快速发展过程中也存在不少问题和障碍，也有许多问题亟待解决和突破。

1. 土地资源限制

土地是经营性物业发展的基础，但土地资源有限。城市化进程加速、土地供应不足等因素可能导致土地的紧张和高昂的土地成本，限制了经营性物业的发展空间。

2. 资金压力和融资困难

经营性物业的建设和运营需要大量的资金投入，包括土地购置、建筑物建设、设备采购、人力资源等。由于规模较大、周期较长和风险较高，很多开发商在融资方面面临困难，尤其在经济下行周期时更为明显。

3. 市场竞争激烈

经营性物业市场竞争激烈，各种类型的商业设施和服务设施层出不穷。新建物业需要在竞争激烈的市场中脱颖而出，成为消费者的首选。这对于新兴的经营性物业来说是一项具有挑战性的任务。

4. 宏观调控和政策限制

政府对于经营性物业的发展也存在一定的宏观调控和政策限

制。例如对土地用途、用地指标、商业分类、人流管控和资金监管等方面有一定的限制和要求，这些限制和要求可能会阻碍经营性物业的发展。

5. 物业管理和运营难题

经营性物业的管理和运营需要专业化的团队和专业经验。对于一些新兴的经营性物业，物业管理和运营可能存在不足，导致服务质量和用户体验欠佳，影响了经营性物业的竞争力。

6. 市场需求的不确定性

市场需求的变化也给经营性物业的发展带来一定的不确定性。市场需求的波动、消费习惯的改变、行业竞争的变化等因素都可能对经营性物业的运营和盈利能力造成影响。

7. 经营性物业相关配套法规的缺位，成为经营性物业发展的瓶颈

经营性物业管理的案件和纠纷日益增多。典型案件如：分产权式商业物业内公共场所出现人身伤害事件，难以确定责任人；早些年出售的经营性物业，由于没有维修基金或基金数额很小，大量设备修理费无法落实。常见纠纷如：分产权式商业物业业主大会难以成立，业主维权程序空白；大修、更新、改造遇到瓶颈，带来较大的安全问题；分产权式商业物业由于各经营户要求不一，难以有效管理等。

自从 1997 年上海颁布《上海市居住物业管理条例》以来，共修订公布了三个物业管理有关法规，国务院也颁布了《物业管理条例》。2007 年我国颁布了《物权法》，以及现行《民法典》对物业管理进行了规定，然而大多数法律法规都针对居住型物业，规定经营性物业只是“参照执行”。经营性物业实践中频发的法律纠纷，无有效的配套规范予以应对，这是经营性物业发展的瓶颈。

第二章　经营性物业的种类和特点

从 20 世纪 50 年代至今，我国非居住物业的划分口径几经调整，从原先 17 类调至 9 类，又调为 6 类。

上海自 20 世纪 50 年代开始的房屋统计分类将物业按居住与非居住区分，并将非居住物业分为 18 个门类，分别为：

（1）旅馆；（2）办公楼；（3）工厂；（4）站场码头；（5）仓库堆栈；（6）商场；（7）店铺；（8）学校；（9）文化馆；（10）体育馆；（11）影剧院；（12）福利院；（13）医院；（14）农业建筑；（15）公共建筑；（16）寺庙教堂；（17）宗祠山庄；（18）其他。

近年，国家住房和城乡建设部统计局对非居住重新分类。根据上海市统计局、上海市住房保障和房屋管理局 2011 年年报，上海非居住房屋类别和面积如下：

非居住房屋 43，015（万平方米），其中：工厂 19，223（万平方米）；学校 3，251（万平方米）；仓库堆栈 1，711（万平方米）；办公楼 6，520（万平方米）；商场店铺 5，654（万平方米）；医院 763（万平方米）；旅馆 997（万平方米）；影剧院 77（万平方米）；其他 4，820（万平方米）。

2020 年上海市《DB31/T1210—2020 非居住物业管理服务规范》

第 3.1 条明文规定，非居住物业（non residential property）是指用于居住以外的已建成并交付使用的房屋及附属设施设备和场地，并特意注明非居住物业特指办公楼、商业、工业园区、公众物业、学校和医院等物业。

（1）办公楼（office building）：已建成并交付办公使用的房屋及附属设施设备和场地。

（2）商业物业（commercial property）：已建成并交付商业经营使用的建筑物及其相关的设施、设备和场地。本标准所指的是购物中心、综合超市、百货店、专业专卖店等物业。

（3）公众物业（pubic property）：已建成并交付使用的，对公众开放的建筑物及附属设施，包括公众文化场馆、公共体育场馆、公共交通场馆、大型会展场馆等。

（4）产业园区（industrial parks）：能满足生产、办公和科学实验需求的实施封闭式管理的建筑群体及相关区域。

（5）学校（school）：按照国家规定设立的有目的、有计划、有组织地实施系统教育的机构，包括大学中学小学及其他教育机构。

（6）医院物业（hospital property）：物业的常规管理和医院特有的后勤延伸服务管理，如消毒医疗废物管理及医用辅助设施设备管理等。

经营性物业按业主多寡可划分为单一业主物业与多业主物业。单一业主物业常见于单位办公楼、学校、医院及市政建筑中；多业主物业常见于写字楼、集贸市场、综合型商业广场中。两相比较而言，多业主物业成为政府各职能部门监管的难点所在，对此类建筑做督查或督办时往往要面临数十家甚至上百家的产权单位及使用单位，出现问题时责任主体难以明确，监管难度较大。

按使用目的可划分为：① 使用型物业，即业主既是所有者又是使用者的物业；② 投资型物业，是指业主以收取长期而稳定的租金为目的投资的物业，业主是所有者但非真正的使用者。

这两种物业类型也没有交集，有的物业既有业主自用的部分也有出租的部分，于是就兼具消费和投资两种属性。其中，单纯投资型物业的管理难度较高。这类物业业主自治意识淡薄，在将物业出租后，往往只关注租金回报，对承租者的行为不加监督和约束。而物业中租户数量的上升也会加大物业管理企业的工作负荷，提高管理的难度。尤其当租赁合同期过短时，租户的频繁更换还会带来频繁的装修，直接影响周边用户的使用环境并增加安全隐患，导致业主间、业主与租户间、租户与物业管理企业之间产生利益冲突的可能性增加。

一、经营性物业的特点

由于经营性物业有单一业主及多元业主的不同，也有经营性物业服务对象单一及服务对象多元的不同，还有管理服务的模式各不相同。因此，经营性物业服务也存在多元化甚至有许多不确定性问题。

（一）多元产权式经营性物业责任权利明确难

20 世纪 90 年代之后我国出现并发展出一种新的资产形式，即多元产权式商铺。20 世纪 90 年代初，房地产行业的投资热度不高，大型商业性建筑的所有权掌握在少数经济实力雄厚的投资者和房地产开发商手中。这些大产权人购买商铺后出租，由承租人经营和使用，双方属于租赁合同关系。此时商铺的所有权明确登记于开发商或者大投资者名下，承租人直接占有、使用商铺。但是，90 年代末，社会主义市场经济体制的确立促使房地产行业成为国家调控的目标。调控时期，开发商从银行贷款的难度增大，资金链断裂成为普遍现象。之前整层或者整栋的出租模式难以为继，为了快速回笼资金，开发商采取小商铺出售模式，将商场分割成若干小商铺，供应给中小投资者。为吸引更多投资者，开发商往往以高额回报利益作为承诺，例如承诺售后返租、高额回报率，甚至是“一平方米产权”等。学界对于产权式商铺的所有权定性仍存在争议，主要有按份共有关系说、建筑物区分所有权说、相邻关系说、地役权说等，尤其以按份共有关系说和建筑物区分所有权说支持者较多。在司法实践中，大部分法院认同产权式商铺的业主与开发商之间属于建筑物区分所有权关系，有的法院在判决中直接予以认定，有的没有明确地在判决中写出，但引用的法律条文是我国《民法典》《物权法》中关于建筑物区分所有权问题的规定。

以多元产权为主的经营性物业，一旦遭遇矛盾纠纷，其权责往往较难确定。鉴于目前的物业管理法律法规对产权人或使用人需要承担的消防安全、维修养护、房屋使用等责权没有加以明确，从而令多元产权人的责任权利不清，大业主和小业主、产权人和使用人产生矛盾就会互相推诿。由此引发的纠纷屡见不鲜，一批多元产权楼逐步沦为“垃圾大楼”。

（二）服务对象多样化

居住小区物业服务对象相对稳定，就是业主或租户。而经营性物业服务对象复杂、流动性大，呈现多元化格局，既有产权人，也有经营者、租赁户和消费者。由于经营性物业服务对象众多，人员不固定，公共安全管理压力非常大，故存在不少安全隐患，矛盾和纠纷时有发生。

经营性物业为了盈利，大多采用对外开放的形式，尤其是商业、商务、旅馆等。这些物业的主要功能是对外开放甚至对外营业，如果取消了对外开放，这些物业也就失去了存在的意义。从这个角度出发，就决定了这些物业既要有保安维持秩序等安排，又要最大可能满足外来群众的活动，这与封闭管理是完全不同的。

（三）经营性物业设施、设备繁多，管理要求高

由于经营性物业是一种对公众开放的物业，因而它与其他物业相比，对管理要求更高，对物业服务企业要求也更严格。有鉴于此，兹梳理并列出以下几项要求：

1. 保安要求。由于是对公众开放，形成公共秩序、人员安全要求，而且在人员大流量（上下班时间）、特发人员大流量（如节假日、特卖会、打折促销等）时段，对人流控制、管理更要十分注意。要控制三条线：一是社会公众进入经营场所的速度，要有最大人流计量和控制办法，以防止建筑物内部超员和拥挤；二是建筑物内部人流，尤其是上下楼人流的控制，可采用电梯排队、专人操控办法；三是对建筑物内部特定区域（如影剧院、明星走秀场地、特卖场所等）加强人员管理，防止出现人员拥挤倒地而导致人员伤亡事故。在重大时期，要增加保安人员，以控制异常人流场景。

2. 大楼电力供给保障。超大、特大经营性物业，电力供应是一个特别重要的条件。一旦建筑物失去电力供应，极大可能将引起公众的恐慌和人员事故。因此，超大、特大经营性物业，均会采用变压电接入、自备高压配电站等，并采用两路变压供电，以防断电，这就需专业变压电力监控维修人员，随时监控电力供应，做好应急防范。

3. 防止火灾。由于大型经营性物业不仅人流庞大，还有大量用电设备、餐饮食堂等煤气明火，这也加剧了火灾隐患。因而对经营性建筑物的防火区域、消防隔断设施、消防门、火灾报警装置、防火设备等要定期检查，使设备随时处于完好的工作状态。要建立一支具有专业素养的消防骨干队伍，平时定期不定期对经营场所开展消防安全检查、消防演练，防止一旦有火情发生引起建筑物内公众恐慌性拥挤、踩踏等人身安全事故。

4. 电梯维修保养。经营大楼有众多电梯，有垂直升降电梯，也有自动楼梯式电梯，这种电梯设备几乎天天运行，无间息时间，因而对电梯的检查、维修保养要随时进行，随时防范出现故障。对维保公司的维修、检查、更换零部件等行为均要详细记录，防止发生事故，一旦发生事故宜作为分析事故责任的依据。

5. 建立一支业主自有或者物业服务企业自备的工程维修抢险队伍，以应对建筑物突发维修要求。

专家坦言，一个超级经营性物业，每天流量可相当于一个小县城人员（3~5 万人），这么庞大的人流，全靠业主、物业服务企业管理和调度，其中的规定、人员培训、迅速抢险要求等，都是十分复杂的。因而对超大型经营性物业的管理而言，是一个高度要求和充满挑战的任务。

（四）物业管理模式多样化

按照《民法典》规定，物业服务有委托管理、自主管理和其他管理人管理三种模式，而在经营性物业管理服务中，其他人管理非常少见，大多是委托管理和自主管理两种模式。在现有模式中，单个业主大多采用业主自己管理或业主成立一个物业服务企业管理。多个业主所有的经营性物业大多采用委托管理，即多个业主成立一个业主委员会，商议委托或聘请专业机构或公司来管理。

这两种模式各有优缺点，自主管理由于业主有自己的后勤管理服务系统，可以降低管理成本，然而，业主自主管理对管理者能否达到社会平均水平，难以衡量和要求。实际上，这些管理者很可能专业性较差，难以达到较高水准。而委托管理优点较多：一是可以从社会上选择优秀的服务企业来管理；二是可以提出较高的管理要求；三是可以监督管理。缺点是支出可能较高等。对于多个业主而言，委托管理是一个较好的选择，各个业主都可以提出要求和监督物业服务企业，以期取得较好的管理效果。从全行业统计而言，委托管理是一种主流趋势。

（五）经营性物业产权人、管理服务企业、使用人、顾客之间关系复杂

由于经营性物业平时由产权人、承租人、顾客及物业管理服务产业等多方构成，因此其关系复杂。

单一业主物业（主要是开发商自建、自持物业），尤其是一些大体量的物业，例如十几万、几十万平方米的商业、商务楼综合体等，开发商大多是大型开发企业或外商著名企业，出于长期持有、保持品牌和优质服务以取得高回报目标之考量，大多倾向于自己管理。

小业主则倾向于共同委托物业服务企业管理物业。对于委托物业服务企业管理的，首先，业主与物业服务企业之间须签讫物业服务合同，引用《民法典》对物业服务合同内容做出一系列规定。其次，经营性物业有相当一部分小业主是以投资为主，主要是出租的，平时小业主并不在物业内，那么，业主与使用人之间则存在租赁合同关系。此时出现的问题是，使用人与物业服务企业之间没有直接合同关系，但是使用人却要接受物业服务企业的管理。

经营性物业大多对外开放，业主对顾客的人身、财产安全负有一定的保障义务。但是，对于物业服务企业是否需要承担安全保障义务，现无明确法律规范规定。《民法典》第1198条规定，宾馆、商场、银行、车站、机场、体育场馆、娱乐场所等经营场所、公共场所的经营者、管理者或者群众性活动的组织者负有安全保障义务，因第三人的行为造成他人损害的，由第三人承担侵权责任；经营者、管理者或者组织者未尽到安全保障义务的，承担相应的补充责任。纵观司法实践中的判例，该条文也是司法实践中用于认定物业服务企业承担安全保障义务的主要条文依据。

由此可见，经营性物业涉及的主体繁多且主体之间的法律关系复杂。事实上，就某一特定法律关系而言，其权利义务内容也是有待明确的。以物业服务合同为例，物业服务企业不仅享有请求支付报酬的债权，对于物业本身还有经营性物业经营权。“经营权”是一种对财产的使用、收益和转让处分的权利集合。也是财产所有权分离出的使用、收益和转让处分的权利之集中体现，也是对财产所有权的权利限制，属于用益物权的范畴。虽然我国法律未对此加以规定，但是其系一种在现实交易中广泛存在的权利类型。且经营性物业经营权也早已被实践所认可。1998 年《中华人民共和国最高人民法院公报》中公告的交通银行哈尔滨分行汇通支行诉哈尔滨市富利达公共设施公司用益物权抵押合同纠纷一案中，法院指明该案抵押权标的是富利达公司对富利达地下商贸城享有的长期管理权、出租权，并且明确该类权利系用益物权。

实际上，银行也设立了“经营性物业抵押贷款”项目。以“经营性物业经营权”设抵押，对于金融机构而言，到期债务人无法偿还债务，“经营性物业经营权”如何变现补偿债权成为关键性问题。1999 年公报案例“桂林同德房地产开发有限公司申请执行重庆金山酒店有限公司等经营权案”中，重庆市高级法院采取将物业经营权进行权利移转的方式，由担保权人代替原权利人行使物业经营权，以金山酒店的经营收益逐年冲抵债权。同时，抵押权人与抵押人还约定，抵押权人代为行使物业经营权期间，遇物业所有权出让情形，抵押权人对经营的物业在同等条件下具有优先购买权。参照抵押权的实现方式，还可以采取公开拍卖、委托专业经营公司托管等方式，用继续经营收益偿债。

（六）法律法规缺失，协调解决矛盾难度大

我国目前的物业管理法制建设滞后于行业发展，缺乏系统而又科学的法律法规体系。特别是经营性物业管理的立法工作还处于起步阶段，尚未形成法律法规体系框架。我国目前还没有一部专门针对经营性物业管理的律法条文。

上海是全国经营性建筑增长最快的城市之一。全市经营性建筑总量增幅较大，项目类型呈现多样化。上海经营性物业管理在快速发展的同时，也存在着管理机制尚未形成、法律法规体系缺失等问题。不论是《民法典》《物业管理条例》等国家层面的立法，还是《上海市住宅物业管理规定》等地方性法规，均将约束重点放在住宅物业管理上，很少涉及非住宅物业管理。国务院颁布的《物业管理条例》对非住宅物业管理只给出原则性指引。《上海市住宅物业管理规定》仅在第 94 条中提及："非住宅物业管理，参照本规定执行。"实际操作中，面对商业楼宇业主大会组建运作难、设施设备改造更新经费少等问题和矛盾，由于相关法律法规缺失，物业人员只好凭借自己积累的经验，借用商品房和直管公房、售后公房的管理办法，去协调本应由法律条文解决的物业管理问题。

目前，在经营性物业的治理上：一方面法律法规缺失，监管难以到位；另一方面，政府部门监管亦缺少政策支撑。物业服务企业与政府职能部门之间如何协调解决物业矛盾的问题，已成为经营性物业管理的难点之一。

二、经营性物业的类型及特点

经营性物业的类型很多，每种类型的物业都有其不同的特点。

（一）办公物业

我国办公楼经历了从普通型、综合型、智能型到国际型商务办公楼的发展演变。目前，办公楼的发展在一线及核心二线城市已成为经济转型、城市发展的重要推动力。

1. 办公物业的含义

简言之，办公楼，亦称写字楼，是指供企事业单位职员从事商业经营活动的建筑物。写字楼原指用于办公的建筑物，或者是由办公室组成的大楼。有的写字楼由业主自用，有的用于出租，有的部分自用、部分出租。而现代写字楼一般具有比较现代化的设备，而且环境优越、通信快捷交通方便，有宽阔的停车场（库）相匹配。在城市里，为满足各种不同用户的需求，写字楼越来越专业化，如有些建筑只供给政府机关企事业单位、文化教育、金融、保险及律师等办公使用，并配备有相应的设施。

当前，随着科技的进步与城市地价的上涨，城市中心的写字楼逐渐向高层和超高层发展。在写字楼集中的地区往往形成所谓城市“CBD”（“中心商务区”），为社会各行各业、各部门提供集中办公的场所，从而大大缩短了社会各方面人员的空间距离。写字楼已成为现代城市发展的重要组成部分。

2. 办公物业的类型

目前，我国对写字楼的分类尚无统一的标准，专业人员根据工作需要，通常依照建筑面积、使用功能、现代化程度、综合条件进行不同的分类。

（1）按建筑面积划分

① 小型写字楼，建筑面积一般在 1 万平方米以下；② 中型写字楼，建筑面积一般为 1 万到 3 万平方米；③ 大型写字楼，建筑面积一般在 3 万到 10 万平方米；④ 超大型办公楼，建筑面积一般

在 10 万平方米以上。

（2）按使用功能划分

① 单纯型写字楼，基本上只有办公一种功能；② 商住型写字楼，具有办公和居住两种功能；③ 综合型写字楼，以办公为主，同时又具备其他多种功能如公寓、商场、展厅、餐厅等多功能的综合性楼宇。

（3）按现代化程度划分

① 非智能化写字楼。即传统的、不具备自动化功能的写字楼。② 智能化写字楼。指具备高度自动化功能的写字楼。

（4）按综合条件划分

① 甲级办公楼。具有优越的地理位置和交通环境，建筑物的物理状况优良，建筑质量达到或超过有关建筑条例或规范的要求；其收益能力与新建成的办公楼相当；有完善的物业管理服务，包括 24 小时的设备维修与保安服务等。

② 乙级办公楼。具有良好的地理位置，建筑物的物理状况良好，建筑质量达到有关建筑条例或规范的要求；但建筑物的功能不是最好、最先进的，有自然磨损存在，收益能力低于新落成的同类建筑物。

③ 丙级办公楼。楼龄较长，建筑物在某些方面不能达到新的建筑条例或规范的要求；建筑物存在较明显的物理磨损，功能陈旧但仍能满足低收入承租单位的需求；租金较低。

3. 办公物业的特点

（1）地理位置优越，交通便利。为了满足用户往来办公及业务活动的需要，办公楼多位于城市中心的繁华地段，与公共设施和商业设施相邻。优越的地理位置为办公楼的用户提供便利的工作环境和浓郁的商务氛围，如交通方便快捷、信息集中通畅、经贸活动频繁有序、商业服务设施齐全等。在某种程度上，办公楼的地理位置是决定其价值的重要因素。

（2）现代办公楼建筑规模大，办公单位集中，办公人口密度大。办公楼多为高层建筑，楼体高，层数多，有相当规模的建筑面积，往往能会集成百上千家大小公司机构。

（3）功能齐全，配套完善。现代办公楼有服务前台、大小会议室、小型酒吧、车库等，综合型办公楼还有餐厅、商场、商务中心、银行、邮电等配套服务场所设施，能为客户的工作和生活提供很多方便，从而满足他们高效办公工作的需求。

（4）使用时间集中，人员流动性大。办公楼使用时间一般比较集中，多在上午 8 点以后、下午 6 点以前。上班时间，人来人往，川流不息；下班后人去楼空，非常安静。

（5）设备完善先进，建筑档次高。由于办公楼的用户通常是以办公及商务活动为主，因此，他们在选择办公楼时更为看重的是办公楼设备的完善先进，建筑档次须满足其办公及商务活动的需要。

（二）商业物业

随着经济的飞速发展和我国城市化进程的不断推进，集商业、娱乐、餐饮等多功能为一体的综合商业楼宇在全国迅速崛起。城镇化水平的提高导致城市消费需求增加，商贸经济更加繁荣，商业物业在城市经济中的新引擎作用逐渐凸显。

1. 商业物业的含义

商业物业，简单地说就是提供商业活动的房地产。人们习惯上将商业物业叫商铺或商业用房。商业物业以销售商品和提供服务为主要目的，是商业经营活动的核心场所。商业物业的功能多样化，既有能满足市民购物、饮食、娱乐休闲等需求的社会功能，又有能满足商家经营、商务活动、市民投资等需要的经济功能。

商业楼和商务楼属于两个不同的范畴。有人经常把办理商业事务的物业或办公楼（即写字楼）称为商务楼。其实，两者的称谓多有差异。商务楼即商务办公楼或叫写字楼，是企业开展与商品生产、流通有关的业务联系、洽谈、合同签约与落实等经济活动的场所。但商业楼宇则是商品现场买卖（交易）场所，有的称商业场所（简称商场），如商店、超市、购物中心等。在现代城市建设中，商业楼宇已逐渐向综合型转化，如英国英格兰中部的米尔顿·凯恩斯购物中心，其占地 120 公顷，建筑面积达 125 万平方米，是世界著名的综合性购物中心。

2. 商业物业的类型

商业物业一般可根据建筑结构、建筑功能和物业档次予以分类。具体分类如下：

（1）按商品销售方式划分

① 敞开型商业物业。商品摆放在无阻拦的货架上，由顾客直接挑选、取货的商业物业，如各类超市等都属此类。

② 封闭型商业物业。顾客购物时不能进入柜台里面直接挑选商品，而是由售货员拿商品给顾客挑选的商业物业，如上海的恒隆广场、梅陇镇广场，北京的王府井百货大楼等。

（2）按建筑功能划分

① 综合型。其包括购物区、娱乐区、健身房、保龄球场、餐饮店、影剧院、银行分支机构等。

② 商业混合型。即低楼层部位是商业场所、批发部等，高楼层为办公室、会议室等。

（3）按商品销售档次划分

① 经济型商业物业。出售大众化商品、装修较为普通的中小型商业物业。

② 超市、大卖场式物业。

③ 豪华型商业物业。包括大型商场、高级商场乃至著名的专卖店，出售的多是高档商品。其建筑也独具风格。设备设施齐全而又先进，装修、装饰豪华，还有彩电监控、紧急报警开关、消防自动报警系统、收款联网系统、中央空调系统、客货分用电梯、停车场等。

3. 商业物业的特点

（1）服务功能合理且全面化

随着商业现代化水平的不断提高，商业物业和人们生产、生活的关系日趋密切，人们要求商业物业的规划建设应更加合理化、科学化。所谓规划设计的合理，就是符合经济规律之理，符合经济发展之理，符合提高效益之理。商业场所建设要根据周围及辐射地区人口、交通、购买力、消费结构、人口素质、文化背景等与商业发展有关的环境特点及商业场所状况，因地制宜地规划设计方案：规模宜大则大，宜小则小；功能宜多则多，宜少则少；档次宜高则高，宜低则低。这样，从实际情况出发，按照不同商业服务门槛分级设置，形成一个商业建筑体系。一个商业场所内一般会有很多的经营商铺和单位，且往往提供购物、美食、娱乐、休闲、办公、商务等全方位的服务。

（2）选址和规模考虑不同层次人群的消费需求

商场的选址和规模应满足不同层次人群的消费需要，要依据城市人口数量、密集程度、顾客多少规划，分散与集中兼备。在大城市定居和经常性的流动人口越多、越密集，居民消费水平越高，所需的商业物业及物业设施也就越多、越齐全，对其档次上的要求也越高。因此，大型商业物业一般选在市中心或区域中心人口密集、流动量大的繁华地段，有的可以集中在一起建成商业街、食品街或购物中心等。

同时，居民消费品也呈现层次性，如生活性消费，即日常家庭基本消费；休闲式消费，即节假日、平时下班后等投入的中档消费；享乐式消费，即高端享乐型的高档消费。这三种不同的消费所对应的商业物业要求是完全不同的，不仅对象不同、价格不同，商品品种质量也完全不同。

（3）建筑结构新颖独特

伴随经济的快速发展，人们的生活水平不断提高，其消费习惯也在发生质的改变，希望在舒适、高雅、方便、布置富丽堂皇的环境中无拘无束地购物，追求购物的享受和乐趣。为此，公共商业场所在设计方面务求新颖、奇特、别致，突出商业场所的个性化及地区特色，给顾客留下深刻的印象，进出口处要有鲜明的标志，有些商业场所还配置喷泉、瀑布、阳光走廊等。铺位组合大中小、高中低档应有尽有，均采用优质上等的装饰材料和设备，颜色搭配应协调，布局比例恰到好处，令人赏心悦目，流连忘返。

（4）客流量大、车辆多、管理工作复杂

商场是面向公众的经营性购物场所，每天要接纳成千上万，甚至更多的顾客，人员构成复杂、素质参差不齐，这给商场的物业管理工作带来了一定难度。同时，来商场的顾客中，有开车的，也有骑车的，大量的机动车和非机动车给商场周边的交通管理与停车场管理增加了压力。

（三）工业物业

近年来，工业区、工业产业园等工业集聚形式取得了飞速发展。工业物业是区域经济发展、产业调整升级的重要空间聚集形式，担负着聚集创新资源、培育新兴产业、推动城市化建设等一系列的重要使命。

1. 工业物业的含义

工业园区是按照政府统一规划，达到一定建设规模、基础设施配套齐全、适合生产企业单位集中开展生产经营活动的区域。工业园区主要由工业厂房和各种原材料库房、成品库房组成。除此之外，工业园区内还有一定的办公楼宇、生活用房、服务设施，以及配套的公共设施和相关场地，比如变电站、停车场、污水处理站、道路、绿化等。工业园区的主要功能是满足企业的生产需要。

工业，是指对自然资源或农产品、半成品等予以生产加工，以建造各种生产资料、生活资料的产业。而直接进行工业生产活动的场所称之为工厂，供这些生产企业、科研单位安置生产设备与试验设备，用作生产活动或科学试验的物业及其附属设备设施称为工业厂房。工业厂房中以标准厂房最为普遍，标准厂房是由政府批准，在某一区域内统一规划、统一设计、统一施工、统一管理，其供水、供电、交通、通信等配套设施齐全，布局合理，能够满足从事一般工业生产和科学试验需要的标准型建筑物或建筑群体。工厂一般都有储备原材料和储备产品的建筑物，称之为仓库。随着工业物业的发展，我国又出现了“工业园区”。所谓工业园区，是指在一定区域内建造的，以工业生产用房为主，并配有一定的办公楼宇、生活用房（住宅）和服务设施的地方。生产企业单位以工业区为生产基地，开展产品的开发研制、生产制造、加工及组装等经营活动。工业园区相当于一个小社会，各建筑物有自己独立的用途，而建筑物群体的用途又有内在的联系。以上所说的工厂、工业厂房、仓库、工业园区等统称为工业物业，总的来说是指已建成并投入工业使用的房屋及其附属的设备、设施和相关的场地。

2. 工业物业的类型

工业园区是工业项目集中的地方，根据项目对环境的不同影响可分为无污染工业园区、轻污染工业园区、一般工业园区、特殊工业园区四种。

（1）无污染工业园区：进入园区的工业项目对空气、水不产生污染，也无气味和噪声污染。

（2）轻污染工业园区：进入园区的项目不使用大量有毒有害物质，不产生废水和废渣，不产生噪声污染，不使用无燃煤、燃油的锅炉等设施。

（3）一般工业园区：进入园区的工业项目必须设置防污染设施。

（4）特殊工业园区：根据企业所经营工业项目的类别，又可以将工业园区分为高科技工业园区、化学工业园区、汽车工业园区等。

3. 工业物业的特点

（1）规划区域大

工业区一般由当地政府统一规划、统一建设、统一管理，规划占地面积较大，从几平方千米到几十平方千米不等，一般由若干幢厂房及配套用房组成。从使用功能上划分，工业区划分为生产区、仓储区、共用设施区、职工宿舍区、绿化带等区域。

（2）工业厂房建筑结构独特

工业厂房建筑结构不同于住宅、写字楼、商场等建筑，在设计及建筑施工时，既要考虑设备的体积，还要考虑设备的荷载及运行时产生的振动，同时，还应避免产生工业污染。因此，工业厂房通常采用框架结构、大开间的建筑形式，室内净空较高，采光和通风条件较好，房屋抗振动、耐腐蚀能力和楼地面承载能力较强。同时，根据其生产的产品不同，采用单层或多层厂房。

（3）基础设施配套要求高

企业正常生产和科研开发需要充足的水、电、气、通信等方面的供应，工业区一般建有高负荷的大型变电站和处理能力强的污水处理厂，邮电、通信设施齐全，实现光缆传输数字化，交换数控化，以满足区内企业的生产要求。

（4）环境易污染

工业区的生产企业在生产时一般都会对周围环境产生污染。常见的污染类型主要包括以下五种：

① 工业废气污染。造成工业废气污染的因素有燃煤排放的二氧化硫气体，机动车排放的尾气，工厂内排放的化学烟尘和粉尘，经强紫外线照射形成的光学烟雾污染等。

② 工业废水污染。工业废水中含有大量有毒、有害物质，进入地下、水体后易对土壤、水体造成污染。

③ 固体废弃物污染。主要是指人们在生产生活中扔弃的固态物质。

④ 噪声污染。工业企业造成的噪声污染主要包括生产噪声和交通噪声等。生产噪声如冲压、锻造、蜂窝煤加工点的噪声，建筑工地上机器的轰鸣声等；交通噪声主要是指机动车运行时所产生的噪声。

⑤ 电磁波污染。工业区的生产企业使用动力电且用电量较大时，有些设备在使用的过程中会产生大量电磁波。

（四）物流园区

随着我国城市、制造业和商贸业的快速发展，物流作为国民经济的动脉，是连接国民经济各个部分的纽带，已经在国民经济的发展中占据了越来越重要的位置。物流园建设成了区域物流提升振兴产业与经济发展的热点。2022 年，我国首个五年物流规划《“十四五”现代物流发展规划》再次明确物流业先导性、基础性、战略性产业地位，物流园区发展应当主动出击，积极适应并主导产业的发展，对园区发展准确定位，为产业提供定制化服务。

1. 物流园区的含义

物流园区是为了满足现代物流需求而设计和建造的，也是一种能够带来经营收入的物业类型。物流园区通过提供高效的物流设施和服务，为企业提供从供应链管理到配送管理的全方位支持，有助于优化物流成本和提升运营效率。

物流地产分属工业地产，是房地产轻资产化的重要存量运营细分领域。这一概念最早由物流地产行业巨头普洛斯于20世纪80年代提出并实践。物流地产开发商根据物流企业客户的需要，选择合适的地点，投资和建设企业业务所需要的专业现代化物流设施。现代物流地产以物流园区为核心载体，建设、运营与管理物流仓库、配送中心、分拨中心等专用物流设施，并与制造企业、物流企业、零售企业等供应链环节上的客户建立合作关系，提供包括园区租赁、园区运营、配送服务等在内的增值服务。物流地产主要经营环节包括选址拿地、开发建设、运营管理及基金运作等。

2. 物流园区的类型

物流园的划分主要依据是：园区所依托的物流资源和市场需求特征，服务对象及功能。按照中国国家标准化管理委员会发布的《物流园区分类与规划基本要求 GB/T21334—2017》，物流园可以被分为以下五类：

（1）货物服务型物流园区。该类物流园区是指为客户提供货物转运、仓储、配送、维修、检测等服务的物流园区。其主要功能包括：

第一，提供货物转运和仓储服务，为客户提供安全、高效的货物管理方案。

第二，为客户提供货物配送、维修、检测等增值服务，提高客户的满意度。

第三，实现物流信息化管理，提高物流园区的效率和管理水平。

第四，为客户提供物流金融服务，促进物流园区的商业发展。货物服务型物流园区的建设可以有效地推动物流行业的发展，提高物流服务的质量和效率。

（2）生产服务型物流园区。该类物流园区是指为生产企业提供物流、加工、生产、销售等服务的物流园区。其主要功能包括：

第一，为生产企业提供原材料采购和供应链管理服务，保障生产企业的生产和运营。

第二，为生产企业提供加工和生产服务，协助企业提高生产效率和产品质量。

第三。为生产企业提供销售渠道和市场推广服务，促进企业的产品销售和品牌推广，为生产企业提供物流金融服务，提升企业的融资能力和商业信誉。

生产服务型物流园区的建设可以有效地推动生产企业的发展，提高生产效率和产品质量，促进企业的可持续发展。

（3）商贸服务型物流园区。该类物流园区是指为商贸企业提供物流、仓储、销售、市场推广等服务的物流园区。其主要功能包括：

第一，为商贸企业提供物流配送和仓储服务，保障商贸企业的产品供应和库存管理。

第二，为商贸企业提供销售渠道和市场推广服务，协助企业提升销售额和市场占有率，为商贸企业提供物流金融服务，增强企业的融资能力和商业信誉。

商贸服务型物流园区的建设可以有效地推动商贸企业的发展，

提高销售额和市场占有率，促进企业的持续发展。

（4）口岸服务型物流园区。该类物流园区是指为进出口贸易企业提供物流、报关、检验检疫、仓储、配送等服务的物流园区。

其主要功能包括：

第一，为企业提供进出口货物的集装箱装卸、码头作业、海关报关等服务，保障企业的进出口贸易活动顺利进行。

第二，为企业提供货物仓储、保险、配送等服务，促进进出口贸易的顺利进行。

第三，为企业提供海运、空运、铁路等多种物流运输方式，满足不同企业的物流需求。

第四，为企业提供物流金融服务，提高企业的融资能力和商业信誉。

口岸服务型物流园区的建设可以有效地推动进出口贸易的发展，提高物流服务的质量和效率，促进企业的持续发展。

（5）综合服务型物流园区。该类综合服务型物流园区提供多种服务，包括上述四类的服务。这类园区可能包含多种类型的设施和服务，以满足各种物流需求。

3. 物流园区的特点

（1）地理位置及企业集中度高

从我国物流园区建设的区域分布来看，大多集中在长江三角洲、珠江三角洲和环渤海湾等东部沿海一带。首先，这里的经济条件发达、交通便利、辐射范围大，再加上物流基础设施完善、技术先进、资金雄厚及交通信息畅达等优势，吸引大量的企业入驻物流园区。物流园区的发展也带动了周边地区经济的发展，使其经济、管理、技术水平等得到全方位的提升。

其次，物流园区将不同的物流企业聚集在一起，形成物流交流和协作的平台，促进资源共享和合作，提高整体效能。由于集聚程度高，物流园区在同一价值链层次上的企业数量较多，提供的同质物流服务较多，致使企业间的竞争更加激烈，如果缺乏创新，企业容易陷入利润很低甚至亏损状态的危险境地。因此，物流园区内部企业由于空间上的集聚性，有着更为急迫的创新冲动。创新结果往往是提升了竞争的层次，将竞争从成本竞争提升到差异化竞争，从而能够保证持续的竞争力。

（2）多元功能定位

物流园区不仅具有仓储功能的仓储区和运输功能的货运场，还具有以物流与供应链管理为核心的，集仓储、运输、配送、装卸搬运、流通加工、信息处理、分销服务、金融、后勤等各种功能于一体的物流业务集中地。中国物流与采购联合会、中国物流学会组织开展的2022年全国物流园区发展调查报告结果显示，综合服务型园区占比55.1%。

以象屿智慧供应链产业园为例。该项目选址于厦门市港口型国家物流枢纽核心组团马銮湾新城前场物流产业集聚区，是厦门市重点打造的陆海多式联运物流枢纽，距离厦门核心港区海沧港仅15公里，是闽西南五市及湘赣闽腹地拓海贸易的重要通道。项目定位是服务于厦漳泉龙的高端智造与民生物资的仓配采销及金融与信息技术服务等一体化物流中心，聚焦城际专线、城市配送、快递快运、冷链、跨境电商、商超电商、高端智造等领域，打造集物流集约功能与产业链服务功能于一体的物流生态圈，同时协同海港与前场铁路的海铁公仓供应链服务及跨境中欧班列，配套商务办公及商品展示展销中心、立体停车场和酒店公寓等，项目规划面积500多亩，总建筑面积32万平方米，总投资约19亿元，项目2021年开工建设，2022年陆续投入使用。

（3）运营智能化

信息技术的发展对物流的发展有重大影响，因为物流系统之所以能够成为“第三利润源泉”，在于通过优化整合，创造利润，没有大量基础信息的支持，这一点是无法实现的。可以说，没有信息技术的发展，就不会有现代物流的发展。随着物联网、大数据、云计算、人工智能等新技术的迅速发展和深入应用，推动了信息化+产业园区管理结合的数字化建设，并逐渐向着智慧化创新化、科技化转变，从而对既往物流园区的颠覆与创新，形成了集生态化、智慧化的产业链服务功能于一体的新型现代物流产业园，即智慧产业园。智慧产业园的特点主要体现在三方面：第一，园区管理的智慧化。园区管理系统集招商管理、物业服务、安全消防、设施设备管理、公共服务、业务系统于一身。业务系统包括仓储管理、运输管理、多式联运、采购贸易、供应链金融等。基于与物联网、5G、AI、区块链等技术的应用，提高了园区的运营管理和服务能力。第二，园区内物流系统和设备的自动化和无人化。如仓储系统大量应用托盘密集存储系统、料箱密集系统；分拣系统大量应用高效率的自动化分拣机和智能化ACV；搬运系统大量应用输送机、无人叉车等，辅以大量读码器、打包机、自动贴签等自动化设备。第三，以智慧化园区和数字化运营为核心，延伸供应链服务，提供一站式场内场外智慧化运营服务。

（4）发展低碳化

物流是衔接生产和消费的中间环节，是带动上下游企业发展绿色供应链的重要抓手，打造绿色可持续的“零碳物流”是物流行业的长远目标。物流园区注重环境保护和可持续发展，推行绿色物流概念，采用清洁能源和节能设备，减少对环境的影响，提倡循环利用和资源节约。可从以下这些方面来打造低碳智慧物流园区：

① 基础设施节能化：园区通常采用绿色建筑和基础设施，包括使用高效能源建筑、太阳能电池板、雨水回收系统等，以减少资源浪费和能源消耗。② 供应链可持续化：相比于传统物流园区，低碳物流园区更注重各个环节的环境问题，需通过绿色采购等措施，推动全链条实现环境绩效提升，从而达到减碳的战略目标。③ 园区管理智能化：园区依托先进的信息技术和物联网设备，对物流信息进行实时监控和数据采集，实现物流资源的全面管理和优化，提高物流效率和服务水平，减少物流环节中的资源浪费和能源消耗，降低污染排放和对环境的影响。例如京东“亚洲一号”西安智能产业园在推进碳中和的过程中，首先主要依托当地充沛的日照资源，通过光伏发电和储能设施获得持续的可再生电力；其次，联合上下游产业搭建绿色供应链体系。在此基础上，通过智慧管理系统对园区能源消耗实施实时管理，实现园区的二氧化碳“净零”排放。

第三章　经营性物业管理中的法律关系

在经营性物业管理中，涉及多方面法律关系，主要有以下几种：

经营性物业管理主要法律关系示意图

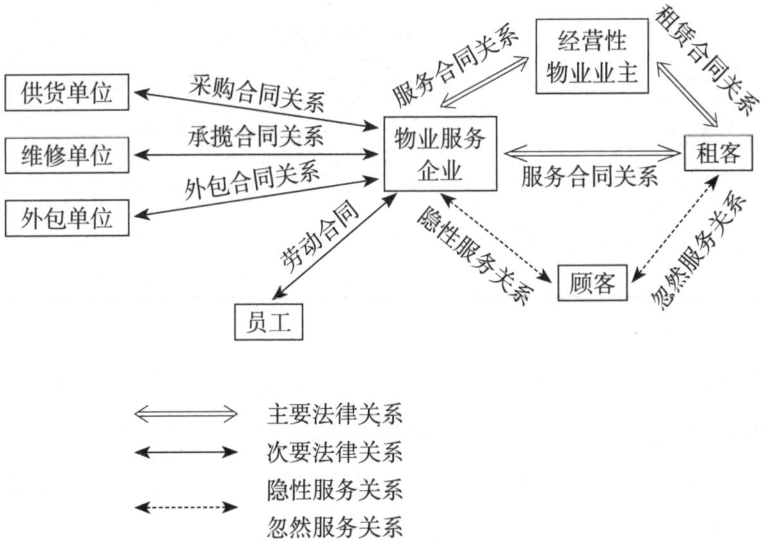

一、经营性物业管理的主要法律关系

（一）主要法律关系

1. 业主与物业服务企业的法律关系：物业服务企业与业主之间建立了服务合同，明确了管理公司提供的服务范围、管理义务、费用结构等。这种关系涉及服务合同、业主权益保护等法律方面的规定。

2. 租客与业主的法律关系：如果物业中有租户，业主或物业服务企业与租客之间便建立了租赁合同关系。这个法律关系涉及租赁法、房屋租赁合同法律规定等，其中规定了双方的权利和义务。

3. 租客与物业服务企业的法律关系：租客除与业主签订租房合同，同时也要与物业服务企业签订合同，虽然物业服务企业是为业主服务，同时也要为租户（租客）服务。由于目前大型化商业、办公楼越来越多，这类合同的内容也日趋复杂。这类合同规定了物业服务企业对租户（租客）的服务内容、质量等的承诺，同时也对租户（租客）的行为进行了一定的约束和规范，还规定了物业服务收取的费用等。目前，这类合同规定的内容很多，条款多的有上百条，这种租客与物业服务企业的法律关系，有时也可称之为“从合同”，意为跟随主合同（租赁合同）而设定的。由于主合同（租赁合同）对建筑物使用的条件、内容无法全面覆盖，因而这种“从合同”就十分重要和必要，一般在房屋使用中的条件、要求、限制、禁止行为等均在此合同中明示，甚至有人觉得此类合同有“反仆为主”的感觉，即这类合同规定的内容远远超过业主、租客的合同内容。由于现有的许多大规模经营性建筑物群体管理内容复杂，管理要求细致因而促成了这种合同和法律关系的形成。

（二）次要法律关系

1. 物业服务企业与服务供应商的法律关系：物业服务企业可能需要与各类服务供应商（如清洁公司、维修公司、保安公司等）签订服务合同。这便涉及合同法、服务质量要求等方面的法律规定。

2. 业主与物业服务企业委托代理关系：物业服务企业在履行其职责时，实际上是作为业主的代理人。这涉及代理关系的法律规定，物业服务企业需要按照业主的利益行事。

（三）其他法律关系

1. 业主及物业服务公司与公众的法律关系：经营性物业的特质决定其必然对公众开放，会有大量进入物业的公众。这些公众有可能是消费者，也有可能是租户的员工，甚至只是路过的普通人员。一旦他们进入物业红线范围，就会和物业所有者及其委托的物业服务企业产生法律关系。例如物业服务企业关于“安全保障义务”，或可以称之为“隐形法律关系”（即没有明文的法律关系）或成为“或然法律关系”（即可能有的法律关系）。

2. 物业服务企业与周边监管机构的法律关系：物业管理行业可能受到监管，涉及法律规定和政府监管机构的相关法规，物业服务企业需要遵守相关规定。

这些法律关系在经营性物业管理中共同构成了一个复杂的法律网络。各方需遵守相关法规，合同必须合法有效，而管理公司要确保其代理行为符合法律规定。律师的意见和法律专业知识在处理这些法律关系时可能会起到关键作用。

二、业主与物业服务企业的法律关系及合同

业主和物业公司之间的法律关系主要通过物业管理服务合同予以规范。按照目前法律规定有酬金制服务合同和包干制服务合同两

类。《物业管理条例》对酬金制物业服务合同和包干制物业服务合同均做出了约定。

酬金制物业服务合同，是指在预收的物业服务资金中按约定比例或者约定数额提取酬金支付给物业服务企业，其余全部用于物业服务合同约定的支出，结余或者不足均由业主承担。在酬金制物业服务合同中，物业服务企业应当与建设单位或者业主大会在物业服务合同中约定物业服务内容、标准、收费标准、交费时间、酬金及物业服务资金使用管理、资金结余或者不足的处理方式、物业费的税费等具体内容。包干制物业服务合同则是指由业主向物业服务企业支付固定物业服务费用，盈余或者亏损均由物业服务企业享有或者承担的物业服务计费方式。在这种合同模式下，物业服务费用的构成包括物业服务成本、法定税费和物业管理企业的利润等。

这两种合同类型的主要区别在于，物业服务费用的计费方式和风险承担方式之不同。酬金制下，物业服务企业的收益是固定的，而风险则由业主承担；而包干制下，物业服务企业的收益和风险均由其自身承担。在实际操作中，选择哪种合同类型通常取决于双方的协商和实际情况。实务中由于酬金制物业服务合同的法律关系的约定更加符合经营性物业的特质，因此更广泛地被采用。

（一）酬金制物业服务合同的法律关系的特点

酬金制物业服务合同是一种比较特殊的合同，合同甲乙双方之间实质上是一种委托代理关系。甲方即业主方（Owner）委托乙方物业服务企业对甲方名下物业提供管理服务，但是服务所发生的所有支出均由甲方承担，而乙方仅仅收取酬金作为其收益。除酬金外，物业管理服务费的收入和支出的损益均归属甲方所有。从酬金制的描述来看，这就是《民法典》中约定的典型委托代理关系。例如在酬金制模式下，物业管理企业收取的物业费实际上是代业主方收取的；物业管理企业支付的公用事业费也是代业主方支付的；物业管理企业收取租户能耗费也是代理行为，包括其签署的外包服务合同也是委托代理关系的内涵表现。

我们可以对照在《民法典》中，关于委托代理关系的法条主要包括：第 162 条：代理人在代理权限内，以被代理人名义实施的民事法律行为，对被代理人发生效力。对应物业服务企业在酬金制下对外签署分包合同，对付款义务项下多会追加需要业主方对等支付物业服务费的前提。再如“第 165 条：委托代理授权采用书面形式的，授权委托书应当载明代理人的姓名或者名称、代理事项、权限和期限，并由被代理人签名或者盖章”。酬金制物业管理服务合同中对物业服务范围的约定就类似书面形式的委托代理书。

酬金制物业服务合同，要求实施酬金制的物业服务企业需要有较高的专业度，对物业服务企业实施监督管理，而完善的物业管理服务合同就是明确双方权利义务关系的基石。以下是管理酬金制物业服务合同需要明确的主要条款：

1. 明确酬金制度：在合同中明确酬金制度的设计原则，包括酬金计算的依据、支付周期、支付方式等。确保合同对酬金制度的描述清晰详细，避免歧义。

2. 业绩考核指标：确定酬金的业绩考核指标，可以是物业管理服务的质量、客户满意度、安全状况、租赁率等。明确业绩指标有助于评估服务质量，确保酬金制度与实际表现相符。

3. 透明度和公正性：酬金制度应具有透明度和公正性，确保物业服务企业和业主都能理解和接受。在制定酬金计算规则时，应避免模糊和不公平的条款。并且需要明确约定双方对物业管理费账户资金使用的财务审核机制，例如付款账户需要双方签章，月度财务报告和年度财务审计等都是通行的必要约定事项。

4. 风险共担机制：考虑将部分酬金与风险共担挂钩，以激励物业服务企业更好地管理和解决问题。例如在某些问题发生时，酬金可能会减少，而在取得成功时，则会增加。例如双方都会约定酬金考核机制，以激励物业公司达到业主方的经营管理目标。通常可以设置的考核内容包括预算执行率和顾客满意度等“KPI”（关键性绩效指标）。

5. 物业服务费的支付周期和方式：确定物业服务费的支付的周期和方式，以及如何核算和结算。通常，物业费可以按月、季度或年度支付，支付方式可以是直接转账、支票给付等。

6. 变更和调整机制：在合同中明确变更和调整酬金制度的条件和程序。在某些情况下，可能需要根据市场变化或双方协商的情况调整酬金制度。

7. 法律合规性：确保酬金制度符合法律法规，避免违反劳动法和合同法规定。在设计酬金制度时，可以咨询法律专业人士的意见，以确保合法合规。

（二）包干制物业服务合同的法律关系的特点

包干制物业服务合同的法律关系特点主要有以下几个方面：

1. 费用透明性：在包干制物业服务合同中，业主支付的物业管理费用是透明的。这意味着业主不需要支付额外的费用，所有包含在内的服务项目都会在合同中明确列出，一次性支付的费用已经涵盖了所有预定的服务内容。

2. 责任明确性：包干制物业服务合同明确了物业服务公司的责任范围。这使得物业服务公司更加明确自身的职责，从而能够更有针对性地施行物业管理和服务。

3. 高效性：由于物业服务公司在包干制合同下具有明确的责任范围和费用，因此，他们有更强的动力去提高工作效率，以满足业主的需求。这种模式有助于物业服务公司更好地运营和管理物业，提高服务质量。

4. 专业性：包干制物业服务合同使得物业服务公司有机会发挥自身的专业优势。他们通常会配备专业的团队，通过合理的管理和运营来提升物业价值，并为业主提供更优质的服务。这种模式有助于确保物业得到专业的管理和维护，从而提高物业的整体品质。

包干制物业服务合同的法律关系特点主要体现在费用透明性、责任明确性、高效性和专业性等方面。这些特点有助于保障业主的权益，提高物业服务的质量，促进物业管理的规范化和专业化。对于不熟悉物业服务专业领域的业主来说，这是比较省心省力的做法，但是其弊端主要体现在，由于物业服务企业对利润的追求或者业主单位对成本的压缩，从而及大地影响物业服务的品质。因此，在合同中详细地约定物业服务的标准和要求就极为重要。

包干制物业服务合同通常应包括以下要点：

1. 合同双方信息：明确列出合同双方的名称、地址、联系方式等信息，以便在需要时能够迅速联系到双方。

2. 服务范围：详细描述物业服务公司需要提供的服务范围，包括但不限于房屋维修、公共区域清洁、安全管理等。确保双方对服务内容有清晰的认识。

3. 服务质量标准：对各项服务设定明确的质量标准，以便评估物业服务公司的表现，并确保其提供的服务满足业主的期望。

4. 管理费用：明确列出物业管理服务费用的构成、标准、总额、缴纳方式、缴纳时间等。同时，应规定费用调整的依据和程序，以及逾期缴纳费用的处理办法。

5. 合同期限：明确合同的有效期限，以及合同期满后的续约条件。

6. 违约责任：规定在合同执行过程中，如果一方未能履行合同规定的义务，应承担的违约责任和相应的赔偿措施。

7. 争议解决机制：约定在出现争议时，双方应采取的解决方式，如协商、调解、仲裁或诉讼等。

8. 其他约定事项：根据双方的具体需求，可以在合同中约定其他事项，如专项服务和特约服务的收费标准、公共设备维修基金的管理办法等。

由于具体合同内容可能因实际情况而有所不同。在签订包干制物业服务合同时，建议双方充分沟通，确保合同内容明确、合理，并符合相关法律法规的规定。

三、经营性物业管理的主要合同类型

经营性物业服务合同的类型可以根据服务的范围、内容和特定需求予以分类。以下是一些常见的经营性物业服务合同类型：

（一）物业管理服务合同：这是最常见的类型，涵盖了对整个物业的全面管理和运营。服务内容可能包括维护、清洁、安全、租赁管理、财务管理等方面。

（二）维护服务合同：此类合同侧重于保持物业设施的正常运行。服务内容可能包括设备维护、修理、保养和定期检查等。通常涉及的多是专业领域的外包服务合同，例如电梯维护保养合同、空调主机维护保养服务合同、锅炉维护保养服务合同、空调水处理合同、消防系统维护保养合同、消防年度检测合同、避雷检测合同、水箱清洗合同、管网清掏合同等。随着物业服务专业外包的类别逐步细化，会新增很多设备维护类合同。部分经营性物业服务单位甚至将工程服务整体外包给专业工程服务公司。

（三）清洁服务合同：专注于维护物业内外的清洁和卫生。合同可能包括对大楼、公共区域、绿化带等的定期清理、保洁服务。

（四）安保服务合同：针对物业安全方面的需求，包括但不限于巡逻、监控、门卫服务、安全设备的维护和管理。

（五）租赁管理服务合同：专注于物业的租赁和租户管理，包括租金收取、租约管理、协商租赁条款等。由于租赁服务多数由物业产权方自行把控，因此，转发给物业服务企业签署的并不多。但是多数有停车场的经营性物业会和物业服务企业签署停车场经营管理服务合同。

（六）绿化和景观服务合同：主要关注物业内外的绿化和景观设计、养护、维护等服务。

（七）能源管理服务合同：专注于提高物业能源效率、降低能源成本，可能包括能源审计、设备优化、可再生能源的使用等服务。

（八）技术服务合同：涉及物业内的技术系统，如物业管理软件、安保系统、通信系统等的安装、维护和管理。

这些合同类型可能会根据特定项目或物业的需求加以组合，形成全面的经营性物业服务合同。在制定和签订这些合同时，清晰明确的服务内容、责任和条件对于确保合同的有效执行至关重要。

四、租户与业主物业服务企业的法律关系

经营性物业的最大特点是业主为房屋持有者，通过收取房屋租金来获取收益。而实际承担经营管理责任的则是承租房屋的经营者。这样，在物业管理服务企业和业主方及租户之间就存在一种三方法律关系。

一般租户会与业主签署房屋租赁协议，并在房屋租赁协议中约定物业管理相关的条款。而业主方也会和物业服务企业之间签署物

业服务委托合同。在实务中通常的惯例做法，物业公司会再与租户签署一份租户管理手册和装修管理手册，并在租户管理手册和装修管理手册中约定物业管理费的支付方式，缴纳的期限，以及在设备设施的维护、维保的界面上各自应该承担的责任。通过这种补充协议的形式来明确租户与业主方在租赁合同中未能明确的责任边界。在日常的物业管理过程中，遇到最多的纠纷缘由部分列举如下：

1. 由于临时停水、停电、停供燃气导致的营业损失。

2. 由于房屋漏水导致的营业损失和财产损失。

3. 由于空调效果不好导致的营业纠纷。

4. 由于租户原因（包括在二次装修中公共或者内设施故障）引起的业主或者相邻单元财产损失。

5. 由于顾客原因引起的营业和财产损失等。

各类潜在的风向因素不一而足，因此，提前制定一份相对完善和规范的物业管理服务合同，就显得尤为必要。此时就需要业主方单位及物业服务企业有法律意识和法律风险防范意识，从规范文本角度开始做出完善的约定。目前，国内的经营性物业所有者还比较缺乏这个方面的法律意识，多是遇到问题处理问题，缺乏未雨绸缪，往往会在纠纷处理阶段处于比较被动的地位。

此外，为了解决上述问题，也需要业主单位和物业服务单位投付必要的保险来对冲经营上的风险。详细建议可以参见保险采购建议的章节。

五、物业服务企业与供应商的法律关系

经营性物业服务企业与为他提供分包服务的供应商的法律关系相对比较简单，属于平等的法律主体之间根据合同订立的权利和义务的关系。各方仅需要在合同中明确各方的权利和义务即可较好

地执行合同。需要注意的是，由于经营性物业的特殊公众服务属性，一般为了避免供应商在提供现场服务时由于供应商原因导致的意外损失，需要物业服务企业就供应商购买的商业保险做出相关约定，以对冲相应风险。具体可以详见后续关于保险采购建议的章节内容。

六、物业服务企业与监管机构的法律关系

同样是由于经营性物业的公众服务特征，导致经营性物业服务企业需要承担一定的社会责任，从而构成与政府监管机构之间的法律关系。主要包括两个方面的内容：一个是物业服务企业的经营行为需要置于政府管理部门的监管之下，必须遵守政府部门制定的法律法规和相应的技术规范。政府对物业服务企业的经营行为予以监督、管理，对违法违规行为可以勒令整改直至依法给予行政处罚。另一个是根据国家相关法规的规定，物业服务企业有对其管理区域内的违法违规行为进行检查并报告的义务。所以，物业服务企业还必须履行其法规规定的检查报告义务。具体分类如下：

由于经营性物业的公众服务特征，经营性物业服务企业确实需要承担一定的社会责任，并与政府监管机构之间形成法律关系。这种法律关系主要指物业服务企业单方面承担的责任，具体如下：

1. 合规性责任：物业服务企业必须遵守国家和地方的物业管理法规、政策及相关标准，确保其服务行为合法合规。企业须按照政府规定办理相关证照，如物业服务资质证书、消防安全证书等，并定期更新和审查。

2. 安全保障责任：物业服务企业有责任确保物业项目的安全，包括消防安全、公共安全设施的运行和维护等。在紧急情况下，如火灾、自然灾害等，物业服务企业需迅速响应，协助政府和相关部

门进行应急救援。

3. 环境保护责任：物业服务企业需按照环保法规处理垃圾、废水等废弃物，促进资源的合理利用和环境的可持续发展。企业应推广节能减排措施，提高物业项目的环境友好性。

4. 消费者权益保护责任：物业服务企业在提供服务过程中应保护消费者的合法权益，如提供透明的费用信息、处理投诉等。对于租户的合理诉求和投诉，企业应积极回应并解决，以维护良好的消费关系。

5. 配合政府监管的责任：物业服务企业须定期向政府监管机构提交相关报告和资料，如财务报表、服务质量报告等。企业应积极配合政府部门的检查和评估工作，对存在的问题及时整改。

在实际运营中，物业服务企业应明确自身所承担的社会责任，并与政府监管机构保持良好的沟通和合作，共同推动经营性物业的健康、有序发展。这不仅有助于提升企业的品牌形象和市场竞争力，也有助于构建和谐的社区环境和促进社会的可持续发展。

七、物业服务企业还“越界”承担了许多社会责任

在实务中，存在大量主体认定不明的情况，从而导致物业服务企业承担了过多的主体责任。很多政府主管部门在物业公司“身上”，追加了太多的社会管理职责，承担了本应由其他主体或政府相关部门承担的责任，物业成为基层政府主管部门极为方便的“抓手”。

1. 如人口普查工作、无偿代收水电费、政府政策的宣传、违章搭建管理、垃圾分类管理等，这些已经成为物业公司不能承受之重。有人做过统计，能给物业公司增加任务，甚至可以直接处罚物业的单位有20家之多，包括公安、消防、卫生、人防、街道、居委会、绿化、城管、房地、规划、劳动、安监等。

2. 作为经营性物业服务企业，其服务范围和责任范围应该以其物业服务合同约定范围为界限。大量法规规定的第一次责任人是物业所有单位，即业主单位，例如《高层民用建筑消防安全管理规定》确认了业主、使用人的高层民用建筑消防安全责任主体地位，物业服务企业仅是其受托人，故消防方面的罚则应当针对业主及使用人而非只是物业服务企业。再如《上海市生活垃圾管理条例》（上海市人民代表大会常务委员会公告第 11 号）中规定妥善投放垃圾为业主义务，分类驳运生活垃圾、管理业主装修垃圾等事务则是城管、绿化市容等政府部门职责，保持外部市容环境卫生更是与物业管理区域完全无关，不宜强制物业负责，但是实务中接受处罚的多是物业服务企业。

3.《上海市住宅物业管理规定》（2022 年修正）中规定的物业服务企业对违章搭建仅有报告义务，并无管理责任，实际上物业服务企业不具有制止和强制拆除违建的执法权，代房管部门履职既不现实更不公平。

4. 根据《物业管理条例》第五十一条第一款规定，“供水、供电、供气、供热、通信、有线电视等单位，应当依法承担物业管理区域内相关管线和设施设备维修、养护的责任”，以及《中华人民共和国城市供水条例》第二十七条规定，“城市自来水供水企业和自建设施供水的企业对其管理的城市供水的专用水库、引水渠道、取水口、泵站、井群、输（配）水管网、进户总水表、净（配）水厂、公用水站等设施，应当定期检查维修，确保安全运行”，保障城市供水水质是供水企业的职责，物业服务企业没有确保供水卫生的专业能力和义务，而一旦发生供水供电导致的故障损失，租户每每第一时间向物业公司索赔也是不妥的。

5.《上海市公共场所控制吸烟条例》所规定的义务主体即“禁

止吸烟场所所在单位”应为业主而非其委托的物业服务企业，但执法机构常直接处罚物业服务企业也有不妥。

6.《安全生产法》规定，安全管理的义务主体为生产经营单位而非其所委托的物业服务企业，物业服务企业无法对生产经营单位强制采取技术及管理措施。而执法机构径直处罚物业服务企业者的情况也屡见不鲜。

综上所述，物业服务企业应该学会用法律手段保护自己的权益，首先在服务合约中明确自己的服务内容边界和主体责任；其次在面对不合理的行政处罚时，需要积极运用行政诉讼法赋予的权利做合法申辩，以纠正行政主体执法过程中的随意性问题。

八、业主及物业公司与公众的法律关系

经营性物业对进入其物业范围的公众负有一定程度的法定义务。其主要有如下几类：

1. 安全保障义务：经营性物业需要采取必要的措施确保其物业的安全，包括但不限于维护建筑结构的安全、设备的正常运作、防火设施的有效性等。这有助于防范事故和保护访客的安全。同时负有保养和维护物业设施的义务，以确保其在合理范围内保持良好的状态，不对访客和公众产生潜在的危险或损害。实务中体现在诸如：确保道路平整，无安全隐患存在；确保幕墙、外墙、门窗及招牌等结构完好，不发生脱落伤人事件；自动火灾报警系统定期维护，且随时处于自动状态；确保公共区域照明器具照度达到标准要求等。

2. 提供必要信息：经营性物业可能需要提供必要的信息，包括但不限于安全规定、应急逃生方式、物业规章等，以确保访客了解物业的规定和安全事项。实务中体现在：确保在醒目位置有安全逃

生指示图，在潜在危险区域有安全提示标志，在电梯等特种设备按照法规规定张贴安全提示信息等。

3. 合规性义务：经营性物业需要确保其运营活动符合法规和规定，包括取得必要的许可证或执照、遵守相关的建筑、环保、卫生等法规。实务中体现在：要求商户在公开区域悬挂营业执照，停车场公示停车经营许可证及收费价格核定表等。

4. 应急响应义务：在紧急情况下，经营性物业有责任迅速、有效地采取措施，包括提供逃生通道、协助应急救援等，以保障公众的生命安全。实务中体现在建立火灾等应急处置预案，并且定期组织实施应急预案的演练工作。

5. 防范犯罪和维护秩序：经营性物业可能需要采取措施来预防犯罪、维护秩序。实务中体现在建立有针对社会治安事件的应急处置预案，相关保安队员得到良好培训；安装监控设备、提供安全巡逻等。

6. 消费者权益保护：如果经营性物业提供服务或销售商品，则需要遵守相关的消费者权益保护法规，确保提供的服务或商品符合合同约定，保障公众的权益。

7. 无歧视义务：经营性物业需要遵守反歧视法规，确保对所有访客和公众一视同仁，不因个人特征或身份而歧视对待。

这些法定义务有助于确保经营性物业提供安全、有序、合规的服务，保障公众的权益和安全。这些义务的具体内容可能因地区法规和具体情况有别而有所不同。

第四章　经营性物业管理的境内外相关法律比较

由于国内经营性物业管理有关的法律、法规、规定缺乏，作为比较和借鉴，特选择了一批境外、国外有关的法律、法规、规定等，作为比较和参考。

一、境内外经营性物业管理法律法规的启发

境外、国外经营性物业管理法律规定在现代城市建设和社区治理中具有重要意义。其主要体现在以下几个方面：

1. 权益保障：明确的法律规定有助于保障业主、租户及物业服务企业的合法权益。

2. 规范市场秩序：经营性物业管理法律为相关经营活动设立了行为准则和程序要求，避免了无序竞争和不当操作，有利于维护良好的市场环境，推动物业管理行业的健康发展。

3. 提升服务质量：通过对物业服务企业在经营性活动中的职责、义务的规定，督促其提高服务质量和管理水平，以满足业主日益增长的多元化需求。

4. 解决纠纷矛盾：当涉及经营性物业活动引发的矛盾和纠纷

时，法律法规提供了处理依据和解决问题的途径，有利于及时化解矛盾，维护社会稳定和谐。

二、境外物业管理的介绍

1. 不同的管理模式

（1）中国香港

在香港，物业管理通常被称为“屋苑管理”或“大厦管理”。这两个术语分别指住宅区和大楼的管理。香港地区的物业管理源于第二次世界大战后的住房危机。急剧增长的人口衍生出了大量的楼宇，由房地产开发商进行分层分套出售或出租。随着人口密度增大及产权分散的问题日益突出，如何维护公共环境的安全与安静成为亟待解决的实际问题。房地产企业被要求在获批建设大型村舍时承诺妥善管理该区域内的物业，从而催生了专业化的物业管理制度。

我国香港地区的土地制度沿用的是英国的制度和英国法律规定，土地归国王所有，政府只有在国王的授权下方可批租土地，而私人只拥有使用权。所以，香港地区土地的使用和管理受到强烈的政府干预。相应地，在香港地区的物业管理过程中政府起到了极为重要的作用。比如香港政府直接参与组织实施制定相关的法令规范，在物业管理的职业培训资质认定、业主和管理者的权利与义务管理程序等方面也做出了一些规定。

在香港政府支持下创立了第一个群众性团体——香港房屋协会，宗旨在于解决第二次世界大战后，香港住屋极度短缺的问题。1951 年香港政府通过《香港房屋协会注册成立条例》，而香港房屋协会也成为一个法定团体。香港于 1973 年 4 月 1 日根据香港法例第 283 章房屋条例而成立香港房屋委员会，以下简称“房委会”。它由多个官方机构先后演变而成，负责就房屋事宜向香港总督提供建议和意见，统筹所有公共房屋事务，并负责规划、兴建及管理各公营房屋与附属设施。香港政府出资，并以低价批地和低息贷款资助建设的公共村屋，由房屋委员会用于出租给符合《轮候公屋登记册》收入限额规定的低收入需要住宅的群体。香港政府制定了《业主与租客（综合）条例》（香港法例第七章）、《房屋条例》《多层大厦（业主立案法团）条例》等多项物业管理综合条例，并严格实施，使物业管理在法制轨道上不断完善。

在私人楼宇管理方面，不论是住宅还是经营性物业，物业开发商在出售房屋时便与第一位业主签署公共契约，规定了物业管理包括的内容，以及业主与物业管理者的权利与义务。香港政府以尊重私有权和大厦自治为原则，要求业主自行管理自己的楼宇。多层大厦的各个业主按照香港政府制定的《多层建筑物（业主立案法团）条例》成立了多层建筑业主立案法人团体，其目的在于各业主通过共同订立一份公共契约，使各自的产权得到法律保障。而公共契约多由开发商委托律师起草，签署后便具有法律效力，以后所有买主都受契约的约束。

多层大厦管理委员会是多层大厦业主立案法团的管理机关，是在业主立案法团会议上做出决议而成立的。在多层大厦成立业主立案法团之后，管理委员会应执行下列各项管理工作：（1）设立管理处，安装电话及其他设备；（2）订立管理、保安、清洁工的职责范围，规定管理标准，聘请员工；（3）设立档案和记录制度，包括收费记录、投诉和处理过程、维修和保养情况等；（4）用中文翻译大厦公共契约及住户守则，然后派给住户及新业主；（5）制定督导及联络制度，委托管理人员；（6）要求管理公司在法团举行大会时，向业主、使用人简报过去一年的工作，并做出财务报告；（7）遇有重大的维修及改善计划时，组成工作组，研究专家顾问的建议，召开业主大会加以通过，监督招标程序，减少工程进行时给住户造成的不便。

通常情况下，多层大厦管理委员会会聘请物业管理公司对物业实行管理。而在香港，对于物业管理公司（PMC）的定义是经营提供物业管理服务业务的业务实体（不论是公司、合伙或独资经营）；而物业管理从业人员（PMP）是在某物业管理公司中，就该公司提供的物业管理服务，担任管理或监督角色的个人。这两者皆受到《物业管理服务条例》（PMSO）（香港法例第626章）监管。《物业管理条例》下的部分条文规定了成立物业管理服务监管局（PMSA）作为行业的监管机构，除了设立物业管理服务监管局外，《物业管理服务条例》还为监管制度提供了法律框架，而该制度的细节，包括物业管理公司和物业管理从业人员的发牌标准在内。此外，根据《物业管理服务条例》第3条，物业管理人从事的是与财产有关的一般管理服务，如：物业环境管理，修理、维护和改善财产，与财产有关的财务和资产管理、设施管理，与参与财产管理的人员有关的人力资源管理，与财产管理相关的法律服务等。提供多个类别的物业管理服务的物业管理服务公司需要得到物业管理服务监管局的许可，并且在这些物业管理服务公司中担任管理或监督角色的个人也需要获得许可。

（2）新加坡

在新加坡，物业管理被称为“Property Management”，是一个广泛的领域，涵盖了住宅、商业和工业物业的管理。物业管理公司负责确保物业的良好维护、设施运作正常、安全规定的执行，以及与业主、租户和相关方的有效沟通。

1968年新加坡政府通过《土地所有权（分层）法案》，对开发商建设的物业实施管理，该法令将土地分割成数层地契使得在管制范围内的公寓、购物中心、办公楼宇，以及工程、货场等内部单位的业主都有各自的产权。而《土地所有权（分层）法案》（Land Titles（Strata）Act，简称土地法案）和《建筑物与共用地产（维护和管理）法案》（Buildings and Common Property（Maintenance and Management）Act，简称建筑物法案）属于在新加坡有关物业维护和分层产权物业管理的法律的人都必须查阅的两个独立的法规。

如今土地法案的相关部分和整个建筑物法案已经合并成一项单一的法规，被称为《建筑维护和分层管理法》（Building Maintenance and Strata Management Act，简称建筑管理法）。该法规是通过与行业和公众的广泛磋商而形成的，旨在实现易于使用和管理。建筑管理法中引入了新的条款，如分期开发和两层管理公司计划，其设计目的是帮助管理法人（Management corporation，以下简称管理法人）实现分层地契计划下的分层发展有效运作。管理法人可以包括一个建筑物或多个建筑物，其中每一块地皮都由个人或公司所有，他们共同拥有共有财产（如电梯大堂、电梯和自动扶梯、停车场和车道等）。

《建筑管理法》的自我调节框架允许管理法人中的附属业主（Subsidiary Proprietor，以下简称附属业主）自行决定如何最好地管理他们共有的财产。在一个地产中，所有附属业主自动成为管理法人的一部分（share holder），并有权参与总会的决策过程。例如每个附属业主有权对影响分层发展的决定投票，并执行他们自己的规则（称为法人章程），以规范他们地产的管理。同样，附属业主也有责任，比如共同分担共有财产维护的费用。

维修基金。小业主必须按照其地块的份额价值比例支付所有税款、费用。小业主向管理法人支付的费用（例如每月或每季度）用于维护共有财产和相关费用。这项费用被支付到由管理法人管理的两个基金内，即管理基金和储备基金，以确保地产的顺利运作。管理基金用于管理日常运营费用，例如共有区域的水电费、建筑和公共责任保险、共有区域的修理和维护等。储备基金用于满足长期未来的支出，例如整体重新粉刷、设备升级或更换、周期性维护等。这两个基金的费用金额由管理法人在总会上决定或审查。小业主应及时向管理法人付款，以避免因延迟付款而产生的利息。管理法人有权将未付的任何费用作为债务从小业主那里追回，或通过强制出售地块来收回费用。

特别基金。当现有资金不足以支付涉及重大支出或意外工程的费用时，管理法人可以投票决定引入特别费用或征收额外费用。在总会上，管理法人可以决定征收的频率，例如每年、每半年、每季度或每月。对于许多管理法人来说，更频繁地支付较小的金额可能比每年支付较大的金额负担会较为轻松。

对于小业主来说，未经管理法人许可，附属业主不能获得管理法人的批准而修改或更改共有财产（例如在共有财产的墙上安装额外的遮阳篷等），而分层地契计划划定了属于地块内和地块外的区域，附属业主可以通过参考分层地契计划来确定共有财产。在计划外，但是被两个或更多附属业主使用的区域被视为共有财产。除此之外，还有在地块内的特定建筑结构和系统也被视为共有财产。

由于新加坡的土地制度实行的是土地国有和公有的制度。大约 54%的土地归国家所有，剩下的 27%则由国家租赁给诸如住宅开发局之类的国家机构，只有极少数的土地归民间利用。这种国有土地制度使得个人对于土地及其地上物的权利受到政府严格的控制和管理。因此，新加坡的物业管理主要由政府建屋发展局来组织并监督执行。与之而来的，物业管理市场化的运营转向各类的专业化服务，如管理和维修等方面。在新加坡，除购房和转销直接放在建屋发展局申请外，其他业务都可以在物业管理公司办理，其业务范围包括：房屋维修养护、商业房屋的租赁管理，出租住宅的租金缴纳与售房期款的收取，公共场所的出租服务及管理，居住小区内停车场的管理，居住小区的环境清洁、园艺绿化管理等。此外，还负责介绍小区居民就业，配合治安部门搞好治安工作。可以看出，新加坡的物业管理企业在物业管理项目中显著地增加了营销和经营性内容。

（3）美国

19世纪末，美国的经济迅速发展。伴随着建筑技术的不断进步，高层建筑迅速增加。随之而来的需求是有一个专业性的管理机构对这些结构复杂附属设施多的高层建筑进行日常维修、维护，以及解决不同业主之间的相邻关系的纠纷和公共部分的维护问题。物业管理的组织应运而生。在美国，物业管理通常被称为“Property Management”。物业管理公司负责管理各种类型的不动产，包括住宅、商业和工业物业。物业管理涵盖了多个方面，包括租赁、维护、账务管理、租户关系、设施管理等。

美国专业物业管理人士认为：业主和管理者在一个协会中可以加强彼此的了解，从而达到在管理工作中的理解和相互协作。业主和管理者的目的是一样的，都是为了使物业保值、增值，为了创造一个良好的居住环境和工作环境。

美国的房地产法由州法律和普通法构成，旨在规范商业和住宅物业的租赁行为。物业管理法则专门针对管理公寓、房主协会、公寓、办公楼、合作社等物业的专业人员进行规定。而关于物业管理的法律一般属于州政府立法，以爱达荷州为例，由单户住宅、联排别墅或公寓单元组成的住宅社区经常将自己组织成协会，以解决业主的共同利益和责任，这些社区协会通常采用公寓协会（“CA”）

或房主协会（“HOA”）的形式。而这些社区组织的运作、管理及权利等方面均受到地方和州法规及各自的管理文件的规范。

房主协会（HOA）是常见的社区管理形式，其运作、管理及权利等方面均受到地方和州法规及各自的管理文件的规范。房主协会在爱达荷州受到《爱达荷州法典》第32章第55条的《爱达荷州房主协会法》的监管。这部法案详细规定了房主协会在运营、管理及权利等方面的规则，为房主协会在爱达荷州的运作提供了明确的法律框架。

此外，每个独立的房主协会的管理文件也起着至关重要的作用。这些管理文件通常包括公司章程、章程、契约声明、条件和限制，以及其他规则和条例等。首先，它们进一步细化了房主协会的运作规则和管理规定。其次，房主协会也受到联邦法律的约束，例如《1990年美国残疾人法案》《公平住房法》等。最后，它们也受到州法律的约束，如《爱达荷州非营利公司法》《爱达荷州公寓财产法》《爱达荷州公平住房法》等。

房主协会拥有多项权力，包括处以合理罚款、对公共区域进行税收评估、维护公共区域，以及因未付留置权而取消房屋赎回权等。这些权力旨在确保房主协会能够有效管理社区，维护公共秩序和业主的权益。比如房主协会可以出台一些限制性规定，如对会员资格、外部油漆颜色、围栏和停车要求的限制等，以保持社区的整洁和统一性，确保业主的行为符合社区规范。

而房主协会与物业管理公司在职责和运作方式上存在显著差异。房主协会主要致力于监督社区的各项规则和法规，用来确保社区的正常运作和维护。它关注公共区域的维护、社区规则的制定与执行，以及社区预算的管理。相比之下，物业管理公司是第三方服务提供商，受雇于社区来管理单个物业或多个单元，它主要是根据业主或房主协会董事会的指示行事，仅在业主和租户之间调解，解决与租金、维护和租赁协议相关的冲突，而非房主之间的矛盾。

就物业管理公司而言，其职责也在负责监督出租的住宅、商业或工业建筑或设施，并管理这些财产的护理、维护。其涵盖了监督租赁物业日常运营的各个方面，从寻找租户、收取租金到维护建筑和处理维修等。

在租户保护方面，纽约的租金稳定和租金管制法规对租金数额实施监管。纽约州法律规定，租赁合同不能免除房东因疏忽导致的事故或伤害责任。联邦法律《公平住房法》禁止基于种族、性别、宗教、国籍和残疾等因素的歧视。因此，房东有权自由拒绝承租人，但不得基于种族、宗教、国籍、性别、家庭状况或身体、精神残疾等因素歧视之。

关于租赁协议。租赁协议是物业经理与租户之间的法律文件，详细列出了租赁条款和条件，包括租金、押金和租户的责任。在纽约州，租户他们有权要求房东履行适租义务。根据“默示保修可居住性”法规，房东必须确保建筑物的基本结构元素安全且完好，公共区域保持安全和清洁，电气、管道、卫生、供暖、通风和空调系统安全运行，提供冷水和热水供应，提供垃圾容器并安排垃圾收集，以及负责消灭啮齿动物和其他害虫。至于房东的权利，虽然纽约法律没有明确规定房东提高租金的通知期限，但他们必须提供与租约中规定的终止租约通知时间相等的通知期限，通常为一个月。

驱逐租户的过程有严格的法律要求，未遵循这些要求可能会引发严重的法律问题，如罚款和诉讼。根据纽约法律，房东需给予租户三天的时间来支付租金或搬离。若租户未能在三天内采取行动，房东有权依法申请驱逐。

2. 不同的法律模式

（1）民法模式

此种模式以意大利和瑞士为代表。在民法典中设若干条款以规范物业管理中的法律关系。如意大利新民法典的第 1117 条至 1139 条有下列规定：建筑物共同部分之范围：共有人对共同所有物之权利共同部分之不可分割性；共用部分之变更：共同所有建筑物的部分设置费用之分担楼梯之维护与重建；天花板、地下室、地板的维护与整修；日光浴室之排他使用；建筑物顶楼之建筑；建筑物全毁或者部分损毁；管理人的选任与解任管理人之职务管理人的代表权；关于分层住宅所有人（区分所有权人）不赞同时之提起诉讼；管理人之处置分层住宅所有人引起之费用；分层住宅所有人会议的权限：分层住宅所有人会议之组织的决议的效力，分层住宅所有人会议之异议；分层住宅所有人间之规约共同所有法则之准用。

（2）建筑物区分所有权法模式

此种模式以德国、日本、法国等国为代表，专指制定建筑物区分所有权法其中设专章或专节对物业管理予以调整。如 1962 年 4 月 4 日，日本颁布《有关建筑物区分所有权之法律》后于 1979 年和 1983 年两次修订。修订后的日本建筑物区分所有权法的第一章第四节为“管理人”，内容包括：管理人的选任和解任，管理人的权限、管理所有、委托规定的准用及区分所有权人的责任等。

（3）物业管理法模式

此种模式以我国香港和台湾为代表，指专设物业管理法统一规制物业管理法律关系。如台湾在 1987 年 6 月拟定出《高楼住宅管理维护法》（草案），该草案是对物业管理予以专门规定，虽未正式通过，但代表了台湾地区对物业管理模式的选择；1992 年，台湾有关部门公布了《公寓大厦及社区安全管理办法》，此是从治安目的出发对物业实行的管理。香港特别行政区于 1970 年制定《多层大厦（业主立案法团）条例》，该条例也是对物业管理的专门立法。

三、中国内地的物业管理法律规定

1. 我国关于物业管理的法律法规梳理

（1）物业管理法律的位阶

法的渊源一般是指形式意义上的渊源，也就是法的效力渊源，主要是各种制定法。物业管理的法律法规的主要渊源有以下几种：

① 宪法

在我国的法律体系中，宪法具有最高的法律地位。宪法是国家的根本法，拥有最高法律效力，也是其他法律的立法基础，其他法律是宪法的具体化。任何法律不得同宪法相抵触，否则无效。

② 民法典

《中华人民共和国民法典》（以下简称《民法典》）被称为“社会生活的百科全书”，是新中国第一部以法典命名的法律，在法律体系中居于基础性地位，也是市场经济的基本法。2020 年 5 月 28 日，十三届全国人大三次会议表决通过了《民法典》，自 2021 年 1 月 1 日起施行。婚姻法、继承法、民法通则、收养法、担保法、合同法、物权法、侵权责任法、民法总则同时废止。民法调整的是平等主体的自然人、法人和非法人组织之间的人身关系和财产关系。《民法典》共 7 编、1260 条，各编依次为总则、物权、合同、人格权、婚姻家庭、继承、侵权责任，以及附则。对公民的人身权、财产权、人格权等做出明确翔实的规定，并规定侵权责任，明确权利受到削弱、减损、侵害时的请求权和救济权，等等。在物业管理法律关系当中最常见的是民事法律关系。《民法典》是在物业管理活动过程中最密切的法律规范。以下法律概念可供在各编中寻找关于与物业管理有关内容之参考：

A. **物权**。《民法典》第二编的第三章项下写明了关于物权保护的有关规定，详见《民法典》第二百三十三条至第二百三十九条。在物业活动管理中，物权受到侵害或者妨害之时可以通过《民法典》的有关规定来维护业主的权益。

B. **所有权**。根据《民法典》第二百四十条到第二百四十一条的规定。所有权人在自己的不动产或者动产上，依法享有占有、使用、收益和处分的完整权利，并有权在其之上设定用益物权与担保物权，不受到他人的妨害。在物业管理领域具体体现在以下方面：

a. **业主的建筑物区分所有权**。业主的建筑物区分所有权由三部分组成。一是对专有部分的所有权，对于专有的部分，所有权人能够自由地加以支配并不受任何人的不法干预；二是共有部分的共有权，包括电梯、走廊、屋顶、外墙、地基甚至于绿地、道路、物业服务设施等，这些共有部分在法律上属于各个区分所有权人共有；基于区分所有权之间共有关系的共同体，为有效地管理共有部分，需要以各区分所有权人为成员建立业主大会和业主委员会对共有部分及公共事务加以管理。

b. **相邻关系**。相邻关系指的是相邻不动产权利人之间的权利义务关系。《民法典》第二百八十八条规定："不动产的相邻权利人应当按照有利生产、方便生活、团结互助、公平合理的原则，正确处理相邻关系。"在物业管理中涉及的相邻关系的具体类型主要为以下几种：邻地的利用、管线铺设，因建筑原因的利用、通行，排水及用水关系、建筑相邻关系（通风、采光、日照）、固体污染物、气响等侵入的防止、邻地损害防免。对于邻地的利用往往都会给邻地的权利人带来损害或者妨害，因此要尽可能地以损害最小的方式进行，只有为满足正常适用所需要的最低限度的利用，对方才负有此种程度的容忍义务。

c. **共有**。不动产或者动产可以由两个以上的组织或者个人共有。共有包括按份共有及共同共有。按份共有人对共有的不动产或者动产按照其份额享有所有权，共同共有人对共有的不动产或者动产共同享有所有权。共有人按照约定管理共有的不动产或者动产；没有约定或者约定不明确的，各共有人都有管理的权利和义务。处分共有的不动产或者动产，以及对共有的不动产或者动产做重大修缮、变更性质或者用途的，应当经占份额三分之二以上的按份共有人或者全体共同共有人同意，但是共有人之间另有约定的除外。共有人对共有物的管理费用以及其他负担，有约定的，按照其约定；没有约定或者约定不明确的，按份共有人按照其份额负担，共同共有人共同负担。应当确定的是建筑物中门厅、外墙等“共有部分”并不具有独立物的特性，业主对共有部分的权利是共有以外多数主体共享物的特别法律制度。

C. **物业服务合同**。《民法典》通过第九百三十七条到第九百五十条 14 个条文规定了物业管理合同的有关规定。物业服务合同是物业服务人在物业服务区域内，为业主提供建筑物及其附属设施的维修养护、环境卫生和相关秩序的管理维护等物业服务，业主支付物业费的合同。物业服务合同系双务、有偿、诺成、继续性的合同。物业服务人提供物业服务的义务，与业主支付物业费的义务构成对等给付义务。物业服务合同内容复杂多元，既包括委托型服务，如对物业服务区域内环境卫生与安全秩序等的日常维护管理；也包括承揽型服务，如对公共设施的维护修理；还包括介于两者之间的中间形态的服务。物业服务合同的当事人是业主和物业服务人。业主即建筑物区分所有权人，指取得建筑物专有部分所有权的主体。此外，“基于与建设单位之间的商品房买卖民事法律行为，已经合法占有建筑物专有部分，但尚未依法办理所有权登记的人”，也可以被认定为业主(《建筑物区分所有权解释》第1条第2款)。物业服务人包括具有法人资格的物业服务企业(《物业条例》第32条)，以及其他管理人，如管理单位住宅的房管机构，或者根据业主委托处理物业服务事项的组织或者自然人等。

D. **物业管理条例**。《物业管理条例》是目前我国物业管理方面最高级别的专业法规，也是物业管理从业人员执业最直接依赖的法律依据。《物业管理条例》共7章67条，对业主及业主大会、前期物业管理、物业管理服务、物业的使用与维护、法律责任等方面做出了具体规定。《物业管理条例》的颁布实施，为维护物业管理市场秩序、规范物业管理活动、保障业主和物业服务企业的合法权益提供了法律依据，对于促进物业管理行业持续、健康、有序发展，进一步改善人民群众的生活和工作环境具有十分重要的意义。

E. 其他相关法律

a. 前期物业管理招标投标管理暂行办法

为了规范物业管理招标投标活动，保护招标投标当事人的合法权益，促进物业管理市场的公平竞争，原建设部制定了《前期物业管理招标投标管理暂行办法》。《前期物业管理招标投标管理暂行办法》共5章44条，对前期物业管理招标、投标、开标、评标和中标等方面做出了明确的规定。根据《前期物业管理招标投标管理暂行办法》，住宅及同一物业管理区域内非住宅的建设单位，应当通过招标投标的方式选聘具有相应资质的物业服务企业；投标人少于3个或者住宅规模较小的，经物业所在地的区、县人民政府房地产行政主管部门批准，可以采用协议方式选聘具有相应资质的物业服务企业。前期物业管理招标投标应当遵循公开、公平、公正和诚实信用的原则。

b. 物业服务收费管理办法

为规范物业服务收费行为，保障业主和物业管理企业的合法权益，国家发展和改革委员会、原建设部根据《中华人民共和国价格法》和《物业管理条例》，制定了《物业服务收费管理办法》。根据《物业服务收费管理办法》，物业服务收费应当遵循合理、公开，以及费用与服务水平相适应的原则。物业服务收费应当区分不同物业的性质和特点分别实行政府指导价和市场调节价。具体定价形式由省、自治区、直辖市人民政府价格主管部门会同房地产行政主管部门确定。国务院价格主管部门会同国务院建设行政主管部门负责全国物业服务收费的监督管理工作。县级以上地方人民政府价格主管部门会同同级房地产行政主管部门负责本行政区域内物业服务收费的监督管理工作。

c. 住宅专项维修资金管理办法

为了加强对住宅专项维修资金的管理，保障住宅共用部位、共用设施设备的维修和正常使用，维护住宅专项维修资金所有者的合法权益，根据《物业管理条例》等法律及相关行政法规，原建设部、财政部制定了《住宅专项维修资金管理办法》。

《住宅专项维修资金管理办法》共6章44条，对住宅专项维修资金的交存、使用、监督管理、法律责任等做出了明确规定。根据《住宅专项维修资金管理办法》，商品住宅、售后公有住房住宅专项维修资金的交存、使用、管理和监督，适用本办法。本办法所称住宅专项维修资金，是指专项用于住宅共用部位、共用设施设备保修期满后的维修和更新、改造的资金。住宅专项维修资金管理实行专户存储、专款专用、所有权人决策、政府监督的原则。国务院建设主管部门会同国务院财政部门负责全国体宅专项维修资金的指导和监督工作。县级以上地方人民政府建设（房地产）主管部门会同同级财政部门负责本行政区域内住宅专项维修资金的指导和监督工作。

（2）物业管理法律法规的历史变迁

1994 年 3 月，建设部第 33 号部长令颁布了《城市新建住宅小区管理办法》。这是我国第一部系统规范物业管理制度的规范性文件，也是推动全国全面开展物业管理活动的基石，标志着我国物业管理行业的起步。

1994 年 6 月，深圳经济特区颁布《深圳经济特区住宅区物业管理条例》，这是全国第一部地方性物业管理法规，我国的物业管理制度在地方得到进一步的贯彻和落实。

1996 年 3 月，为规范物业服务企业的服务收费行为，保护消费者的正当权益，国家计委和建设部联合下发了《城市住宅小区物业管理服务收费暂行办法》。

1997 年 5 月，上海市人民代表大会常务委员会通过了《上海市居住物业管理条例》，这是全国范围内由地方人大通过的第一步物业管理条例。

1998 年 3 月，财政部颁布了《物业管理企业财务管理规定》，该规定结合物业服务企业的特点及其管理要求，从代管基金、成本、费用、营业收入和利润等方面具体规范了物业服务企业的财务管理行为。

1998 年 11 月，为保障住房售后的维修管理，维护住房产权人和使用人的共同利益，建设部、财政部印发了《住宅共用部位共用设施设备维修基金管理办法》。

1999 年 10 月，为规范物业管理市场秩序，加强对物业服务企业经营活动的管理，建设部印发了《物业管理企业资质管理试行办法》，要求从事物业管理的企业必须按照该规定，申请企业资质评定，作为市场准入的条件。

2003 年 6 月，国务院颁布了《物业管理条例》，对物业管理的相关事项做了全面规定。《物业管理条例》颁布后，国务院有关部门和地方各级政府及房地产主管部门纷纷开展相关政策的立、改、废工作，全国上下掀起物业管理制度建设的高潮。

2003 年 6 月 26 日，为了规范业主大会的活动，保障民主决策，维护业主的合法权益，建设部发布《业主大会规程》。同日，为了规范物业管理招标投标活动，保护招标投标当事人的合法权益，促进物业管理市场的公平竞争，建设部发布《前期物业管理招标投标管理暂行办法》。该办法对物业管理招标投标的各个环节均有详细的规定，包括招标公告的发布、投标文件的编制、评标标准的设定及中标结果的公示等。

2003 年 11 月，国家发展和改革委员会与建设部联合印发了《物业服务收费管理办法》，旨在规范物业服务收费行为，保护消费者的合法权益，同时也为物业服务企业提供了一个明确的收费标准和收费方式的参考框架。

2004 年 3 月 17 日，为了加强对物业管理活动的有效监管，规范物业管理市场秩序，提高物业管理服务水平，建设部发布了《物业管理企业资质管理办法》。该办法明确了物业管理企业的资质等级、申请条件、审批程序及日常管理要求，为提升整个行业的专业素质和管理水平奠定了基础。

2004 年 7 月，国家发展和改革委员会与建设部再次联合印发了《物业服务收费明码标价规定》，要求物业服务企业公开、透明地标注服务项目和收费标准，进一步增强了消费者的信息知情权和选择权。

2004 年 9 月 6 日，为了帮助建设单位和物业管理企业在签订前期物业服务合同时明确各自的权利和义务，减少物业管理纠纷的发生，建设部发布了《前期物业服务合同（示范文本）》《业主临时公约（示范文本）》。

2007 年 3 月《中华人民共和国物权法》的颁布和同年 10 月 1 日的实施，我国物业管理行业的法规体系得到了进一步完善。其中第 81 条规定：业主可以自行管理建筑物及其附属设施，也可以委托物业服务企业或者其他管理人管理。

2007 年 8 月，国务院根据《中华人民共和国物权法》对 2003 年颁行的《物业管理条例》予以修改。

《物权法》时代，主要制定了以下全国性的物业管理政策法规：

（1）2007 年 9 月，国家发展改革委、建设部发布《物业服务定价成本监审办法》，对物业服务定价的成本构成、计算方法和审核程序做了详细的规定，以保证物业服务价格的合理性和公正性。

（2）2007 年 12 月，建设部、财政部发布《住宅专项维修资金管理办法》，对住宅专项维修资金的筹集、使用、管理和监督等方面做了明确规定。

（3）2009 年 9 月，为进一步明确和解决在建筑物区分所有权和物业服务纠纷案件中出现的具体法律问题，最高人民法院发布《关于审理建筑物区分所有权纠纷案件具体应用法律若干问题的解释》和《关于审理物业服务纠纷案件具体应用法律若干问题的解释》。

（4）2009 年 12 月，住房和城乡建设部发布《业主大会和业主委员会指导规则》，进一步促进了物业管理行业走向规范化道路。

（5）2010 年 10 月，住房和城乡建设部发布《物业承接查验办法》，对新建物业的交接验收、质量问题处理、保修责任等内容做了规定。

（6）2014 年 1 月，为了加强物业管理师的职业能力和职业道德建设，住房和城乡建设部发布《物业管理师继续教育暂行办法》。

（7）2014 年 12 月 17 日，国家发展改革委发布《关于放开部分服务价格意见的通知》，决定将物业费和小区地面停车费的定价权交给市场，以实现资源的优化配置和市场竞争的公平化。

2016 年 1 月 13 日，中华人民共和国国务院公布了《国务院关于修改部分行政法规的决定》，对《物业管理条例》做第二次修改。

2018 年 3 月 19 日发布的《国务院关于修改和废止部分行政法规的决定》，对《物业管理条例》，做第三次修订，修订后的《物业管理条例》于 2018 年 3 月 19 日起开始施行。

此后进入《民法典》时代，在 2021 年 1 月，住房和城乡建设部等十部委联合印发《关于加强和改进住宅物业管理工作的通知》，从六个方面提出了加强和改进住宅物业管理工作的具体举措，包括提升物业服务水平、推动智能化建设和社区治理创新、加强行业监管和信用体系建设等，为我国物业管理行业的持续健康发展指明了方向。

2. 从现行法律中引申出经营性物业管理法律的相关规定

首先，《民法典》第二百七十八条第七项规定，业主可以共同决定利用共有部分从事经营活动。其次，第二百八十四条规定，业主可以自行管理建筑物及其附属设施，也可以委托物业服务企业或者其他管理人管理。对建设单位聘请的物业服务企业或者其他管理人，业主有权依法更换。

第二百七十一条规定，业主对建筑物内的住宅、经营性用房等专有部分享有所有权，对专有部分以外的共有部分享有共有和共同管理的权利。

第二百七十九条规定，业主不得违反法律、法规及管理规约，将住宅改变为经营性用房。业主将住宅改变为经营性用房的，除遵守法律、法规及管理规约外，应当经有利害关系的业主一致同意。

根据以上规定，在同一个建筑单元里可以区分为居住性用房和经营性用房，并且业主可以集体决定将公共部分用作经营性活动，并由相应的物业实施管理。

《物业管理条例》第五十三条规定，住宅物业、住宅小区内的非住宅物业或者与单幢住宅楼结构相连的非住宅物业的业主，应当按照国家有关规定交纳专项维修资金。

专项维修资金属于业主所有，专项用于物业保修期满后物业共用部位、共用设施设备的维修和更新、改造，不得挪作他用。

专项维修资金收取、使用、管理的办法由国务院建设行政主管部门会同国务院财政部门制定。

根据以上规定，无论是经营性物业还是住宅物业都需要按照国家的有关规定建立专项维修基金，实现专款专用。

《物业管理条例》对非住宅物业管理给出了原则性指引。《上海市住宅物业管理规定》第九十四条规定：“非住宅物业管理，参照本规定执行。”

四、国内各地关于经营性物业管理的法律实践

1. 深圳

中国物业管理源于深圳，标志性事件是 1981 年 3 月 10 日，为满足深圳涉外商品房——东湖丽苑业主（主要是香港地区业主）对于物业管理的消费需求，深圳市房地产管理局向深圳市编制委员会申请成立了全国第一家物业管理企业——深圳市物业管理公司。1988 年 6 月，改革先行一步的深圳基于以出售为主的住房制度改革后房屋管理的迫切需要，颁布实施了《住宅区管理细则》。这份总共只有十一条条款内容的细则，已具备了后来物业管理制度框架

的雏形。其中心指导思想就是力推企业化房管方式。在最早涉外商品房展开的新型房屋管理模式成功之后，20世纪90年代初期，深圳又开始探索采取业主委员会的制度，在中国内地开创了业主自治与专业服务相结合的“共管模式”。然后，深圳乘势追击，在新建的主要以出售方式分配给公务员的福利房小区莲花二村进一步试点实施“综合一体化”的物业管理模式，即举凡住宅小区红线范围内共用部位的清洁、绿化、秩序维护等原分属各街道、居委会、园林、派出所等部门的业务及工作，全部交由物业管理企业负责完成。此举进一步夯实和拓展了物业管理的业务基础。此种综合一体化物业管理模式已经被写进《深圳经济特区住宅区物业管理条例》。

深圳特区物业服务的法制建设。2003年6月8日，国家颁布了《物业管理条例》，2003年作为中国物业管理法制“元年”而被载入史册。深圳在国家条例及配套文件的出台过程中，着手对《业主大会规程》《前期物业管理招投标管理暂行办法》《维修基金管理办法》《物业管理企业资质管理办法》等予以修改和论证，并受建设部委托，直接组织起草了《物业服务收费管理办法》《物业服务合同》和《前期物业服务合同》范本等。在积极宣传、贯彻国家《物业管理条例》的同时，深圳还着手修订《深圳经济特区物业管理条例》，致力架构深圳物业管理法规新体系。《深圳经济特区住宅区物业管理条例》是中国第一个地方通过有关物业管理的法规。2019年8月29日，《深圳经济特区物业管理条例》得到了又一次修订，针对物业服务的部分，明确了住宅物业招标投标方式、赋予物业服务费新的含义且要求实行项目负责人制度，规范了物业项目的交接与退出。

随着深圳物业管理制度的不断发展，物业管理的内涵与外延也随之不断丰富和扩大，由管理新建住宅区延伸至老旧住宅区，进而拓展至包括写字楼、工业厂房、医院、学校、后勤机关办公楼、博物馆、仓库、体育场馆、农贸市场、综合性商场、步行街、轨道交通等各种物业样态。

2. 广州

广州市物业管理行业的萌芽可追溯至20世纪80年代初期。1979年，广州市新建了东湖新村住宅小区，提供了房屋管理为主体，以家务服务为内容的社会化的综合管理服务。这种管理模式以人为中心，运用商品房经营的优势，为住户提供良好的生活设施，为居民解决后顾之忧，为人们提供了宁静、方便、安全的居住环境。此举可谓开创了广州市乃至全国住宅小区售后服务管理的先河，广州市的物业管理由此萌芽。为此，广州市各级主管部门采取了一系列措施，先后颁布了《广州市新建住宅小区验收暂行办法》《小区配套设施建设的暂行规定》《广州市新建住宅小区管理暂行办法》，成了广州市物业管理的雏形。

此外，广州市于1981年9月成立了第一家实行新型管理和服务的管理处（广东下属管理处）。后又在1992年6月广州世界贸易中心大厦交付使用，并由香港第一太平和广州珠江物业酒店管理公司共同管理，开创了国内甲级写字楼管理的先河。直到1994年国家建设部33号令的发布，广州市物业行业的发展才真正开始加速。这个法规极大地消除了物业行业的担忧和顾虑，促使众多的物业公司如雨后春笋般涌现出来。各省也大胆地迈开了脚步，普及和推进了物业管理。

广州市物业服务的法制建设。广州市先于2001年出台了《广州市物业管理办法》。2014年5月，广州市又在《物权法》《物业管理条例》《广东省物业管理条例》的框架下，制定了《广州市物业管理暂行办法》。《广州市物业管理暂行办法》旨在规范物业管理活动，保障相关主体的合法权益。该办法对物业管理的基本原则、业主委员会的职责、物业服务企业的管理等方面做了规定。2020年10月28日，广州市第十五届人民代表大会常务委员会第四十二次会议通过了《广州市物业管理条例》。《广州市物业管理条例》共八章一百一十条，主要规定了物业服务区域划定、业主和业主组织的权利义务、物业管理服务相关制度、物业使用维护要求、法律责任等内容。该条例坚持党建引领，将物业管理纳入社会治理体系；建立分工明确、权责清晰、高效协调的行政管理体制，强化基层行政监管职能；创设物业管理委员会制度，推动成立业主委员会；规范业主委员会依法履职，保障业主自治权；加强对物业服务人的规范管理，构建良好的物业服务机制；加强对物业使用维护的监管，明确相关主体的权利义务；等等。

此外，为了加强和规范物业管理活动，维护业主、非业主使用人和物业服务人的合法权益，促进物业管理行业健康发展，广州市还制定了其他一些关于物业管理的法规和政策。例如《关于全面加强业主组织建设规范业主组织行为的通知》《关于强化党建引领小区治理工作方案》等。

可以说广州市物业服务的水平和公众认可度在不断提高。专门的物业管理从住宅小区，已经推及商业大厦、大型购物中心公寓别墅，且正在向福利房、直管房、单位自管房等领域全面渗透。诸如医院、高校、军营、厂房、仓库等也不断通过招投标交给专业的物业管理公司管理。

3. 上海

1997年5月出台了由上海市人大常委会通过的《上海市居住物业管理条例》，其第六十四条规定：物业管理区域内的非居住物业管理，参照本条例执行。

2004年8月出台了《上海市住宅物业管理规定》，其中第四十八条规定：非住宅物业管理和未选聘物业管理企业提供物业服务的住宅物业的管理，参照本规定执行。《上海市居住物业管理条例》同时废止。《上海市住宅物业管理规定》于2010年、2018年、2020年、2022年多次修订，并且于2023年12月28日获上海市第十六届人民代表大会常务委员会第九次会议通过，对《上海市住宅物业管理规定》又一次做出了修改。此次，修改的重点仍是规范在物业管理过程中针对业主与物业服务公司的违法行为的行政规制。

该规定的第九十四条规定："非住宅物业管理，参照本规定执行。"然而经营性物业具有产权分散与集中并存，服务对象多元化等特点，导致住宅物业的规定难以照搬适用到经营性物业之上。对此仍需要出台关于经营性物业管理的规定做进一步的规范。

上海市出台的《关于规范本市商务楼宇信息通信基础设施建设和运营的意见》中对商务楼宇有专门的定义，即指为各种商务活动提供办公空间的建筑物，包括商住两用建筑物、各类园区中的商用建筑物及其附属设施等。

上海市物业管理行业协会自2005年后相继出台了《办公楼物业管理服务规范》《商业物业管理服务规范》《公众物业管理服务规范》《医院物业管理服务规范》《工业园区物业管理服务规范》和《学校物业服务管理规定》6个非居住类上海市地方标准。针对各个类型的经营性物业给予专门的规定，以办公楼物业管理服务规范为例，其明确了办公楼物业管理服务活动的范围，如顾客服务、房屋和设施设备运行维护服务、办公楼秩序维护和安全服务、环境保洁服务、绿化摆放与养护服务、仓储和搬运等内容及要求。并且该规范针对的是已经实施物业管理的办公楼，包括单一业主自用的办公楼、单一业主纯承租或自用与承租混用的办公楼、多业主自用或多业主自用与承租混用的办公楼三种类型。

2020年，上海市市场监督管理局发布了《非居住物业服务管理规范》，从而确立了上海市此类物业管理的地方标准。

第五章　经营性物业管理的法律建议

经营性物业在城市经济发展、商业环境改善方面发挥了重要作用。然而，由于经营性物业本身的特性和种种原因，在商业环境中产生的矛盾也不时呈现出来。

由于经营型物业管理在我国目前还处于初级发展阶段，虽然有相关法规对其定了规制，但由于缺少专门立法、相关法律规范不完善及政策不配套等原因，在实践中仍存在着很多问题。对经营型物业管理的现状作分析，提出规范经营型物业管理的法律建议，以期能进一步完善经营型物业管理的法律规范体系，引导我国经营型物业管理健康发展，更好地实现业主和经营者之间的利益平衡。

一、“经营性物业”相关法律法规并不明确

一方面，我国没有专门针对经营性物业的立法和有关规定；另一方面，现有的《物业管理条例》等规范中也没有对经营性物业做专门的规范。现有规范均系针对住宅物业的规定，最后一条只规定了经营性物业管理可以参照适用。然而正如本书前文所述，经营性物业管理与住宅性物业管理存在很多区别——包括管理对象、服务提供的内容、客流量、安保、设备维修、产权分布的复杂程度、发

生纠纷的特点等，因此，经营性物业应该如何适用现有法律法规，仍较为模糊。

《上海市住宅物业管理规定》明确了使用人的身份，以及权利与义务。使用人是指房屋的承租人和实际居住人。使用人有义务按照业主大会制定的规章来使用和维护物业，使用人有权对物业管理和业主委员会日常工作发表意见和建议，并且业主委员会应当及时了解物业使用人的意见和建议。而物业服务企业负有及时向使用人告知安全合理使用物业的注意事项的义务。但有关法规并未规定使用人可以参加或列席业主大会，对使用权人切身事项利益的议题也缺乏表决权利，对使用人的保护仍有周延未尽之处。

另外，该规定的第九十四条规定："非住宅物业管理，参照本规定执行。"令人遗憾的是，该规定仍只是给出了原则性的建议，要求非住宅物业参照住宅物业管理。然而经营性物业具有产权分散与集中并存，服务对象多元化等特点，导致住宅物业的规定难以照搬适用于经营性物业之上。对此，上海市还需要出台关于经营性物业管理的规定使之进一步规范。

二、"经营性物业"中多元产权下业主权益保护问题

在我国，物业产权具有多种形式，既包括单一的所有权，也包括所有权与经营权相分离的多种产权。经营性物业产权包括垄断型、集中型、分散型三种类型。垄断型系指某个企业或组织拥有一个物业的所有权，在这个物业中拥有绝对的控制权和经营权。这种类型的物业通常会被视为"高档"或"豪华"，如高级写字楼、酒店、别墅等。分散型又分为简单分散（如住宅）、复杂分散。复杂分散的包括商住合一型与多个大产权人与小部分小产权人的物业。

目前在我国的法律法规中，没有对多元产权下业主权益保护问

题的规定，这在实践中产生了诸多问题。

1. **共有产权问题**：当物业有多个所有者时，可能发生关于使用、共享和维护等问题的争议。

2. **共管物业管理问题**：涉及共管物业的共同决策、费用分配、维修维护等问题。在经营性物业管理中，可能会出现一些产权上的纠纷。

3. **所有权纠纷**：不同人之间对物业的所有权归属产生争议，可能是由于不准确的产权记录、争议的购买或转让行为等。

4. **产权侵权问题**：涉及未经授权的改建、破坏、侵占或擅自使用物业或公共空间的行为。

5. **建筑和修缮问题**：涉及物业维护、修缮和建筑扩建等问题，可能引发产权归属的纠纷。

6. **邻里纠纷**：涉及物业的使用和管理对周围邻居造成的影响，例如噪音、视野受阻、私密性等问题。

这些纠纷可能需要通过法律程序解决，涉及当地的房地产法律和相关条款的适用。物业所有者、租户、共有人和第三方之间的产权纠纷需要借助专业法律咨询来解决。

三、非业主使用权人权益保障不明确、力度不足够

在我国《民法典》中，只是原则性地规定了业主有权通过合同约定自己的物业使用权。现实生活中，因物业所有权人只有一个，因此对于经营主体而言，虽然其拥有对物业的使用权，但由于层层转包、多层招商，无法与业主直接签订租赁合同。这种情况下，其与业主之间的权利义务关系便十分复杂。

四、建议决策和监督权

1. 建议决策权

法律规定了使用权人的建议权，意见应当被听取。但在我国目前的物业管理中，经营者与非业主使用权人之间经常发生利益冲突。实践中，一些业主虽然具有对物业的所有权和使用权，但却不能实际享有对物业管理企业的建议权、投票权。

2. 监督权

同样，法律规定了使用权人应当有建议权，但是却没有相应的措施保障该权利，作为弱势群体的使用权人权益的维护在实践中往往存在困难。

五、物业管理服务收费与费用的管理存在问题

1. 物业维修费用收取问题

由于设备设施多，维修保养量大，每年维修基金支出量大，若是一个大业主，大体上不会产生问题；若是多个业主，如何分摊和筹集维修基金，如何筹集新的维修基金则是一个大课题。

2. 费用的收取和支出问题

经营性物业由于设施设备繁杂，而各种承租人使用设施设备强度各有不同，必须分情况区别对待。

（1）能源收费。各使用人的上下班时间、耗用能源情况各不相同。但能源机组是不能停机的，这就涉及能源计量，即每个使用单位和能源设备的费用分摊问题。

（2）公共场所通道的费用分摊。虽然可根据共同使用共同分摊的原则分摊，但若公共通道中设置了某一品牌、某一企业的广告等，这就涉及广告费用、公共场所通道的费用收取即分摊问题。

（3）公共场所通道被人占用，业主、物业服务企业可以收费，然而，这些公共场所通道面积如果已在租赁合同中标明了面积分摊，那对于业主、物业服务企业就形成了双重收费问题。

（4）外墙、红线内的建筑物外场地广告的收费与分摊，也同样存在诸多问题。

（5）这些在租赁合同之外的收费，如何划分受益人、如何划分服务管理费用，也存在模糊之处。

六、缺乏有效的争议解决机制

当业主与物业管理企业之间发生纠纷时，常缺乏有效的争议解决机制。最后往往诉诸新闻媒体的舆论途径。当纠纷发生时，如果没有一个有效的解决机制，将会影响物业服务企业正常的经营活动。而我国目前关于物业管理纠纷处理机制不健全，主要表现在：

1. 物业管理纠纷处理中没有明确规定举证责任倒置原则。目前我国对于业主大会和业主委员会与物业管理公司之间产生的纠纷没有明确规定举证责任倒置原则。

2. 我国目前关于物业管理纠纷的处理程序不够完善。比如在调解过程中，如果双方当事人对事实认定有异议，调解机构很难做出正确的判断。而如果双方当事人对事实认定不能达成一致意见，那么，调解机构往往会以调解失败而告终。因此，很难实现有效调解。

七、完善建议

（一）明确对经营性物业的法律界定

1. 明确经营性物业的界定

针对“经营性”物业相关法律规定不够完善，针对部分可以归纳的内容和要求，可以通过在个别条文增加条款，或者增加“经营性物业管理”章节的方法，适当在法律规范中进一步明确和规定。

2. 强化监管等义务

加强对物业管理企业的监管，建立健全的投诉举报机制，加强业主参与物业管理的权利，加强对物业管理费用的监督和管理。

3. 使用权人的权益保障机制

细化使用权人的建议权、监督权。

（二）提升物业行业协会的自治能力

1. 加强行业规范和标准的制定

推动制定和修订行业标准和规范，制定行业统一的服务标准，规范物业管理企业的行为，提高服务质量。

2. 加强投诉处理、监督治理

在加强经营性物业的行业自律和监管方面，借鉴国内外相关行业的经验和做法。以国外的行业自治经验为例，国外的行业自治经验都强调了行业自律、业主参与和监督、专业化管理等方面的重要性。可以借鉴它们在建立行业协会、业主委员会、行业认证等方面的做法，加强对物业管理行业的自律和监管，提升服务质量和行业形象。同时，还可以参考它们在培训和认证、纠纷处理等方面的经验，提供更加全面的支持和服务。

（三）行业协会的自律与监督

1. **英国建筑业：**英国建筑业通过建立行业协会和职业组织，制定行业准则和行为规范，推动建筑业的自律和规范发展。行业协会负责监督会员的行为，处理投诉和纠纷，并提供培训和认证服务，提高从业人员的素质和专业水平。

2. **美国物业管理业：**在美国，物业管理公司通常是由业主自行选择聘用产生的。业主组成业主委员会，负责监督物业管理公司的工作，并参与决策和制定管理规则。这种业主自治的机制可以有效保障业主权益，提高物业管理的质量和效率。

3. **新加坡公寓管理：** 新加坡的公寓管理通过建立业主委员会和业主协会，推动业主自治和行业自律。业主委员会负责与物业管理公司签订合同、监督服务质量、处理业主投诉等事务，业主协会则协调业主之间的利益，并提供培训和咨询支持。

4. **澳大利亚物业管理业：** 澳大利亚物业管理业采取了行业认证制度，确保物业管理公司具备一定的资质和专业能力。行业认证机构负责审核和认证物业管理公司，确保其符合标准，并实施定期的监督和评估。

（四）新加坡行业协会的做法借鉴

新加坡的经营性物业管理行业在行业自治方面做出了很多努力。以下是一些常见的行业自治措施：

1. **设立行业协会和机构：** 新加坡设立了专门的行业协会，如建筑与建设管理局（Building and Construction Authority）和新加坡物业管理协会（Singapore Institute of Building Limited）等，这些机构负责制定和推广行业标准、提供培训和咨询服务，协助行业发展和自律。

2. **行业准则和标准：** 新加坡物业管理行业制定了一系列准则和标准，如《物业经理行为规范》等。这些准则和标准规定了物业管理人员的职责和行为规范，有助于提高行业的专业水平和服务质量。

3. **质量认证和评估：** 为了提高物业管理服务的质量，新加坡实施了物业管理企业的认证制度和评估体系，例如通过 ISO 9001 质量管理体系认证、Quality Mark 等，对物业管理企业做评估和监督，促使企业提供高品质的服务。

4. **知识和技能培训**：为了提高行业从业人员的专业素质，新加坡物业管理行业提供广泛的培训课程和认证项目，如物业经理培训课程，为从业人员提供知识和技能的提升机会，并促进行业的发展和规范化。

5. **联合行动和宣传推广**：新加坡的物业管理行业协会和机构经常组织各类会议、研讨会和交流活动，为行业内部提供沟通和合作的平台，加强行业从业人员之间的交流与学习。同时，通过宣传推广活动，提高了公众对物业管理的认识和重视程度，增强了市场的透明度和信任

八、对行业协会自律与监督的希望

针对加强经营性物业的行业自律和监管，可以提出以下建议：

1. **建立行业自律机制**：建议物业管理行业建立行业协会或行业组织，制定行业自律准则和行为规范，明确行业从业人员的职业道德和行为规范，推动行业发展和规范化。

2. **加强信息公开和透明度**：建议物业管理公司公开其资质、服务内容、收费标准等信息，接受业主和社会公众的监督。同时，鼓励物业管理公司建立投诉反馈机制，以便及时处理和解决业主的投诉问题。

3. **强化监管力度**：建议相关部门加大对物业管理行业的监管力度，加强对物业管理公司的执法检查和监督，确保其依法履行职责。同时，建议建立投诉举报渠道，及时处理行业违法违规行为，并对违法行为给予严厉处罚。

4. **完善评价和考核机制**：建议建立物业管理服务质量评价和考核制度，对物业管理公司的服务质量、工作绩效给予评估和考核。同时，公开评价结果，鼓励业主选择优质的物业管理公司，推动行

业服务质量的提升。

5. **加强从业人员培训和资质要求：**建议加强对物业管理从业人员的培训和教育，提高其专业素养和服务意识。同时，建议制定明确的资质要求和考核标准，提高从业人员的素质和能力水平。

九、完善、丰富纠纷解决机制

1. 畅通行业协会、主管部门投诉、诉讼的机制

建立专门的机构或设立争议解决委员会，为业主与物业管理企业之间的纠纷提供有效解决途径。

加强对物业管理企业的监管，主要包括：建立健全的投诉举报机制，加强业主参与物业管理的权利，强化对物业管理费用的监督和管理。

2. 发挥中国特色，积极促进物业管理融入基层治理

以党建引领物业管理，并将其融入社区基层治理，这正在成为新时代赋予物业管理行业的历史使命。这也正在成为物业管理行业的共识。

第六章　经营性房屋出租人的义务

一、经营性房屋出租人义务的概述

经营性物业的出租人，即签订出租合同的单位或个人，应当是产权人或产权人的委托人、代理人。

出租人应拥有出租房屋的不动产所有权。

出租房屋应符合建筑物建设相关的法律法规及其他法律法规规定的计划及标准，并且已取得相关法律法规规定需要的各种行政许可（包括但不限于国有土地使用权证、房地产不动产权证、建设用地规划许可证、建筑工程规划许可证、建设工程施工许可证、建筑工程消防验收意见书和建设工程竣工验收备案证书等）。

若出租物业有抵押的（包括抵押贷款买房建房或因债权债务设置抵押权的），出租人在出租租赁房屋前，应取得抵押权人的书面同意。

在经营性房屋租赁中，承租人承租租赁单元是为了从事商业活动。在签订租赁合同后，会对租赁单元予以装修，而装修的成本较高，承租人会希望能够按照租赁合同的约定正常使用租赁单元，因此，在签订租赁合同时，出租人负有告知承租人租赁单元相关权利关系的责任。

《民法典》第七百零八条规定，出租人应当按照约定将租赁物交付承租人，并在租赁期限内保持租赁物符合约定的用途。除上述责任外，经营性房屋租赁中出租人还负有以下一般性责任：

（1）经营性房屋租赁中出租人有义务为承租人提供办理营业执照所需的房屋产权证明等相应材料，协助承租人办理营业执照。

（2）提供符合安全标准的房屋：出租人有责任确保租赁房屋符合相关的安全标准和建筑规范，包括电气设施、水暖设备、防火设施等的正常运作。

（3）及时维修：出租人有责任及时修理和保养房屋，确保承租人能够安全、舒适地使用租赁房屋。

（4）提供必要的设施和服务：出租人需要提供租赁房屋所必需的设施，例如供暖、供水、排水系统等。如果出租的是公寓，可能还包括提供公共区域的清洁和维护等服务。如果租赁房屋用于餐饮，还应确保租赁房屋符合承租人的餐饮用途需要。

（5）提供租金票据：出租人应当按时提供租金票据，并确保租金支付的透明和合法。

二、案例分析

案例一　没有房屋所有权证书的房屋是否可以出租？

即使没有取得房屋所有权证书，房屋依然可以出租。针对租赁合同是否有效的问题，并非完全根据租赁房屋是否有产权证这一标准来判断，如果租赁房屋已经办理了建设工程规划许可证，那么，即便在该房屋没有产权证的情况下，租赁合同依然有可能被认定为有效。

案情介绍

案由：房屋租赁合同纠纷[①]

一审原告（反诉被告）、被上诉人、被申请人：上海某实业有限公司

一审被告（反诉原告）、上诉人、再审申请人：上海某大酒店有限公司

2013年6月18日，某实业有限公司（甲方）作为出租人与某大酒店有限公司（乙方）作为承租人签订房屋租赁合同，约定乙方承租甲方位于上海市徐汇区××路××号××号楼房屋，租期为10年，房屋所有权单位某实业有限公司是隶属于华泾镇人民政府的村级所有制公司，因历史原因**缺少有关房屋产权证**。某大酒店有限公司除支付某实业有限公司20万元电费及50万元租金外，并未支付其余租金及水电费。故某实业有限公司提起诉讼要求解除合同并支付上述费用。某大酒店有限公司提起反诉，要求某实业有限公司支付违约金等费用。

各方观点

原告某实业有限公司：某大酒店有限公司对系争房屋没有产证是明知的，房屋租赁合同有效。办理系争房屋交接手续时，某实业有限公司明确告知某大酒店有限公司证照由某大酒店有限公司办理。从多年的交涉过程可知，某大酒店有限公司从未主张某实业有限公司违约，而是某实业有限公司一直在催讨租金。从系争房屋租赁期间某大酒店有限公司使用的水、电费数额分析，印证某大酒店

① 案例来源：（2018）沪0104民初12299号、（2019）沪01民终4545号、（2019）沪民申2017号。

有限公司在房屋内正常经营。某大酒店有限公司不支付租金构成违约。要求解除租赁合同、交还房屋并支付拖欠租金、水电费等其他费用。

被告某大酒店有限公司：**某实业有限公司向某大酒店有限公司隐瞒了系争房屋没有房屋产权证，以及不能办理经营所需的公安、环保、卫生等主管部门规定的相关证照的事实，房屋租赁合同当属无效，**而某实业有限公司对某大酒店有限公司无法在系争房屋内正常经营存在过错，应当视作某实业有限公司存在相应违约行为，故某大酒店有限公司不支付租金行为是行使不安抗辩。

法院判决

上海市高级人民法院经审查认为：2009年《最高人民法院关于审理城镇房屋租赁合同纠纷案件具体应用法律若干问题的解释》第二条规定：出租人就未取得建设工程规划许可证或者未按照建设工程规划许可证的规定建设的住房，与承租人签订的租赁合同无效。本案中，**某实业有限公司出租给某大酒店有限公司的系争房屋早在2004年5月就取得建设工程规划许可证与建设工程施工许可证，虽然系争房屋没有产证，但不改变房屋为合法建筑的事实。**某实业有限公司与某大酒店有限公司就系争房屋签订的**房屋租赁合同合法有效**，双方均应恪守履行。

类案检索

【1】某资产经营发展有限公司与某武术协会房屋租赁合同纠纷案[①]

法院经审理查明：2017年10月12日，原告作为出租人（甲

① 案例来源：（2023）沪0117民初15661号。

方）、被告作为承租人（乙方）签订房屋租赁合同一份，约定甲方将涉案房屋出租给乙方用于体育经营，租赁面积为595平方米，租赁期限5年，**涉案房屋无房地产权证，无建设规划许可证。**合同签订后，原告按约交付了涉案房屋，被告尚拖欠原告租赁期间内租金143，740元未支付。

法院审理后认为：**出租人就未取得建设工程规划许可证或者建设用地规划许可证建设的房屋，与承租人订立的租赁合同无效。**本案中，涉案房屋没有取得合法有效的建设工程规划许可证及房地产权证，故**双方签订的租赁合同因涉案房屋缺乏合法建造手续而应属无效**。合同无效或者被撤销后，因该合同取得的财产，应当予以返还；不能返还或者没有必要返还的，应当折价补偿，有过错的一方应当赔偿对方因此所受到的损失，双方都有过错的，应当各自承担相应的责任。

律师解读

从实务的裁判观点来看，人民法院在该类案件中，**针对租赁合同是否有效的问题，并非完全根据租赁房屋是否有产权证这一标准来判断，而是将重点放在该房屋是否已经办理建设工程规划许可证这一方面。**如果租赁房屋已经办理了建设工程规划许可证，那么，即便在该房屋没有产权证的情况下，租赁合同仍有可能被认定为有效。

合同无效或者被撤销后，因该合同取得的财产，应当予以返还；不能返还或者没有必要返还的，应当折价补偿，有过错的一方应当赔偿对方因此所受到的损失，双方都有过错的，应当各自承担相应的责任。因此，即使法院认定了租赁合同无效，承租人仍然需要结算占用期间应支付给出租人的相关费用。

操作指引

从法律角度来看，租赁房屋未取得房产证本身并不足以直接判定房屋租赁合同的无效性。然而，在签订租赁合同之前，承租人应当审慎行事，核查房屋是否具备产权证。若房屋未持有产权证，承租人将面临一定的法律风险。因此，承租人应慎重考虑是否继续租赁该房屋。

若承租人确实对该房屋有迫切需求，务必深入调查该房屋未取得房产证的具体原因，并要求出租人提供建造房屋的合法手续或是要求出租人提供经行政主管部门（建委）备案的商品房买卖合同，来证明出租人对出租房屋享有合法有效的所有权。通过这一步骤，承租人可以更好地了解房屋的法律状况，并降低租赁合同被认定为无效的风险。同时要求出租人在租赁合同中承诺："对出租房屋享有合法有效的出租权利，如未有出租权而出租给承租人造成损失的，由出租人承担相应的责任。"

总之，承租人在签订房屋租赁合同前，应充分了解和评估房屋的法律状况，确保自身权益得到保障。在面临未取得房产证的房屋时，承租人应谨慎行事，并尽可能要求出租人提供合法手续，以规避潜在的法律风险。

法条链接

【1】《民法典》

第一百五十七条　民事法律行为无效、被撤销或者确定不发生效力后，行为人因该行为取得的财产，应当予以返还；不能返还或者没有必要返还的，应当折价补偿。有过错的一方应当赔偿对方由此所受到的损失；各方都有过错的，应当各自承担相应的责任。法律另有规定的，依照其规定执行。

第七百二十七条：有下列情形之一，非因承租人原因致使租赁物无法使用的，承租人可以解除合同：

（一）租赁物被司法机关或者行政机关依法查封、扣押。

（二）租赁物权属有争议。

（三）租赁物具有违反法律、行政法规关于使用条件的强制性规定情形。

【2】最高人民法院关于审理城镇房屋租赁合同纠纷案件具体应用法律若干问题的解释（2020 年修正）

第二条　出租人就未取得建设工程规划许可证或者未按照建设工程规划许可证的规定建设的房屋，与承租人订立的租赁合同无效。但在一审法庭辩论终结前取得建设工程规划许可证或者经主管部门批准建设的，人民法院应当认定有效。

第四条　房屋租赁合同无效，当事人请求参照合同约定的租金标准支付房屋占有使用费的，人民法院一般应予支持。

当事人请求赔偿因合同无效受到的损失，人民法院依照《民法典》第一百五十七条和本解释第七条、第十一条、第十二条的规定处理。

第七条　承租人经出租人同意装饰装修，租赁合同无效时，未形成附合的装饰装修物，出租人同意利用的，可折价归出租人所有；不同意利用的，可由承租人拆除。因拆除造成房屋毁损的，承租人应当恢复原状。

已形成附合的装饰装修物，出租人同意利用的，可折价归出租人所有；不同意利用的，由双方各自按照导致合同无效的过错分担现值损失。

第十一条　承租人未经出租人同意装饰装修或者扩建发生的费

用，由承租人负担。出租人请求承租人恢复原状或者赔偿损失的，人民法院应予支持。

第十二条　承租人经出租人同意扩建，但双方对扩建费用的处理没有约定的，人民法院按照下列情形分别处理：

（一）办理合法建设手续的，扩建造价费用由出租人负担。

（二）未办理合法建设手续的，扩建造价费用由双方按照过错分担。

【3】《中华人民共和国城市房地产管理法》

第二十七条　房地产开发项目的设计、施工，必须符合国家的有关标准和规范。

房地产开发项目竣工，经验收合格后，方可交付使用。

【4】《中华人民共和国城乡规划法》

第四十条　在城市、城镇规划区内进行建筑物、构筑物、道路、管线和其他工程建设的，建设单位或者个人应当向城市、县人民政府城乡规划主管部门或者省、自治区、直辖市人民政府确定的镇人民政府申请办理建设工程规划许可证。

案例二　违法、违章建筑的出租

违法违章建筑不能作为出租标的，租赁合同无效。但实际使用人应支付相应的使用费。

案情介绍

案由：房屋租赁合同纠纷[①]

原告（反诉被告）：王某某

---

① 案例来源：（2022）沪 0115 民初 27868 号。

被告（反诉原告）：陈某某、魏某某

2014 年 11 月 18 日，王某某（甲方）与陈某某、魏某某（乙方）签订租赁合同，其中约定甲方将系争房屋出租给乙方。2020 年 2 月 8 日，王某某向陈某某邮寄告知函，言明鉴于陈某某多次拖欠房租，要求解除合同，并返还房屋，结清费用。截至 2020 年 12 月 31 日，被告尚欠付租金 14，760 元。系争房屋没有合法建造手续，系原告王某某向航东村民委员会租赁之后，将原有房屋推倒，重新建造成系争房屋，地上三层、地下一层，并于 2015 年起出租给被告。

各方观点

原告：1. 确认原、被告 2014 年 11 月 18 日签订的租赁合同于起诉状送达之日解除；2. 判令两被告归还位于上海市浦东新区 ×× 镇 ×× 公路 ×× 号房屋（以下简称系争房屋）；3. 判令两被告支付拖欠租金及使用费：其中至 2021 年 12 月 31 日为人民币（以下币种同）430，560 元，并按照每月 34，650 元的标准，自 2022 年 1 月 1 日起计算至系争房屋实际返还之日止；4. 判令两被告支付违约金 10 万元。截至 2021 年 12 月 31 日，被告拖欠租金及使用费合计 430，560 元。原告多次催讨未果，故诉至法院。

被告：据被告所知，原告将原有的房屋推倒后重新建造为系争房屋，系违章建筑。2018 年 1 月 1 日至 2020 年 12 月 31 日的租金，双方对账，尚欠部分金额。2021 年 1 月 1 日起至今的租金确实没有支付，但事出有因。被告将部分房屋转租给诚实果品，因原告要求诚实果品不向被告支付租金，故被告没有支付租金给原告。对于原告主张的租金及违约金均不同意支付。

法院判决

出租人就未取得建设工程规划许可证或者未按照建设工程规划许可证的规定建设的房屋，与承租人订立的租赁合同无效。本案中，原、被告均确认系争房屋由王某某自行建造，并未获得建设工程规划许可，亦未取得房屋的不动产权证，因此，王某某与陈某某、魏某某之间的房屋租赁合同无效。

对于合同无效后果，本院认为，**合同无效后，因合同而取得的财产应予以返还，不能返还或者返还没有必要的，应折价赔偿。双方的相应损失应根据双方过错程度各自承担相应责任**。陈某某、魏某某作为承租人，理应返还系争房屋以及实际占有、使用系争房屋期间所产生的利益。对于占有使用费标准，王某某请求参照合同约定的租金标准支付房屋占有使用费，并无不当，本院予以支持。陈某某、魏某某以下家诚实果品未支付租金为由拒付占用费，缺乏法律依据，本院不予支持。关于违约金，因租赁合同无效，该合同中的违约条款亦应无效，故王某某依据合同主张违约金，缺乏依据，本院不予支持。关于押金，在本案中一并处理，用于抵扣欠付费用。

类案检索

某电影集团、某股份有限公司房屋租赁合同纠纷[①]

裁判要旨：一方面，《房屋租赁合同司法解释》第二条规定："出租人就未取得建设工程规划许可证或者未按照建设工程规划许可证的规定建设的房屋，与承租人订立的租赁合同无效，但在一审

① 案例来源：（2018）最高法民申 1780 号。

法庭辩论终结前取得建设工程规划许可证或者经主管部门批准建设的，人民法院应当认定有效。”该条规定的立法目的是解决以违法建筑为合同标的物而签订的房屋租赁合同的效力问题。导致此种情形下合同无效的根本原因，在于标的物因存在规划许可缺陷而构成违法建筑。本案中，虽然规划行政主管部门未单独核发“××广场”项目相关规划审批手续，但天津市规划局东丽规划分局出具的《关于调查涉案规划审批手续的复函》，明确该局于2011年7月14日对“东丽区先锋路以南、外环线以西地块东丽区詹庄等七村村民安置经济适用房项目”核发的《建设用地规划许可证》、2011年9月29日核发的《修建性详细规划审定通知书》均包含“××广场”项目。“××广场”所在地块是“东丽区先锋路以南、外环线以西地块东丽区詹庄等七村村民安置经济适用房项目”的组成部分。天津市东丽区人民政府城市化建设办公室作为区政府的派出机构亦出具情况说明，**证明“××广场”属该项目配套公建，系在政府主导下进行的开发建设**。在这种情况下，某电影集团、某股份有限公司未提交相反证据证明涉案项目为违法建筑或因此而受到过行政处罚；**某股份有限公司租用“××广场”项目至今，涉案项目的经营从未因涉案项目在规划许可审批手续方面的瑕疵而受到影响，故其以此为由主张租赁合同、协议书无效，缺乏事实依据**。另一方面，《中华人民共和国民法通则》《中华人民共和国合同法》均确立了诚实信用原则。诚信是交易的基础，禁止反言是维护诚信原则的准则之一。从合同的约定看，某电影集团、某股份有限公司作为合同当事人，在订立合同时就已经知晓合同标的物的情况，现其又以合同标的物未取得规划许可审批为由主张合同无效，实质上是推翻先前自愿达成的协议，以拒绝承担合同债务，如此显然有违诚信。因此，二审判决认定涉案合同有效，并无不当。

律师解读

租赁房屋系违法建筑（房屋违法性），即租赁房屋无合法建设手续：未取得建设工程规划许可证或未按照建设工程规划许可证规定建设，可能导致房屋租赁合同无效。**但如无前述手续，也并不当然导致合同无效，还可能会考虑租赁房屋的产权状态、当事人对房屋的认知情况、承租人是否尽到注意义务、出租人是否存在承诺保证、隐瞒或欺诈等情形，对合同效力及双方过错责任进行综合认定。**

但违章搭建所引起的合同部分无效并不必然影响其余部分合同效力，须结合当事人的过错程度、违章搭建的部分面积、是否影响剩余部分的继续履行等因素进行考量。

操作指引

违法违章建筑具体包括：1. 未取得建设工程规划许可证的房屋；2. 未按照建设工程规划许可证的规定建设的房屋；3. 未经批准的临时建筑；4. 未按照批准内容建设的临时建筑等情形。由于上述建筑违反了法规效力性的强制性规定，法院一般认定为违法建筑，那么，关于该违法建筑的租赁合同是无效的。但为了鼓励市场交易，如在一审法庭辩论终结前取得建设工程规划许可证或者经主管部门批准建设的，应认定合同有效。

法条链接

【1】《最高人民法院关于审理城镇房屋租赁合同纠纷案件具体应用法律若干问题的解释》（2020 年修正）

第二条　出租人就未取得建设工程规划许可证或者未按照建设工程规划许可证的规定建设的房屋，与承租人订立的租赁合同无效。但在一审法庭辩论终结前取得建设工程规划许可证或者经主管部门批准建设的，人民法院应当认定有效。

第三条　出租人就未经批准或者未按照批准内容建设的临时建筑，与承租人订立的租赁合同无效。但在一审法庭辩论终结前经主管部门批准建设的，人民法院应当认定有效。

【2】《民法典》

第一百五十七条　“民事法律行为无效、被撤销或者确定不发生效力的法律后果”：民事法律行为无效、被撤销或者确定不发生效力后，行为人因该行为取得的财产，应当予以返还；不能返还或者没有必要返还的，应当折价补偿。有过错的一方应当赔偿对方由此所受到的损失；各方都有过错的，应当各自承担相应的责任。法律另有规定的，依照其规定。

案例三　出租房屋的部分是违章搭建，合同效力如何认定？

租赁合同中违章搭建部分无效，其他合同部分有效。

案情介绍

案由：房屋租赁合同纠纷[①]

原告（反诉被告）：上海某文化发展有限公司

被告（反诉原告）：某实业有限公司、某网络科技有限公司

2013 年 11 月 11 日，案外人上海 C 有限公司（以下简称 C 公司）取得《建设工程规划许可证》。2015 年 2 月 12 日，宝贝当家

① 案例来源：（2021）沪 0106 民初 23344 号。

项目取得《建设工程竣工验收备案证书》。同年11月26日，C公司取得沪房地闸字（2015）第020123号《上海市房地产权证》，显示房屋坐落广中西路666号，土地使用权取得方式为划拨，用途为绿化，建筑面积24480.16平方米。C公司授权上海某文化发展有限公司经营管理。

2019年6月15日，上海某文化发展有限公司（甲方）与某网络科技有限公司（乙方）签订《上海市房屋租赁合同》，约定甲方将系争房屋出租给乙方，租赁面积为3435平方米。在签订本合同时，乙方已经对该房屋的权利信息、物理现状进行了必要的核实和现场查看，充分了解了该房屋的现状。该房屋的公用或合用部位的使用范围、条件和要求，现有装修、附属设施、设备状况和甲方同意乙方自行装修和增设附属设施的内容、标准及需约定的有关事宜，由双方分别在本合同附件二中加以列明，双方同意该附件作为甲方向乙方交付该房屋和本合同终止时乙方向甲方返还该房屋的验收依据。该房屋只限于用作乙方以【造梦者职业梦想体验中心】（名称待定）品牌经营【儿童职业体验、亲子餐厅】用途。合同签订时含有以下附件：附件一，该房屋的平面图、红线图、效果图；附件二，现有装修、附属设施及设备状况和甲方同意乙方自行装修和增设附属设施及设备的约定；附件三……其中，附件一显示系争房屋分为左侧不规则区域（即亲子餐厅）及右侧回字形区域（即儿童职业体验中心）两部分。附件二载明，甲方提供的现有装修、附属设施及设备包括燃气、排油烟、给排水、空调系统、立面门窗等，未注明的工程条件及原租户带装修，一切按现场交付。

2019年10月16日，甲方、乙方及某实业有限公司共同签署《房屋租赁合同补充协议（主体变更）》，约定原租赁合同中享有的权利和承担的义务概括转移给某实业有限公司。

2020年1月24日，上海市政府启动新冠疫情一级响应机制，后于同年3月24日调整为二级响应机制。

2020年5月31日，某实业有限公司向上海某文化发展有限公司提交关于减免租金的申请。

2020年7月3日，某实业有限公司再次向上海某文化发展有限公司提交关于减免租金的申请，并表示近日其公司发现餐厅大部分面积没有产权，造成无法向食药监部门申报验收，希望双方共同协商解决该问题。

2020年10月8日、10月10日，某实业有限公司两次向上海某文化发展有限公司发送关于解除房屋租赁合同的通知，表示其公司向食药监部门申请餐厅厨房验收时发现餐厅大部分面积没有产权，无法验收。现其公司决定按照租赁合同约定的“甲方交付的该房屋不符合合同约定，致使不能实现租赁目的”条款，正式提出解除租赁合同，造成的经济损失由违约方承担。

2020年11月4日，某实业有限公司向上海某文化发展有限公司出具关于签订租赁合同的关键要素说明，其上载明：“我公司于2020年10月10日向贵司提出的关于解除房屋租赁合同的通知后，双方经过洽谈同意解除，并重新签订大宁小城二层租赁合同……请贵司考虑到以上因素，同意我司提出的‘不一样的星球’童玩部分2600平方米场地按照每日每平方米2.4元计算租金，重新签订租赁合同……”对此，上海某文化发展有限公司于11月10日回函表示，就双方签订的租期5年的租赁合同，其公司已给予近8个月装修免租期以扶持某实业有限公司的经营，但某实业有限公司仍迟迟未开业，已完全打乱其整体招商规划，若某实业有限公司愿继续经营，请进一步沟通未来合作事宜。

2020年11月16日，某实业有限公司向上海某文化发展有限公司发出交钥匙通知，表示由于亲子餐厅没有产权，造成无法验收、参加商业保险，直接导致项目无法正常对外营业。其公司已于2020年10月10日发函撤出项目场地，钥匙已由其公司于该日返还，场地至此已移交，现邮寄返还另一把备用钥匙，并要求双方共同确认其公司经济损失。

2020年12月22日，上海某文化发展有限公司通过EMS邮寄方式向竹澜公司发出律师函一份载明：贵司逾期缴纳租金的行为已严重违约，且提前解约及交还钥匙的行为并不符合合同约定，现正式函告贵司。1. 鉴于贵司严重违约，且为避免双方损失扩大，自本律师函送达之日（本函交予快递服务发送后的次日）解除双方签订的《上海市房屋租赁合同》《房屋租赁合同之补充协议》；2. 鉴于贵司已交还钥匙，证明贵司已自行完成清场，所有滞留于该房屋内的物品视为贵司放弃所有权利，由其自行处置；3. 贵司应立即支付拖欠的该房屋2020年9月1日至本律师函送达之日的租金、违约金……上海某文化发展有限公司将该函分别寄往租赁合同中约定的某网络科技有限公司送达地址（于12月24日被退回）及某实业有限公司注册地址（于次日显示由门岗代收）。后上海某文化发展有限公司因未能与某实业有限公司就租赁事宜协商一致，遂起诉。

各方观点

原告：系争房屋土地虽为划拨，但产权人已取得产证，宝贝当家项目已取得相关部门的立项批复和《建设工程竣工验收备案证书》，因此系争房屋完全符合约定用途，不存在反诉原告所谓的无法实现合同目的。反诉原告称童玩中心的中间部位搭建的是实体墙，但实际是石膏板，且规划图纸中的玻璃挡板仍然存在，故并不构成违建。系争房屋所处二层整体建筑面积为5373.6平方米，合同计租面积仅为3435平方米，但实际上整个二层都是对方实际使用，即便将所谓的餐厅约800平方米的违建部分剔除，剩余面积仍远大于计租面积。某实业有限公司作为儿童游乐项目的设立方和承租方，理应审慎对待房屋租赁和合同签订事宜。且签约后，刘剑峰就在系争房屋登记注册了某实业有限公司的前身竹亨公司，当时其反诉被告已配合提供产证以便办理工商注册手续，因此，反诉原告明知系争房屋具体产权情况，且租赁合同中明确约定“在签订本合同时，乙方已经对该房屋的权利信息、物理现状进行了必要的核实和现场查看，充分了解了该房屋的现状”，交付标准为现状交付。交房时，其亦已明确表示童玩中心的中间以及部分餐厅部分是镂空的。反诉原告所谓二层楼顶有违建更是与本案无关。故其认为租赁合同合法有效。

被告：不同意解除合同，而认为合同整体无效。其一，系争房屋土地为划拨，房屋用途为公用服务，政府批复系作为宝贝当家项目使用，为公益性质，未经有关部门批准不能用于商业用途，且宝贝当家项目有效期也已于2012年过期，故该租赁合同违反法律、行政法规规定。其二，其租赁部位包含租赁面积约800平方米的亲子餐厅和约2600平方米的童玩中心两部分，餐厅全部面积及童玩中心中厅部分原本均为镂空，无产证面积，规划图纸显示镂空四周以玻璃围栏隔断，故其认为亲子餐厅全部为违建。至于童玩中心，原告交付时中间镂空部位的四周是隔断墙体而非玻璃围栏，故其装修时的承重均附着于该隔断墙体上，现该墙体本身是违建，则导致承重附着于该墙体的整个童玩中心也同样成为违建。其三，原告在系争房屋楼顶进行违章搭建，严重危及其所租赁的二层部位的安全。故其认为，整个合同应属无效。

法院判决

合同附件一中标注的亲子餐厅部分中部分面积存在违章搭建，故部分应当认定无效。某实业有限公司作为承租人，在签订合同时应对租赁房屋的产权、是否可合法用于租赁用途负有审慎义务，再结合其前身某公司办理工商注册登记时向相关部门递交的申请材料中包含系争房屋产证一节，某实业有限公司称其对亲子餐厅部分面积无产权的事实并不知情，对此本院实难采纳。同时，某文化发展有限公司作为出租人明知出租房屋中部分面积系违法建筑却仍旧出租给对方收取租金，实属不当。因此，**双方对租赁合同的部分无效均存在过错**。

但合同部分无效并不必然影响其余部分合同效力。首先，某先实业有限公司称，系争房屋部分为违章搭建的事实已严重影响到剩余部分合同的履行，故租赁合同应认定为整体无效。某实业有限公司在已明知餐厅部分系违章搭建的 7 情况下提出的是减免租金而非终止合同。其次，某实业有限公司承租房屋的目的是为经营“儿童职业体验、亲子餐厅”这一租赁用途，租赁合同约定的计租面积高达 3435 平方米，而餐厅部分却不超过 1000 平方米（某实业有限公司自述 800 平方米），某实业有限公司明知餐厅位置为违章搭建之后，却并未采取将餐厅改至其他部位等补救措施或变通方案以利于合同目的得以实现。因此，某实业有限公司主张餐厅违建部分合同无效严重影响到剩余部分合同的履行，从而导致合同整体无效的观点，本院认为理由不充分，实难采纳。某实业有限公司还表示，系争房屋土地为划拨，某文化发展有限公司未经相关部门批准用于经营出租，违反法律、行政法规规定，故租赁合同应整体无效。对此本院认为，从在案证据来看，宝贝当家项目确曾经相关部门批准，**系争房屋中除餐厅这一小部分无产权登记外，其余部分已取得房地**

产权证，为合法建筑，故对于某实业有限公司该项主张，本院亦不予采纳。综上，双方就系争房屋签订的租赁合同应属部分无效。

律师解读

实践中，存在出租人交付的租赁房屋中部分为合法建筑、部分为违法建筑的情形，具体表现为产证载明的建筑面积小于实际租赁面积。此时，应当结合违法建筑在租赁房屋中是否相对独立和具体面积占比等因素判断房屋租赁合同的效力，重点关注以下几个方面：

1. 涉案租赁房屋中违建部分与合法产权部分的可分性。

2. 租赁合同的目的能否实现。

3. 租赁合同整体或部分无效时，对合同双方权益的影响。

所以，若涉案租赁房屋中存在违建部分，首先应判断该违建部分与合法产权部分是否具备物理上或法律上的可分性。若两者能够明确区分，且不存在相互依存关系，则租赁合同中的违建部分将被认定为无效，而拥有合法产权的部分则继续保持其有效性。其次，在判断租赁合同效力时，还要结合合同目的的实现情况进行综合考量。若租赁合同的主要目的因违建部分的存在而无法实现，即使合法产权部分仍具有有效性，整个租赁合同也可能被认定为无效。

案例四　未盖章的租赁合同，是否可以作为履行依据？

合同虽未盖章，但当事人一方已经履行主要义务，对方接受时，该合同成立，可以作为履行的依据。

案情介绍

案由：房屋租赁合同纠纷[①]

① 案例来源：（2022）沪 0118 民初 12222 号。

原告（反诉被告）：王某

被告（反诉原告）：黄某

2021年4月13日，承租人王某向出租人黄某发了一份房屋租赁协议，2021年4月19日，黄某将修改过的房屋租赁协议发给王某，主要调高了租金。2021年5月29日，出租人黄某提议前三年78，000元，后三年85，800元，第七年、第八年94，380元。并表示如果可以就签约，2021年6月9日，王某向黄某转账1万元。2021年6月18日，王某为维修涉案房屋的水泵支付了1500元。2021年12月2日，王某要求签订合同，黄某要求按照4月19日修改后的版本签订，并要求王某支付自2021年9月1日起至11月30日止的租金和12月1日起至2022年2月28日止的租金。2021年12月8日，黄某表示不再将涉案房屋出租给王某，王某要求返还定金，故诉至本院。

各方观点

原告：双方签约6年无特殊情况自动延续2年，即6+2年的模式，在双方的沟通下，与2021年6月9日王某按照被告所提供的汇款账号转账人民币10000元（大写：壹万元整）作为承租涉案房屋的定金。在王某修缮好了房屋的水泵、污水管等情况下，2021年12月2日黄某告知王某，双方签订的合同金额不对为由，不再将房屋出租于王某，并承诺王某月底前退还定金10000元整，但在王某几次催促下，对方一直以疫情为由，没时间碰面迟迟没有将定金退还，故诉至本院。

被告：双方对房屋租赁合同内容已达成一致且已实际履行，王某应按照合同约定支付房屋租金。2021年4月，王某为向黄某租赁涉案房屋，双方对房屋租赁协议的条款经过多次协商，后双方对房屋租赁协议的内容达成一致，黄某将租赁房屋通过原承租人交付王某使用。2021 年 6 月 9 日，王某按照合同约定向黄某支付 1 万元押金，王某亦对租赁房屋的部分设施进行了维修，双方的租赁合同已实际履行，王某应当依据合同约定向黄某支付房屋租金。王某长期欠付租金，经多次催告仍未支付。黄某有权解除租赁合同，要求王某支付所欠租金并承担违约责任。

法院判决

自 2021 年 4 月 13 日起，就王某向黄某承租涉案房屋双方进行磋商，双方并未签名、盖章或者按指印。在租赁合同关系中，出租人的主要义务是交付房屋，承租人的主要义务为支付租金。2021 年 6 月，王某向黄某支付了定金 1 万元，黄某将涉案房屋交付给王某，王某接受后又对涉案房屋进行了修缮。黄某作为出租人已经履行主要义务，王某已经接受，该合同成立。王某于本判决生效之日起十日内向黄某支付 2021 年 10 月 10 日起至 2021 年 12 月 8 日止的租金 12，487 元。

类案检索

【1】某物流（上海）有限公司与上海某供应链管理有限公司房屋租赁合同纠纷案[①]

法院经审理查明：某供应链公司为甲方、出租人，某物流公司为乙方、承租人拟签署冷库仓储合同，从某物流公司法定代表人沈某华与某供应链公司委托代理人梁某玮微信聊天记录内容来

---

① 案例来源：（2022）沪 0114 民初 4735 号。

看，梁某玮将租赁合同文本发送给沈某华，双方就租赁合同均无异议，某物流公司亦按照租赁合同约定支付给某供应链公司定金 50 万元。某供应链公司已经将合同盖章寄给某物流公司，但**某物流公司并未盖章寄回**；某供应链公司因为某物流公司的违约行为导致系争仓库空置了三个月，直至 2020 年 12 月初才将系争仓库另行出租。

法院审理后认为：从沈某华与梁某玮微信聊天记录内容来看，梁某玮将租赁合同文本发送给沈某华，双方就租赁合同均无异议，表明双方就仓库租赁事宜已经达成了合意，某物流公司亦按照租赁合同约定支付给某供应链公司定金 50 万元，双方之间的租赁合同关系成立并生效。某物流公司单方面通知某供应链公司解除合同，显属违约，应当承担相应的违约责任，故某物流公司要求返还 50 万元的诉讼请求，本院不予支持。某供应链公司明确主张某物流公司支付违约金，根据租赁合同约定，因某物流公司违约导致合同提前解除的，某物流公司应当支付 2 倍押金作为违约金。

律师解读

本案当事人的争议焦点之一在于涉案房屋的租赁合同是否成立，《民法典》规定，当事人采用合同书形式订立合同的，自当事人均签名、盖章或者按指印时合同成立。在签名、盖章或者按指印之前，当事人一方已经履行主要义务，对方接受时，该合同成立。法律、行政法规规定或者当事人约定合同应当采用书面形式订立，当事人未采用书面形式但是一方已经履行主要义务，对方接受时，该合同成立。

操作指引

法定代表人代表法人行使职权，其对外以法人名义从事的民事活动应由法人承担责任，而盖具公章并非合同有效的必备条件。虽然未盖章的租赁合同可能有效，但在实践中可能会存在一些问题。例如如果合同中涉及一些重要的约定或条款变更，可能需要盖章或书面确认来确保双方权益的保障。因此，在签订租赁合同时，建议双方尽量完善合同签署盖章等手续，强化合同合规意识，确保合同的合法性和有效性，以避免可能出现的纠纷。

法条链接

【1】《民法典》

第五百零二条　依法成立的合同，自成立时生效，但是法律另有规定或者当事人另有约定的除外。

第五百零四条　法人的法定代表人或者非法人组织的负责人超越权限订立的合同，除相对人知道或者应当知道其超越权限外，该代表行为有效，订立的合同对法人或者非法人组织发生效力。

第六十一条　依照法律或者法人章程的规定，代表法人从事民事活动的负责人，为法人的法定代表人。

法定代表人以法人名义从事的民事活动，其法律后果由法人承受。

法人章程或者法人权力机构对法定代表人代表权的限制，不得对抗善意相对人。

第四百九十条　当事人采用合同书形式订立合同的，自当事人均签名、盖章或者按指印时合同成立。在签名、盖章或者按指印之前，当事人一方已经履行主要义务，对方接受时，该合同成立。

法律、行政法规规定或者当事人约定合同应当采用书面形式订立，当事人未采用书面形式但是一方已经履行主要义务，对方接受时，该合同成立。

案例五　划拨用地上的房屋是否可以出租？

在以划拨方式取得土地使用权的地上建筑物转让纠纷中，认定划拨土地上的地上建筑物转让合同有效，继续履行合同，不会侵害国家利益和社会公共利益。故不应将《中华人民共和国城镇国有土地使用权出让和转让暂行条例》第四十四条、第四十五条理解为效力性强制性规定。

案情介绍

房屋租赁合同纠纷案[①]

原告：上海某工贸有限公司

被告：上海某国际贸易有限公司、叶某某

2018 年 4 月 27 日，原告某工贸公司与被告某国际贸易公司签订了厂房租赁合同书，由被告某国际贸易公司承租原告所有的位于本区 ×× 公路 ×× 号厂房。2018 年 10 月 6 日，被告叶某某向原告出具承诺书，为上述厂房租赁合同书承担连带保证及其他责任，原告某工贸公司还与被告叶某某签署补充协议。被告某国际贸易公司自 2018 年 4 月 30 日至 2020 年 11 月 4 日通过被告叶某某、案外人李某等人或公司向原告某工贸公司转账房租共计 2，896，445 元。

① 案例来源：（2021）沪 0116 民初 1652 号。

各方观点

原告：2018 年 4 月 27 日，原告与被告某国际贸易公司签订了一份厂房租赁合同书，原告将位于上海市金山区 ×× 公路 ×× 号的部分车间和办公楼租赁给被告某国际贸易公司使用，然被告某国际贸易公司租赁厂房后，对于租金的支付一直拖欠，至 2020 年 12 月 31 日尚欠实际发生的租金 1，460，878 元未支付，2021 年 1 月 1 日起的租金原告另案诉讼。另外，被告某国际贸易公司还存在拖欠水电费、门卫工资、垃圾清运等费用。2020 年 12 月 24 日，原告向被告某国际贸易公司的控股股东叶某某通过微信发送了解除合同的通知。合同自收到之日起双方合同即已解除。

被告：双方之前签订的厂房租赁合同书当属无效，之后的承诺书和补充协议也自然无效，涉案土地权利性质为划拨，系有特殊用途，原告没有支付土地出让金，无权将该地上建筑予以出租，出租给各行业公司改变了土地用途。被告要求本案中原告返还押金。被告还有装修费的损失，另行向法院主张。使用期间的占有使用费被告愿意支付给相关部门作为土地出让金。对原告主张的水电费不予认可。门卫工资、垃圾清运费用和本案不属于同一法律关系。对原告制作租金表中的应付租金和已付租金数额没有异议。

法院判决

本院认为，1. **涉案厂房土地性质虽为划拨，但出租土地上厂房事宜并不违反法律、行政法规效力性的强制规定**，二被告依据的规定都是属于土地管理方面的规定或管理型的法律法规，不能作为确定本案房屋租赁合同效力的依据。2. 根据本院调取的《建设用地规划许可证》《建设用地批准书》《建设工程规划许可证》《建筑工程施工许可证》《竣工报告》《竣工验收报告》，加之原、被告均确认涉案土地只有一栋建筑，根据2009年《最高人民法院关于审理城镇房屋租赁合同纠纷案件具体应用法律若干问题的解释》第二条可以认定**原、被告之间关于系争厂房签订的厂房租赁合同书、补充协议、承诺书有效**。

类案检索

【1】云南某农业开发有限公司租赁合同纠纷案[①]

法院经审理查明：1998年8月23日，某技术公司与某农业公司签订租赁合同，约定：某技术公司将如下土地及房屋出租给某农业公司：a.××实验厂土地24.04亩，房屋共9幢35间，面积3440.5平方米，及在内的全部设备。1999年经某技术公司申请，澄江县人民政府向某技术公司颁发了编号为澄国用（1999）字第1739号的××实验厂24.04亩土地的土地使用证，使用权类型为“划拨”；同年，某技术公司还向澄江县人民政府申请对香料基地21220平方米的土地进行登记，申请表注明的土地来源性质为“划拨”。

2004年3月1日，经某技术公司同意，某农业公司与某某公司签订租赁合同，约定：由某农业公司将坐落于澄江县龙街镇“××实验厂”香料种苗基地的24.04亩土地、9栋房屋（35间）和全部植物加工设备转租给某某公司使用。转租合同签订之后，某某公司先后三次支付某农业公司投资补偿款100万元，并投入资金进行房屋修缮、设备检修维护和基地建设。但某农业公司未将“鸵鸟场”搬离某某公司所承租的土地，未将24.04亩土地全部交付给某某公司。

---

① 案例来源：（2020）最高法民申2504号。

法院审理后认为：关于二审法院判令某农业公司返还涉案土地是否正确的问题。《中华人民共和国城镇国有土地使用权出让和转让暂行条例》第四十四条规定："划拨土地使用权，除本条例第四十五条规定的情况外，不得转让、出租、抵押。"该条例第四十五条规定："符合下列条件的，经市、县人民政府土地管理部门和房产管理部门批准，其划拨土地使用权和地上建筑物、其他附着物所有权可以转让、出租、抵押：(一)土地使用者为公司、企业、其他经济组织和个人；(二)领有国有土地使用证；(三)具有地上建筑物、其他附着物合法的产权证明；(四)依照本条例第二章的规定签订土地使用权出让合同，向当地市、县人民政府补交土地使用权出让金或者以转让、出租、抵押所获收益抵交土地使用权出让金。"经查明，**某技术公司出租给某农业公司的涉案土地性质为划拨土地，且出租前未签订土地使用权出让合同，未经土地管理部门和房产管理部门批准，亦未补交土地出让金或以出租所获收益抵交出让金，不符合上述条例第四十五条的规定。二审法院据此认定租赁合同无效并无不当。**

【2】刘某某、北京市某贸易公司确认合同无效纠纷案[①]

裁判要旨：

第一，原判决依据的相关规定不应理解为效力性强制性规定。根据《中华人民共和国合同法》第五十二条第五项、《最高人民法院关于适用〈中华人民共和国合同法〉若干问题的解释（二）》第十四条的规定，只有违反效力性强制性规定的合同才无效。《中华人民共和国城镇国有土地使用权出让和转让暂行条例》第四十四条规定："划拨土地使用权，除本条例第四十五条规定的情况外，不

① 案例来源：(2019)最高法民再235号。

得转让、出租、抵押。”第四十五条规定：“符合下列条件的，经市、县人民政府土地管理部门和房产管理部门批准，其划拨土地使用权和地上建筑物、其他附着物所有权可以转让、出租、抵押：（一）土地使用者为公司、企业、其他经济组织和个人；（二）领有国有土地使用证；（三）具有地上建筑物、其他附着物合法的产权证明；（四）依照本条例第二章的规定签订土地使用权出让合同，向当地市、县人民政府补交土地使用权出让金或者以转让、出租、抵押所获收益抵交土地使用权出让金。转让、出租、抵押前款划拨土地使用权的，分别依照本条例第三章、第四章和第五章的规定办理。”**上述条文均未明确规定违反该条文的行为无效。且在以划拨方式取得土地使用权的房屋转让纠纷中，认定划拨土地上的房屋买卖合同有效，继续履行合同，不会侵害国家利益和社会公共利益。故不应将《中华人民共和国城镇国有土地使用权出让和转让暂行条例》第四十四条、第四十五条理解为效力性强制性规定**。因此，即便协议书（代合同）违反该两条规定，亦不属于《合同法》第五十二条第五项规定的违反法律、行政法规的强制性规定的情形。《最高人民法院关于审理涉及国有土地使用权合同纠纷案件适用法律问题的解释》第十一条规定：“土地使用权人未经有批准权的人民政府批准，与受让方订立合同转让划拨土地使用权的，应当认定合同无效。但起诉前经有批准权的人民政府批准办理土地使用权出让手续的，应当认定合同有效。”该条规定规范的是直接以国有土地使用权为合同标的的买卖行为，并非房屋买卖行为，而本案协议书（代合同）的性质为房屋买卖合同，故该规定不应适用于本案合同效力的认定。

第二，经有批准权的人民政府审批、批准并非协议书（代合同）生效的条件。《中华人民共和国物权法》第九条第一款规定：

"不动产物权的设立、变更、转让和消灭，经依法登记，发生效力；未经登记，不发生效力，但法律另有规定的除外。"第十五条规定："当事人之间订立有关设立、变更、转让和消灭不动产物权的合同，除法律另有规定或者合同另有约定外，自合同成立时生效；未办理物权登记的，不影响合同效力。"据此，是否登记或者交付，只影响物权变动的效力，并不影响合同的效力。虽然《中华人民共和国城市房地产管理法》第四十条第一款规定："以划拨方式取得土地使用权的，转让房地产时，应当按照国务院规定，报有批准权的人民政府审批。有批准权的人民政府准予转让的，应当由受让方办理土地使用权出让手续，并依照国家有关规定缴纳土地使用权出让金。"《中华人民共和国城镇国有土地使用权出让和转让暂行条例》第四十五条规定："符合下列条件的，经市、县人民政府土地管理部门和房产管理部门批准，其划拨土地使用权和地上建筑物、其他附着物所有权可以转让、出租、抵押……"但该批准、审批行为仅是物权变动的必要条件，并不影响房屋买卖合同的效力。

第三，认定协议书（代合同）无效有违诚实信用原则和公平原则。协议书（代合同）基于刘某某和某贸易公司的真实意思表示签订，第五条明确约定刘某某付清全部款项后即拥有房屋的所有权，有权转让、出售房产，某贸易公司应协助办好有关手续。协议书（代合同）签订后，刘某某履行了付款义务，某贸易公司亦实际交付标的房屋，合同主要权利义务履行完毕已超过20年。现某贸易公司起诉要求确认协议书（代合同）无效，违反合同约定，有违诚实信用原则。标的房屋现值已远超二十多年前的购买价格，且在某贸易公司认可的情况下，刘某某早已将房屋出售，认定合同无效将对刘某某及其买受人造成巨大损失，有违公平原则。

故本院认为，协议书（代合同）基于双方真实意思表示签订，并不违反法律强制性规定，合法有效。原判决认定协议书（代合同）因违反法律强制性规定而无效，适用法律不当，应予纠正。

律师解读

我国国有土地建设用地使用权按照取得方式可以分为划拨土地使用权和出让土地使用权。划拨是指县级以上人民政府批准，在土地使用者交纳补偿、安置等费用后将该幅土地交付使用，或者将土地使用权无偿交付给土地使用者的行为。出让土地使用权是指国家将国有土地使用权在一定年限内出让给土地使用者，由土地使用者向国家支付土地使用权出让金的行为。此外，注意《中华人民共和国城镇国有土地使用权出让和转让暂行条例》调整的国有土地范围为国有建设用地，并不包括农用地。

《城镇国有土地使用权出让和转让暂行条例》第四十四条、《划拨土地使用权管理暂行办法》第五条虽然规定划拨土地使用权非经法定事由和审批不得任意转让、出租、抵押，但该规定禁止的是权利转让行为，并不属于阻却合同效力的强制性效力规定。

操作指引

对于不符合相关条件、未经批准即出租的划拨土地租赁合同而言，其违反的是《中华人民共和国城镇国有土地使用权出让和转让暂行条例》第四十四条、第四十五条的规定，并不会损害国家、社会公共利益，而仅是违反了管理秩序，因此不宜将《中华人民共和国城镇国有土地使用权出让和转让暂行条例》第四十四条、第四十五条视为效力性强制性规定，在此种情况下的租赁合同，不应认定无效。

但对于划拨土地、授权经营土地出租后改变土地用途未报批的租赁合同，其违反的是《中华人民共和国土地管理法》第五十六条的规定，因国家实行土地用途管制制度，使用土地的单位和个人必须严格按照土地利用总体规划确定的用途使用土地。在此种情况下，若出租后改变土地用途未报批的，属于违反法律效力性强制性规定的情形，租赁合同应属无效。

此外，关于划拨土地、授权经营土地使用权及地上建筑物进行出租的租赁合同的效力，也受到是否缴纳租金中土地收益等其他因素的考量。

针对以承租方式取得土地使用权或出租划拨土地使用权的，提出如下建议：

一、当事人拟承租以划拨方式取得的土地使用权的，应在洽商阶段就要求划拨土地使用权人向土地管理等相关政府部门进行预先沟通，在租赁合同中约定报批的主要义务人、协助义务人及相应的违约责任。尽最大努力促成合同生效。

二、根据《城镇国有土地使用权出让和转让暂行条例》的规定，出租划拨土地使用权应当取得土地管理部门的批准，签订土地使用权出让合同，向当地市、县人民政府补交土地使用权出让金或者以转让、出租、抵押所获效益抵交土地使用权出让金。未经批准擅自出租划拨土地使用权将面临行政处罚。

三、合同无效后，因该合同取得的财产，应当予以返还；不能返还或者没有必要返还的，应当折价补偿。合同当事人并应当按过错承担损失赔偿责任。

法条链接

【1】《民法典》

第一百五十七条　民事法律行为无效、被撤销或者确定不发生效力后，行为人因该行为取得的财产，应当予以返还；不能返还或者没有必要返还的，应当折价补偿。有过错的一方应当赔偿对方由此所受到的损失；各方都有过错的，应当各自承担相应的责任。法律另有规定的，依照其规定。

【2】《中华人民共和国城镇国有土地使用权出让和转让暂行条例》（2020 年修订）

第四十三条　划拨土地使用权是指土地使用者通过各种方式依法无偿取得的土地使用权。

前款土地使用者应当依照《中华人民共和国城镇土地使用税暂行条例》的规定缴纳土地使用税。

第四十四条　划拨土地使用权，除本条例第四十五条规定的情况外，不得转让、出租、抵押。

第四十五条　符合下列条件的，经市、县人民政府土地管理部门和房产管理部门批准，其划拨土地使用权和地上建筑物、其他附着物所有权可以转让、出租、抵押：

（一）土地使用者为公司、企业、其他经济组织和个人。

（二）领有国有土地使用证。

（三）具有地上建筑物、其他附着物合法的产权证明。

（四）依照本条例第二章的规定签订土地使用权出让合同，向当地市、县人民政府补交土地使用权出让金或者以转让、出租、抵押所获收益抵交土地使用权出让金。

转让、出租、抵押前款划拨土地使用权的，分别依照本条例第三章、第四章和第五章的规定办理。

第四十六条　对未经批准擅自转让、出租、抵押划拨土地使用权的单位和个人，市、县人民政府土地管理部门应当没收其非法收入，并根据情节处以罚款。

第四十七条　无偿取得划拨土地使用权的土地使用者，因迁移、解散、撤销、破产或者其他原因而停止使用土地的，市、县人民政府应当无偿收回其划拨土地使用权，并可依照本条例的规定予以出让。

对划拨土地使用权，市、县人民政府根据城市建设发展需要和城市规划的要求，可以无偿收回，并可依照本条例的规定予以出让。

无偿收回划拨土地使用权时，对其地上建筑物、其他附着物，市、县人民政府应当根据实际情况给予适当补偿。

【3】《中华人民共和国城市房地产管理法》(2019年修正)

第四十条　以划拨方式取得土地使用权的，转让房地产时，应当按照国务院规定，报有批准权的人民政府审批。有批准权的人民政府准予转让的，应当由受让方办理土地使用权出让手续，并依照国家有关规定缴纳土地使用权出让金。

以划拨方式取得土地使用权的，转让房地产报批时，有批准权的人民政府按照国务院规定决定可以不办理土地使用权出让手续的，转让方应当按照国务院规定将转让房地产所获收益中的土地收益上缴国家或者做其他处理。

第五十一条　设定房地产抵押权的土地使用权是以划拨方式取得的，依法拍卖该房地产后，应当从拍卖所得的价款中缴纳相当于应缴纳的土地使用权出让金的款额后，抵押权人方可优先受偿。

第五十六条　以营利为目的，房屋所有权人将以划拨方式取得使用权的国有土地上建成的房屋出租的，应当将租金中所含土地收益上缴国家。具体办法由国务院规定。

案例六　未告知被抵押的租赁合同是否有效?

抵押权设立前，抵押房屋已经出租并转移占有的，原租赁关系不受该抵押权的影响。房屋所有权人将已抵押房屋出租的，虽然租赁合同有效，但该租赁权不能对抗抵押权，抵押权实现后，租赁合同对受让人不具有约束力。

案情介绍

案由：房屋租赁合同纠纷[①]

原告：王某某

被告：上海某房地产经纪有限公司、某云数据有限公司

系争房屋原登记的权利人为郑某，2012 年 2 月 2 日，郑某作为抵押人与平安银行上海分行签订《最高额抵押担保合同》，约定郑某以系争房屋及上海市松江区 ×× 镇 ×× 路 ×× 号 ×× 层房屋（以下简称“148 号房屋”）为上海 A 有限公司向平安银行上海分行的 4，000 万元借款做抵押担保。合同双方还就上述两套房屋办理了抵押登记，登记日期为 2012 年 3 月 22 日。2013 年 8 月 10 日，郑某作为出租人（甲方）与原告王某某作为承租人（乙方）签订房屋租赁合同一份，约定：乙方向甲方租赁系争房屋做餐饮使用。2017 年 6 月 22 日，原告作为出租人（甲方）与被告一作为承租人（乙方）签订商铺租赁合同一份。

2014 年，上海市浦东新区人民法院立案受理了平安银行上海分行诉上海 A 有限公司（以下简称“A 公司”）、郑某等金融借款合同纠纷，系争房屋还因涉及其他诉讼被查封并被强制执行。2018 年 12 月 10 日，浦东法院做出（2014）浦执字第 19184 号《执行裁定书》，载明：执行过程中，本院拍卖了被执行人郑某名下位于上海市松江区 ×× 镇 ×× 路 ×× 号 ×× 层、×× 号 ×× 层的房

① 案例来源：（2022）沪 0117 民初 2900 号。

地产，本案申请执行人分别以430.40万元、353.08万元抵债。

嗣后，平安银行上海分行将系争房屋转让给了案外人耿某，系争房屋于2020年7月30日被核准登记到耿某名下。2020年8月3日被告一与耿某签订了店面租赁合同，约定耿某将系争房屋出租给被告一，租赁期限自2020年8月1日至2024年7月31日。被告一自2020年8月1日起向耿某缴纳租金。

各方观点

原告：依法判决被告一支付原告2019年12月1日至2022年11月30日的租金人民币1，264，776元及滞纳金……合同成立生效后，原告如期将涉案商铺交付给被告一使用，被告一也按期向原告支付了保证金及2017年8月1日至2019年11月30日的租金。但自2019年12月1日始，被告一开始拖欠租金，经原告多次催告后仍置之不理，拒不支付租金。

被告：被告一的租金支付至2019年11月30日。2019年11月被告一收到了平安银行发给被告一的通知函，平安银行告知被告一，银行已经通过司法裁定实现了对租赁房屋的抵押权，故要求被告一之后将房屋占用费交给平安银行，自此被告一才知道房屋权利人向平安银行借款并将租赁房屋作为担保抵押给了银行，后房东不能偿债，平安银行实现了抵押权，因原告与房东的房屋租赁合同形成于抵押权之后，故按照相关法律规定，该租赁合同对于平安银行没有效力，原告因此也丧失了对于租赁房屋的转租权，原告与被告一的租赁合同也就自行终止，原告无权再向被告一要求支付租金。平安银行后又将租赁房屋出卖给了案外人耿某，耿某在买受房屋后通知了被告一，并与被告一另行签订的租赁合同，自2020年8月1日开始被告一就向耿某支付租金至今。

法院判决

《最高人民法院关于审理城镇房屋租赁合同纠纷案件具体应用法律若干问题的解释》第二十条规定，房屋在出租前已设立抵押权，因抵押权人实现抵押权发生所有权变动的，承租人请求房屋受让人继续履行原租赁合同，人民法院不予支持。上述司法解释确立的裁判规则为房屋先设立抵押权再出租的情况下，抵押权实现后，房屋受让人不受原租赁合同的约束。

根据本案查明的事实可知，在系争房屋上以平安银行上海分行为抵押权人的抵押权设立于 2012 年 3 月 22 日，而原告房屋权利人郑某与原告之间就系争房屋的房屋租赁合同签订于 2013 年 8 月 10 日，合同载明的租期自 2013 年 7 月 1 日起，**所以系争房屋上的抵押权设立在先，房屋租赁合同成立与履行在后**。平安银行上海分行因债务人未及时履行通过诉讼实现了对于系争房屋抵押权的优先受偿权，并在执行竞拍过程中通过抵债取得房屋的所有权，**故原房屋租赁合同对平安银行上海分行不具有约束力**。因该房屋租赁合同对房屋新的权利人已不产生效力，故原告的转租权也相应丧失，在平安银行上海分行已经书面通知被告一直接向平安银行上海分行支付使用费的情况下，原告已无权再向被告一主张租金。

类案检索

【1】李某某再审审查与审判监督民事裁定书[①]

裁判要旨：本院经审查认为，《中华人民共和国物权法》第一百九十条规定："订立抵押合同前抵押财产已出租的，原租赁关系

① 案例来源：（2021）最高法民申 1453 号。

不受该抵押权的影响。抵押权设立后抵押财产出租的，该租赁关系不得对抗已登记的抵押权。”本案中，根据查明的事实，2014 年 6 月 19 日，涉案房屋办理了抵押权登记，兴业银行昆明分行作为房屋他项权利人取得了涉案房屋的他项权证书。2017 年 8 月 15 日，李某某与张玲签订房屋租赁合同。因此，李某某与张某就涉案房屋的租赁关系不能对抗兴业银行昆明分行在先登记的抵押权。李某某提出涉案房屋自 2012 年起就处于租赁状态，但未提供证据予以证明。即便涉案房屋曾经处于租赁状态，但李某某未提供证据证明其在涉案房屋办理抵押登记前已承租。《最高人民法院关于审理城镇房屋租赁合同纠纷案件具体应用法律若干问题的解释》第十四条规定：**“租赁房屋在承租人按照租赁合同占有期限内发生所有权变动，承租人请求房屋受让人继续履行原租赁合同的，人民法院应予支持。但租赁房屋具有下列情形或者当事人另有约定的除外：（一）房屋在出租前已设立抵押权，因抵押权人实现抵押权发生所有权变动的……”**据此，出租人将已设定抵押的房屋租赁给承租人，**因抵押权设立在先，租赁权成立在后，**如抵押权人实现抵押权导致租赁房屋的所有权发生变动的，将**不再适用《中华人民共和国合同法》第二百二十九条规定的“买卖不破租赁”**规则，房屋受让人有权不履行租赁合同，承租人应接受和承担因抵押权实现而使租赁权终止的风险，不得以租赁合同对抗抵押权人行使权利。故李某某请求继续履行租赁合同至租赁期满，缺乏事实和法律依据，本院不予支持。

【2】毛某某、王某与上海某电气有限公司、上海某机械有限公司等房屋租赁合同纠纷案[①]

法院经审理查明：2008 年 4 月 16 日，某公司经核准登记为系

① 案例来源：（2017）沪 0113 民初 16452 号。

争房屋的房地产权利人。2013 年 11 月 20 日起，因（2012）奉执字第 4509、4687 号案件，奉贤法院正式查封系争房屋。2015 年 3 月 13 日，原告经过法院拍卖程序后核准登记为系争房屋的房地产权利人。2009 年 9 月 27 日，某公司（出租人）与某电气公司（承租人）签订《租赁合同》，又于 2013 年 2 月 28 日签订《租赁合同补充协议（2）》。租赁合同约定的租赁期限至 2015 年 10 月 31 日止，某公司于 2012 年 7 月将系争房屋抵押给建行黄浦支行，随后签订的《租赁合同补充协议（2）》将系争房屋租赁期限延至 2019 年 2 月底，原告在租赁合同履行期间变更为系争房屋的房地产权利人，进而产生《租赁合同补充协议（2）》对原告是否具有约束力的争议，争议的焦点在于 2015 年 11 月 1 日起至 2019 年 2 月底止的期间原告是否应继续履行。

法院审理后认为：根据《中华人民共和国物权法》第一百九十条的规定，订立抵押合同前抵押财产已出租的，原租赁关系不受该抵押权的影响。抵押权设立后抵押财产出租的，该租赁关系不得对抗已登记的抵押权。由此，系争房屋抵押前的租赁合同不受影响。至于《租赁合同补充协议（2）》的问题，根据担保法司法解释第六十六条关于“抵押人将已抵押的财产出租的，抵押权实现后，租赁合同对受让人不具有约束力”的规定，以及租赁合同司法解释第二十条第（一）项的规定，该条款载明，租赁房屋在租赁期间发生所有权变动，承租人请求房屋受让人继续履行原租赁合同的，人民法院应予支持。**但租赁房屋具有下列情形或者当事人另有约定的除外：包括（一）房屋在出租前已设立抵押权，因抵押权人实现抵押权发生所有权变动的。**可见，本案中抵押权人建行黄浦支行请求法院对被执行人某公司名下系争房屋的拍卖款参与分配，并依法主张优先受偿以实现抵押权，据此，原告通过拍卖受让方式成为房地产权利人，该情形符合（已随《民法典》施行而废止）司法解释及租赁合同司法解释的相关规定，《租赁合同补充协议（2）》对于原告而言不具有法律约束力。故原告的该项诉请，合法有据，本院予以准许。至此，某电气公司、某机械公司应立即从系争房屋场地上搬离，并返还给原告。

律师解读

房屋所有权人将已抵押房屋出租的，租赁合同有效，但是该租赁权不能对抗抵押权。抵押人将已抵押的财产出租的，抵押权实现后，租赁合同对受让人不具有约束力。即使建筑物未做抵押权登记，成立在抵押权之后的对建筑物的租赁关系也不得对抗成立在先的抵押权。抵押权实现后，承租人不能继续对租赁物占有使用。

操作指引

房屋抵押权与租赁权之间的关系，有以下两种情形：

（一）抵押权的设立先于租赁权。抵押人将已抵押登记的财产出租的，抵押权实现后，租赁合同对受让人不具有约束力。抵押人将已抵押未登记的财产出租时，如果抵押人未书面告知承租人该财产已抵押的，抵押人对出租抵押物造成承租人的损失应承担赔偿责任；如果抵押人已书面告知承租人该财产已抵押的，抵押权实现造成承租人的损失，由承租人自己承担。

（二）租赁权的成立先于抵押权。当租赁合同先成立时，其后出租人又以该出租物设定抵押时，该租赁关系继续有效。从本质上讲，出租权是具有物权化的债权，优先于所有权的效力，而抵押权是价值支配权，通过抵押物的市场交换实现其价值进而作为偿还债权的手段，因为所有权转移不影响已存在的出租权，这样以前已存在的租赁权也可以对抗后设立的抵押权而继续有效存在。

抵押权设立前，抵押财产已经出租并转移占有的，原租赁关系不受该抵押权的影响。但在抵押权设立后将抵押房屋出租的，银行清收部门在申请执行先抵押后出租的房产时，除非确有把握租赁权的存在不会影响抵押权的实现；否则，应当优先考虑申请法院拍卖抵押房产前除去租赁权，以充分保障抵押权的足额实现。

对于不动产承租人而言，在签订租赁合同尤其是长期租赁合同之前，应到房屋所在地的不动产登记中心或者房屋管理部门查询拟租赁不动产的权属情况，其核实内容不仅包括该不动产是否属于出租人所有，还应包括拟租赁的不动产是否存在已在先的抵押权或其他的他项权利。核实的范围应包括租赁物本身，及租赁物占有的土地或者其上的房屋。

如果房屋未被抵押，承租人可以承租该房屋屋顶，但为防止出租人在承租人承租房屋屋顶后将房屋抵押而造成损失，可以在租赁协议中增加出租人用此房屋对外提供担保时的书面告知义务条款、对外提供担保必须经承租人同意条款以及因抵押权人实现抵押权的特别赔偿条款。

如果房屋已被抵押，即取得不动产的租赁权在抵押权设定之后，抵押权人实现抵押权时，可主张以下两项权利。第一，主张“优先购买权”。具体为：在抵押权人实现抵押权时，积极参与抵押物的变价程序，通过行使优先购买权取得继续使用租赁物的权利。第二，如果在签订租赁合同前，抵押人未书面告知承租人该财产已抵押的，承租人可要求抵押人对其损失承担赔偿责任。

法条链接

【1】**《民法典》**

第四百零五条　抵押权设立前，抵押财产已经出租并转移占有的，原租赁关系不受该抵押权的影响。

第四百零六条　抵押期间，抵押人可以转让抵押财产。当事人另有约定的，按照其约定。抵押财产转让的，抵押权不受影响。

第七百二十五条　租赁物在承租人按照租赁合同占有期限内发生所有权变动的，不影响租赁合同的效力。

【2】**《最高人民法院关于审理城镇房屋租赁合同纠纷案件具体应用法律若干问题的解释》（2020年修正）**

第十四条　租赁房屋在承租人按照租赁合同占有期限内发生所有权变动，承租人请求房屋受让人继续履行原租赁合同的，人民法院应予支持。但租赁房屋具有下列情形或者当事人另有约定的除外：

（一）房屋在出租前已设立抵押权，因抵押权人实现抵押权发生所有权变动的。

（二）房屋在出租前已被人民法院依法查封的。

第十五条　出租人与抵押权人协议折价、变卖租赁房屋偿还债务，应当在合理期限内通知承租人。承租人请求以同等条件优先购买房屋的，人民法院应予支持。

【3】**《最高人民法院关于人民法院民事执行中拍卖、变卖财产的规定》（2020年修正）**

第二十八条　……拍卖财产上原有的租赁权及其他用益物权，不因拍卖而消灭，但该权利继续存在于拍卖财产上，对在先的担保物权或者其他优先受偿权的实现有影响的，人民法院应当依法将其除去后进行拍卖。

案例七　未告知被查封的租赁合同是否有效？

查封行为本身并不影响租赁合同的有效性，但相较于查封前已存在的租赁，查封后设立的租赁权在房屋占有权、后续产权变动中的优先购买权等方面难以受到法律的保护，也无法对抗房屋司法拍卖、变卖等执行程序。承租人亦可能面临被清退等解除占有的风险。

案情介绍

案由：房屋租赁合同纠纷[①]

原告：某国际贸易有限公司

被告：陈某某

涉案房屋的原权利人系陈某某。2016 年 3 月 30 日，陈某某（甲方，出租人）与某国际贸易公司（乙方，承租人）签订了房屋租赁协议，租期自 2016 年 4 月 10 日至 2019 年 4 月 9 日，租赁合同期限届满后，某国际贸易公司与陈某某在微信上沟通续租事宜。嗣后，双方未签订续租合同，某国际贸易公司于 2019 年 4 月 11 日向陈某某指定收款账户支付了自 2019 年 4 月 11 日至 2019 年 10 月 10 日的租金 46，800 元。涉案房屋已于 2013 年 9 月 5 日因（2013）嘉民二（商）初字第 1488 号案件被本院司法查封。后因陈某某未能履行民事调解书确定的付款义务，涉案房屋于 2018 年 10 月 31 日被委托网络司法拍卖。2019 年 4 月 1 日，王某某拍卖竞得。涉案房屋于 2019 年 6 月 21 日核准登记至王某某名下。2019 年 5 月 1 日，王某某（甲方）与某国际贸易公司（乙方）签订了房屋租赁合同，约定甲方将系争房屋出租给乙方。

① 案例来源：（2020）沪 0114 民初 21744 号。

各方观点

原告：双方租赁合同到期后，2019年4月11日，在陈某某的要求下，某国际贸易公司向陈某某指定账户汇入4月11日至10月11日共46，800元的房租，并继续使用，陈某某与某国际贸易公司已构成不定期房屋租赁合同关系。然陈某某在明知涉案房屋已进入司法拍卖程序的前提下，故意向某国际贸易公司隐瞒并诱使某国际贸易公司支付租金，已违反《合同法》第四十二条之规定，双方不定期租赁合同已无法继续履行，故陈某某应将多收取的租金返还某国际贸易公司。为维护某国际贸易公司合法利益，故涉诉。

被告：未做答辩。

法院判决

某国际贸易公司与陈某某的租赁合同期间届满后，某国际贸易公司继续使用涉案房屋，并向陈某某支付2019年4月11日至2019年10月10日期间的租金46，800元，双方形成不定期租赁关系。嗣后，王某某通过拍卖取得涉案房屋的权利，**因涉案房屋在出租前已被法院依法查封，故陈某某在涉案房屋上设定的租赁权，不受法律保护**。因某国际贸易公司与王某某之间的租赁纠纷已经生效判决进行了处理，某国际贸易公司已向王某某支付了2019年5月1日至2019年9月30日期间的租金45，400元。故陈某某再向某国际贸易公司收取2019年5月1日后的租金无法律依据，故陈某某应返还某国际贸易公司租金41，600元及押金。

类案检索

【1】王某某与潘某某房屋租赁合同纠纷案[①]

法院经审理查明：2018年12月1日，原告王某某（出租方，甲方）与被告潘某某（承租方，乙方）签署房屋租赁合同，将上海市黄浦区××路××号/幢15楼整层出租，甲方同意乙方转租并改装等。后被告将涉案房屋转租给了案外人上海××有限公司，后该案外人和其关联公司用场地搞非法活动，导致2019年7月被公安机关查封。2019年7月26日因涉案房屋被查封，合同已无法继续履行，遂被告潘某某向其下家即上述某公司告知通知其转租租赁合同提前解除。

法院审理后认为：本案特殊性在于：涉案场地因它案（刑事）遭到有关公安机关的依法查封等，导致涉案合同提前解除，客观上无法再继续履行，对此并非本案双方的过错和责任所导致。同时依据合同约定，被告享有转租权，其转租的对象某公司因欠付相应租金于被告，经另案诉讼中已裁决某公司应偿付被告房屋占用使用费（期间为2019年7月27日起至2019年11月15日止）。因此，本案被告欠付原告租金的给付期间，亦应截至该日（2019年11月15日）。

【2】汪某某与胡某等房屋租赁合同纠纷案[②]

法院经审理查明：2020年6月18日，原告（乙方，承租方）、三被告（甲方、出租方）签订房屋租赁合同，合同签订后，三被告将系争房屋交付原告，原告向某被告支付了租金10万元。另查明，系争房屋权利人为三被告。2020年1月16日，系争房屋被上海市浦东新区人民法院正式查封，2020年8月27日，2020年12月16

---

① 案例来源：（2022）沪0101民初26783号。

② 案例来源：（2021）沪0115民初104839号。

日、2020年12月22日，系争房屋又先后被上海市浦东新区人民法院、上海市杨浦区人民法院轮候查封。为证明原告专门从事查封房屋的租赁业务，三被告提供了原告的微信朋友圈、(2021)沪0115民初26939号、39876号民事起诉状等证据材料。对此原告表示：系从事酒店公寓业务，所开公司为上海××有限公司，因从事房屋租赁业务较早，管理的房屋数量较多，刚开始没有注意到查封房屋的风险。

法院审理后认为：三被告作为出租人，负有在租赁期限内保持租赁物符合约定用途的义务。现查明2021年8月31日以后，系争房屋被法院依法张贴了封条，无法再正常使用，原告有权要求解除合同。讼争合同因三被告所提供的租赁物被查封而解除，三被告理某承担违约责任，但考虑到原告承租时系争房屋已被法院正式查封，结合三被告举证的**原告曾经营查封房屋出租业务的相关事实，原告在签约时应当对系争房屋此后所可能产生的无法正常使用的风险有所预见，故原告对造成合同履行不能的后果亦存在一定的过错**，加之三被告也对合同约定的违约金标准提出抗辩，故本院根据双方过错程度，按照公平诚信原则，酌定三被告就此承担违约金2,000元。

【3】上海某材料有限公司与上海某工艺品有限公司等排除妨害纠纷案①

裁判要旨：根据《最高人民法院关于人民法院民事执行中拍卖、变卖财产的规定》第三十一条第二款规定，拍卖财产上原有的租赁权及其他用益物权，不因拍卖而消灭，但该权利继续存在于拍卖财产上，对在先的担保物权或者其他优先受偿权的实现有影响的，人民法院应当依法将其除去后进行拍卖。根据上述规定，**对于**

① 案例来源：(2021)沪01民终1621号。

抵押查封在先、租赁在后的情形，人民法院在拍卖财产时，可依申请执行人的请求，除去被执行人在抵押查封财产上设定的租赁权，以保障在先的担保物权或者其他优先受偿权的充分实现，避免因租赁权的存在影响拍卖财产的价格。故对于承租人而言，**就已经抵押查封的房屋签订租赁合同的，可能面临该房产因司法处置而产生租赁合同解除的风险**。但是，对于通过拍卖程序取得拍卖财产的拍定人而言，其是根据人民法院拍卖公告中明确的拍卖条件参与竞买，对人民法院委托拍卖机构所设定的拍卖条件不容置喙，亦无权要求人民法院在拍卖过程中先行除去拍卖房屋上所设定的租赁权，即使该租赁权设定于抵押查封之后。

律师解读

查封前既已存在的租赁合同是可以在房屋所有权变动后继续履行的，即“查封不破租赁”，房屋被查封的事实并不影响查封后新设立的租赁合同的效力；虽然即使租赁合同有效，也并不意味着其可被实际履行。但查封后设定的租赁权不受法律保护，即房屋被法院依法执行后，承租人无法依据原有租赁合同要求对房屋进行合法占有、使用。在查封房屋时，法院可以对房屋张贴封条，被张贴封条的房屋不能被继续使用，若此时承租人与出租人签署租赁合同，虽不能使用房屋，租赁合同也是有效的。

操作指引

实践中，查封后存在擅自出租情形的，法院可在执行拍卖、变卖前强制解除占有并腾空。若法院认为房屋的租赁影响了后续执行，未经法院准许的出租存在随时被强制解除占有的风险，并不一定在司法拍卖等程序完成后才会解除承租人的占有，房屋被查封的事实并不影响查封后新设立的租赁合同的效力；即使租赁合同有效，也并不意味着其可以被实际履行。但一般情况下房产继续使用对其价值不会产生重大影响，可以允许被执行人继续使用。

查封前既已存在的租赁合同，可以在房屋所有权变动后继续履行的，即“查封不破租赁”，但若是查封后存在的租赁，则无法在司法拍卖等程序后存续。查封行为本身并不影响租赁合同的有效性，但相较于查封前已存在的租赁，查封后设立的租赁权在房屋占有、后续产权变动中的优先购买权等方面难以受到法律及司法实践的保护，也无法对抗房屋司法拍卖、变卖等执行程序，承租人亦可能面临被清退等解除占有的风险。

若查封导致承租人无法使用房屋的，承租人可解除租赁合同并要求出租人承担租赁合同中的违约责任（如有），但参考上海市第一中级人民法院（2019）沪01民终12970号案例，承租人在签订租赁合同时明知房屋存在查封情况的，在后续解除合同过程中无法要求出租人承担违约责任；否则，有违诚实信用原则。故虽然租赁合同本身并不会因为设定于查封后而无效，但是否可以其主张违约责任实践中存在不确定性，需考量承租人的过错程度去确定。

法条链接

【1】《民法典》

第七百二十四条　有下列情形之一，非因承租人原因致使租赁物无法使用的，承租人可以解除合同：

（一）租赁物被司法机关或者行政机关依法查封、扣押。

（二）租赁物权属有争议。

（三）租赁物具有违反法律、行政法规关于使用条件的强制性规定情形。

第七百二十五条　租赁物在承租人按照租赁合同占有期限内发生所有权变动的，不影响租赁合同的效力。

第七百二十六条　出租人出卖租赁房屋的，应当在出卖之前的合理期限内通知承租人，承租人享有以同等条件优先购买的权利；但是，房屋按份共有人行使优先购买权或者出租人将房屋出卖给近亲属的除外。

出租人履行通知义务后，承租人在十五日内未明确表示购买的，视为承租人放弃优先购买权。

【2】《最高人民法院关于审理城镇房屋租赁合同纠纷案件具体应用法律若干问题的解释》（2020 年修正）

第十四条　租赁房屋在承租人按照租赁合同占有期限内发生所有权变动，承租人请求房屋受让人继续履行原租赁合同的，人民法院应予支持。但租赁房屋具有下列情形或者当事人另有约定的除外：

（一）房屋在出租前已设立抵押权，因抵押权人实现抵押权发生所有权变动的。

（二）房屋在出租前已被人民法院依法查封的。

【3】《关于人民法院办理执行异议和复议案件若干问题的规定》（2020 年修正）

第三十一条　承租人请求在租赁期内阻止向受让人移交占有被执行的不动产，在人民法院查封之前已签订合法有效的书面租赁合同并占有使用该不动产的，人民法院应予支持。

承租人与被执行人恶意串通，以明显不合理的低价承租被执行的不动产或者伪造交付租金证据的，对其提出的阻止移交占有的请求，人民法院不予支持。

【4】《最高人民法院关于人民法院民事执行中拍卖、变卖财产的规定》（2020年修正）

第二十八条　……拍卖财产上原有的租赁权及其他用益物权，不因拍卖而消灭，但该权利继续存在于拍卖财产上，对在先的担保物权或者其他优先受偿权的实现有影响的，人民法院应当依法将其除去后进行拍卖。

【5】《最高人民法院关于人民法院民事执行中查封、扣押、冻结财产的规定》（2020年修正）

第十条　……由人民法院指定被执行人保管的财产，如果继续使用对该财产的价值无重大影响，可以允许被执行人继续使用；由人民法院保管或者委托第三人、申请执行人保管的，保管人不得使用。

【6】《公安机关办理刑事案件适用查封、冻结措施有关规定》

第二十条　查封土地、房屋等涉案不动产或者车辆、船舶、航空器，以及大型机器、设备等特定动产的，可以在保证侦查活动正常进行的同时，允许有关当事人继续合理使用，并采取必要保值保管措施。

【7】《最高人民法院关于人民法院能否在执行程序中以被执行人擅自出租查封房产为由认定该租赁合同无效或解除该租赁合同的答复》

被执行人擅自处分查封物，与第三人签订的租赁合同，并不当然无效，只是不得对抗申请执行人。第三人依据租赁合同占有查封物的，人民法院可以解除其占有，但不应当在裁定中直接宣布租赁合同无效或解除租赁合同，而仅应指出租赁合同不能对抗申请执行人。

案例八　业主出租房屋不符合经营目的，如何处理？

租赁合同明确约定，出租人应当提供符合合同约定的房屋，如果因涉案房屋本身的原因无法实现租赁合同的目的，出租人应承担主要责任。

案情介绍

案由：房屋租赁合同纠纷[①]

上诉人（原审被告）：某置业（上海）有限公司

被上诉人（原审原告）：乐某

周某（出租人）与某置业公司（承租人）签订《房屋租赁合同》（合同 1），租赁房屋系某居民住宅楼下的商铺，合同附件“特别约定”中载明：目前该商铺没有安装生产油烟项目所需专用烟道，由某置业公司负责安装专用烟道并符合环保要求。

之后，某置业公司将涉案商铺转租给乐某，《房屋租赁合同》（合同 2）约定：

1. 本合同签署前，乙方已查看该房屋，充分了解该房屋的现有状况，双方同意该房屋及附属设施按现状交付。

2. 涉案房屋租赁用途为餐饮，乙方应自行办理相关证照（如营业执照、餐饮服务许可证等）。

3. 乙方应按甲方要求对房屋进行装修、改建或增设设备。

4. 甲方承诺该铺面可以申请重餐饮类目的相关执照，如由于房屋属性及无法改建至起租日起 3 个月后仍无法成功申办的，甲方应退还该房屋租赁保证金及首期租金，如乙方已经对该房屋进行装修

① 案例来源：（2020）沪 0107 民初 5158 号、（2020）沪 02 民终 11566 号。

及改建的，甲方应对改建及维修的全部费用对乙方进行赔偿。

涉案铺面交付后，乐某实施了装修，并办理了营业执照和《食品经营许可证》。但由于涉案铺面的排烟管道无法施工，导致餐厅无法开张营业。遂向某置业公司书面提出在没有解决排烟管道铺设的情况下，其有权履行不安抗辩权暂时中止履行租赁合同中其应负的义务。某置业公司回函称乐某已经取得了营业执照和《食品经营许可证》，因此，某置业公司已尽到合同约定的“铺面可以申请重餐饮类目的相关执照”的义务，并要求乐某正常履行合同义务。乐某遂发函要求解除租赁合同，并起诉请求解除租赁合同并要求某置业公司返还保证金、已支付的租金并赔偿各类损失。

各方观点

原告乐某：涉案铺位所在大楼没有专用的烟道，只能将烟道通过隔壁某公司的烟道接入某公司所在大楼的专用烟道，而某公司又拒绝了该方案，故乐某客观上无法进行排烟管道的施工，其开设重餐饮饭店的合同目的无法实现，某置业公司理应承担违约责任。

被告某置业公司：将烟管接入大楼的专用烟道是乐某的合同义务，涉案铺面尚未铺设符合相关规定的排烟设施的责任在于乐某，且乐某未按合同约定取得某置业公司书面同意便擅自对涉案铺面进行装修、改建及增加设备，因此产生的相关损失应由乐某自行承担。乐某无故单方提出解除合同要求退租，同时，已拖欠第二期租金至今未支付，某置业公司有权解除双方之间的租赁合同，并要求乐某承担相应的违约责任。

法院判决

一审法院至普陀区生态环境局咨询关于烟道安装的相关情况，

咨询结果是根据现行规定，居民住宅楼内配套规划建设的饮食服务经营场所，应当在建筑结构上设计专用烟道等污染防治措施，保证油烟排放口设置高度与周围居民住宅楼等建筑物距离控制符合环保要求。另外了解到，环保部门是独立行使检查职权，即便经营者已经取得了营业执照和《食品经营许可证》，如果无法通过环评，仍然不允许经营。

一审法院认为，根据本市相关规定，乐某经营餐饮所需的合规排烟设施应系可以接入涉案房屋所在建筑中的专用烟道，但某置业公司所述的前期施工的排烟设施显然不符合上述规定。**合同解除的原因是某置业公司无法为乐某提供符合合同约定用途的房屋，从而导致乐某承租房屋用于经营重餐饮的目的无法实现，应承担主要责任。**但是乐某作为承租人，在未充分了解涉案房屋是否具备经营重餐饮所有条件情况下即与某置业公司签订合同，并就涉案房屋投入资金装饰装修，未能尽到审慎义务，应对此承担次要责任。（二审法院认可上述观点）

类案检索

【1】纪某与上海某医疗美容诊所有限公司等房屋租赁合同纠纷[①]

法院经审理查明：原告纪某（甲方，转租方）与被告某医美公司（乙方，承租人）签订房屋租赁合同，甲方拥有该房屋的合法使用及转租权，作为转租方与乙方建立房屋租赁合同关系。乙方承租该房屋仅限用于经营医疗美容。租赁期间，甲方应保证该房屋处于良好的、可使用状态。乙方应爱护并合理使用该房屋及其附属设

① 案例来源：（2022）沪 0105 民初 7234 号。

施。被告某医美公司以涉讼房屋存在严重漏水问题作为拒付租金的抗辩理由，并委托上海房屋质量检测站对渗漏水原因进行鉴定。根据检测报告反映，涉讼房屋漏水的主要原因在于幕墙与房屋屋面连接区域开裂、老化，幕墙与屋面连接处防水措施失效，并非被告使用房屋不当所致。

法院审理后认为：根据法律规定，出租人应当按照约定将租赁物交付承租人，并在租赁期限内保持租赁物符合约定的用途。涉讼房屋租赁合同约定及实际用途均为经营医疗美容，对经营使用环境显然具有正当、合理的要求，但涉讼房屋使用过程中确有渗漏水问题。**原告未能提供适租房屋的行为确实造成了涉讼房屋无法正常使用的客观状况，违反了其作为出租人的瑕疵担保义务，被告有权要求减免部分租金**。

【2】上海某房屋经营有限公司与上海某宾馆有限公司房屋租赁合同纠纷案[①]

裁判要旨：关于租赁合同关系解除的责任认定问题，根据法律规定，出租人应当按照约定将租赁物交付承租人，并在租赁期限内保持租赁物符合约定的用途。**房屋租赁合同明确约定租赁用途为宾馆**，出租人应积极配合承租人办理相关工商注册地址迁至系争房屋的手续，确保该地址能够正常用于办理工商注册登记等事宜。某房屋经营公司对于某宾馆承租系争房屋经营宾馆系明知，负有配合并确保系争房屋能够办理工商注册登记，并符合宾馆经营的用途。现根据查明的事实及双方当事人陈述，系争房屋中三至五楼因无法办理工商注册登记客观上造成某宾馆无法合法经营，某房屋经营公司应当对租赁合同解除负主要责任。**某宾馆作为承租人及宾馆经营**

① 案例来源：（2022）沪 0113 民初 11236 号。

者，对于系争房屋能否满足己方的经营所需亦应有所判断，而其在知晓房屋用途为居住的情况下依然与某房屋经营公司签订租赁合同，未尽到审慎义务，对合同的解除亦具有责任，其应对合同解除负次要责任。双方之间租赁合同自本院审理中双方均同意解除时即2022年7月11日起解除。

【3】黄某、广州某物业管理有限公司房屋租赁合同纠纷案[①]

法院经审理查明：某物业公司作为出租人，黄某作为承租人，就某大楼一铺面（下称涉案房屋）签订房屋租赁合同，合同中明确：1.租赁用途：按物业现状进行出租，仅用于商业；2.甲方配合乙方办理装饰、装修及改造的消防验收工作，相关的费用由乙方承担。合同签订后，黄某在《物业及设备移交确认书》上签名，确认租赁物业属于适租状态，物业现状为毛坯。涉案房屋交付后，黄某在装修过程中，因涉案房屋所在大楼尚未安装餐饮专用排烟管道，致使其无法办理餐饮环评备案手续，无法经营，与某物业公司产生争议。

法院审理后认为：双方签订的涉案租赁合同约定租赁用途为“按物业现状出租，仅用于商业”，没有明确约定为做餐饮，而黄某提交的现有证据亦不足以证明在签订合同之前某物业公司明确承诺涉案商铺有排烟管道，可以用作餐饮业，且如黄某所述其承租涉案商铺就是用来做餐饮业，那么**其作为经营者理应对涉案商铺是否具备用作餐饮业的条件尽到审慎审查义务，但是其在与某物业公司签订的租赁合同中却未予明确餐饮用途**，也未明确涉案商铺作为餐饮用途应该具备的条件，黄某也在《物业及设备移交确认书》上签名确认物业现状为毛坯，租赁物业属于适租状态，故无证据证明涉案

---

① 案例来源：（2019）粤01民终22680号。

租赁合同存在无效的法定情形，双方应遵照履行。

租赁合同无特别约定，出租人并无义务提供承租人特定经营目的所需的设施，也不负有确保承租房屋能够用于特定使用目的的义务。

律师解读

本案的争议焦点之一是租赁合同的解除是何方责任。

由于该建筑物原有结构的烟道总管位于涉案房屋隔壁的案外人房某某，某置业公司虽然曾与案外人沟通，但因案外人的拒绝致使乐某无法铺设符合相关规定的排烟设施。由此某置业公司无法为乐某提供符合合同约定之用途的房屋，从而导致乐某承租房屋用于经营重餐饮之目的无法实现、合同解除。加之，在某置业公司与涉案房屋出租人（大房东）签订的房屋租赁合同中，亦载明“目前该商铺没有安装产生油烟项目所需专用烟道，某置业公司负责在2020年3月31日前安装该专用烟道并符合环保要求”。该事实说明某置业公司在与乐某签订合同之前，明知涉案房屋不具有专用烟道，并在未完成上述义务情况下，将房屋出租给乐某。**综合上述因素分析，合同解除的原因在于某置业公司未能为乐某提供符合合同约定用途的房屋，致使乐某承租涉案房屋的目的无法实现，主要责任在于某置业公司。乐某作为承租人，在未充分了解涉案房屋是否具备经营重餐饮所有条件情况下即与某置业公司签订合同，并就涉案房屋投入资金装饰装修，未能尽到审慎义务，故乐某应对此承担次要责任。**

操作指引

“承租房屋不符合经营目的”主要有下列几种情形：一是租赁

房屋的规划用途和使用性质不符合承租人的租赁目的；二是出租人未能提供法定或约定的应由出租人提供，承租人经营所需的必要条件；三是租赁房屋现有设施设备无法满足承租人的特定经营需要；四是第三人或承租人自身的原因。针对上述情形，应当着重考虑下列问题：

首先，应当考虑租赁合同对于房屋用途是否有明确约定。如果租赁合同未明确房屋特定租赁用途，通常认为出租人不应承担确保承租人承租房屋后能够用于特定使用目的的义务，如果租赁合同明确了房屋的特定租赁用途，除非出租人对房屋的规划用途和使用性质明确披露；否则，出租人有义务提供能够满足承租人特定租赁用途的房屋。

其次，应当考虑租赁合同对于房屋的交付标准是否有明确约定。如果无明确约定，则出租人并无义务提供承租人特定经营目的所需的设施。如果租赁合同明确了出租人应提供承租人特定经营目的所需的设施设备，则出租人除应当按合同履行义务外，其交付的房屋的现状和设施也不应对承租人的特定租赁用途构成阻碍。

再次，承租人在签订租赁合同前也应当尽到审慎审查的义务，应当充分考察承租房屋的使用性质和现状设施是否能满足其特定经营目的。如果承租人未尽到上述义务，也应当承担相应责任。

最后，在承租人无过错的情况下，因第三方原因造成承租人无法正常使用租赁房屋，损失应当由双方按照公平原则承担。

【对出租人的建议】

1. 在《租赁合同》中对于房屋的租赁用途、交付标准应尽可能做出明确约定。

2. 在交付时应尽可能获得承租人对于交付房屋现状的书面认可。

3. 租赁合同履行过程中，即便是约定由承租人负责办理的证照及相关手续，出租人也应尽到法定或合同约定的配合义务。

【对承租人的建议】

1. 在签订租赁合同前应对租赁房屋进行充分考察，确认房屋的规划用途、使用性质、现有设施设备对其开展经营应办理的证照手续，应符合的公安、环保、消防等要求，不构成阻碍。

2. 在租赁合同中应尽可能明确租赁房屋的内部设施及公共设施应符合的条件，并将其约定为出租人的义务。

3. 租赁合同履行过程中，如果遇到无法正常使用租赁房屋的情形，无论是何方原因导致，承租人均应当及时与出租人沟通，并尽到防止损失扩大的义务。

法条链接

【1】《民法典》

第七百零四条　租赁合同的内容一般包括租赁物的名称、数量、**用途**、租赁期限、租金及其支付期限和方式、租赁物维修等条款。

第七百零八条　出租人应当按照约定将租赁物交付承租人，**并在租赁期限内保持租赁物符合约定的用途**。

【2】《商品房屋租赁管理办法》

第六条　有下列情形之一的房屋不得出租：

（一）属于违法建筑的。

（二）不符合安全、防灾等工程建设强制性标准的。

（三）违反规定改变房屋使用性质的。

（四）法律、法规规定禁止出租的其他情形。

案例九　改变房屋规划用途的房屋，租赁合同是否有效？

若更改规划用途违反相关效力性强制性规定或损害社会公共利益，则法院倾向于认定改变房屋规划用途的合同无效。

案情介绍

案由：房屋租赁合同纠纷二审案件[①]

上诉人（原审原告、反诉被告）：王玉某

上诉人（原审被告、反诉原告）：毛某

2017年4月15日，王玉某作为承租人与作为出租人的毛某签订房屋租赁合同，王玉某承租该房屋后，对房屋进行了装修，并经营克拉玛依区玖号车库汽车养护工作室。后王玉某被告知上述房屋不得作为商用，只得作为仓储使用，双方就合同履行及装修赔偿事宜产生纠纷诉至法院，承租人王玉某要求解除合同。

各方观点

上诉人毛某：一、原审判决认定毛某与王玉某之间签订的房屋租赁合同无效错误。一审判决认为，将用途为工业用地上房屋作为商业用途出租，违反了法律法规的强制性规定，由此认定房屋租赁合同无效错误，《土地管理法》及《土地管理法实施条例》属管理性强制性规定，而非效力性强制性规定，违反该规定仅导致相关行政管理机关对其行政处罚的法律后果，不必然导致改变土地用途的租赁合同无效。因此毛某与王玉某所签房屋租赁合同合法有效，双方都必须遵照执行。二、原审判决认为，涉案房产所有权人城投公

---

① 案例来源：（2019）新02民终317号。

司在与毛某之间签订的房屋租赁合同到期后，未与毛某续签合同，因此毛某无权处分涉案房屋，要求王玉某按合同约定支付房租并承担违约责任没有依据，涉案房屋的所有权人与毛某在合同期满后未续签租赁合同，并不导致合同当然无效，而是效力待定，经城投公司追认，该合同依然继续有效，一审法院直接认定合同无效，不符合涉案事实并造成双方当事人权益失衡。

法院判决

关于房屋租赁合同效力问题，依据《最高人民法院关于适用〈中华人民共和国合同法〉若干问题的解释（二）》第十四条规定：违反法律、行政法规的效力性强制性规定订立的合同无效。经查，毛某明知涉案地块系工业用地，该地块上的房屋按照政府相关规定批准后才可作为仓储使用，其仍然将该房屋租赁给王玉某用作商业经营，与土地权属登记的土地用途不符。毛某**擅自改变土地使用权出让合同规定用途，违反的是效力性强制性规定还是管理性强制性规定，应从如下标准判断：一是审查法律、行政法规是否明确规定违反强制性规定将导致合同无效或者不成立；二是审查违反强制性规定是否损害国家或社会公共利益；三是审查其立法目的是出于行政管理的需要，还是禁止行为本身；四是审查强制性规定的调整对象，即强制性规定针对的是行为方式还是行为结果，也是针对的准入资格还是行为内容**。

依据《土地管理法》第四条“国家实行土地用途管制制度，使用土地的单位和个人必须严格按照土地利用总体规划确定的用途使用土地”，第十二条“依法改变土地权属和用途的，应当办理土地变更登记手续”，第五十六条“建设单位使用国有土地的，应当按照土地使用权出让等有偿使用合同约定或者土地使用权划拨批准文件的规定使用土地；确需改变该幅土地建设用途的，应当经有关人民政府土地行政主管部门同意，报原批准用地的人民政府批准。其中，在城市规划区内改变土地用途的，在报批前，应当先经有关城市规划行政主管部门同意”之规定，以及依据《房地产管理法》第十八条“土地使用者需要改变土地使用权出让合同约定的土地用途的，必须取得出让方和市、县人民政府城市规划行政主管部门的同意，签订土地使用权出让合同，相应调整土地使用权出让金”之规定。上述规定首先从立法目的来看，原则上禁止改变土地用途行为本身，并严格禁止改变土地用途行为结果的实现，仅在不违反土地利用总体规划并符合城市总体规划的前提下，经土地主管部门同意，并报原批准用地的人民政府批准，才能改变土地用途；其次，不同用途的土地价值差异巨大，擅自改变土地用途，逃避应当补缴的土地出让金，损害国家利益。**综上，关于必须按照土地利用总体规划确定的用途使用土地，不得擅自改变土地用途的规定，应当认定为效力性强制性规定**。本案中，毛某与王玉某签订房屋租赁合同将工业用地上房屋改为商用，与土地权属登记的土地用途不符，违反了行政法规的效力性强制性规定，该合同应属无效合同。

类案检索

【1】任某某与骆某进房屋租赁合同纠纷案[①]

法院经审理查明：上诉人任某某与被上诉人骆某进就系争房屋签订的租赁合同约定面积 142 平方米，被上诉人承租该房屋用作居住使用。但系争房屋的产权证明登记用途为办公，建筑面积 67.99 平方米，上诉人将办公用途的房屋作为居住用途出租，系争房屋用

① 案例来源：（2020）沪 01 民终 6657 号。

途是办公，是商用房，不是民用房，合同约定的使用目的与产证不一致。

法院审理后认为：改变房屋使用性质，违反了《上海市居住房屋租赁管理办法》的相关规定。**上诉人出租系争房屋用于居住本身违反房屋原本的办公使用性质**，因此，被上诉人承租该房屋用于居住的目的已无法实现，其主张解除租赁合同，并无不当。

【2】韦小良、庞向荣房屋租赁合同纠纷再审[①]

法院认为：对于租赁合同中将租赁住宅改为经营性用房的租赁合同效力问题。《合同法》第五十二条规定："有下列情形之一的，合同无效：（一）一方以欺诈、胁迫的手段订立合同，损害国家利益；（二）恶意串通，损害国家、集体或者第三人利益；（三）以合法形式掩盖非法目的；（四）损害社会公共利益；（五）违反法律、行政法规的强制性规定。"对于上述规定中的"强制性规定"，《最高人民法院关于适用〈中华人民共和国合同法〉若干问题的解释（二）》第十四条规定："合同法第（五）项规定的'强制性规定'，是指效力性强制性规定。"效力性规定，是指法律及行政法规明确规定违反该类规定将导致合同无效的规范，或者虽未明确规定违反后将导致合同无效，但若使合同继续有效将损害国家利益和社会公共利益的规范。根据这一规定，合同中有违反效力性强制规定的内容，人民法院应当认定合同无效；违反管理性强制规定的，人民法院应当根据具体情形认定其效力。

《中华人民共和国物权法》第七十七条规定："业主不得违反法律、法规，以及管理规约，将住宅改变为经营性用房。业主将住宅改变为经营性用房的，除遵守法律、法规以及管理规约外，应当经

① 案例来源：（2019）粤民申7765号。

有利害关系的业主同意。”《最高人民法院关于审理建筑物区分所有权纠纷案件具体应用法律若干问题的解释》第十条第一款规定：“业主将住宅改变为经营性用房，未按照《中华人民共和国物权法》第七十七条的规定经有利害关系的业主同意，有利害关系的业主请求排除妨害、消除危险、恢复原状或者赔偿损失的，人民法院应予支持。”从上述条文规定看，住宅改商业用途（以下简称“住改商”）行为的合法性需要同时满足两个条件：1. 遵守法律、法规，以及管理规约；2. 应当经有利害关系的业主同意。首先，《中华人民共和国物权法》第七十七条规定中所称的“法律”不包括《中华人民共和国物权法》第七十七条本身；否则，该条文会发生逻辑冲突。其次，依据上述条文主张权利的应当是“有利害关系的业主”。该规定主要是赋予因受“住改商”行为所带来的环境、污染、人员出入等因素困扰的业主予救济的权利，而非确认出租人与承租人合同是否有效的效力性强制性规定。且该规定并未明确违反该规定将导致合同无效。

本案中，涉案房屋三至六层为住宅性质，其中 301、302、401、402、501、502、601 房已进行房改，此外，其他房屋的权属人为珠海市三灶镇供电所（即现在的珠海供电局）。涉案房产从 2002 年开办酒店起，并未有利害关系的业主对此提出异议，且已进行房改的业主在原审中通过提交书面意见、部分业主出庭作证的方式表示同意将涉案房屋作为酒店使用。由此可见，将涉案房产做酒店使用并未违反上述“住改商”条件的第 2 点要求。同时，涉案房产自 2002 年作为酒店使用，依法成立并办理相关许可证及执照，并未有证据表明违反法律、法规及管理规约。因此，庞向荣与韦小良于 2008 年 3 月 13 日签订的转让合同、2008 年 3 月 25 日签订的房屋租赁合同、2008 年 3 月 25 日签订的房屋租赁合同补充协议并未违反法律、法规的强制性规定。

律师解读

所谓改变房屋规划用途是指，房屋虽然是按照规划许可建设且已经通过竣工验收的合法建筑，但是在投入使用后更改了原本的规划用途，包括但不限于以下情形：第一，房屋用途发生改变，如将住宅、厂房用于商业经营；第二，房屋使用功能发生改变，如将楼梯消防通道用于仓库使用；第三，房屋用途与土地用途不符，如将工业用地上的房屋用于商业经营或集体土地用于非农建设。上述行为不仅导致合同双方可能因此受到行政规制，使得租赁双方的合同目的受到影响甚至落空，同时也可能导致租赁合同无效，过错方需因此承担损失赔偿责任。根据以上检索结果，改变房屋规划用途并不一定导致房屋租赁合同无效，若更改规划用途违反相关效力性强制性规定或损害社会公共利益，则法院倾向于认定合同无效。

操作指引

房屋用途一般分为两大类：住宅房屋和非住宅房屋。根据《房地产统计指标解释（试行）》（建设部建住房［2002］66号，目前已失效）规定：房屋分为住宅；工业、交通、仓储用房；商业、金融和信息用房；文化、新闻、娱乐、园林绿化、体育用房；教育、医疗卫生和科研用房；机关事业办公用房；军事用房；其他用房八大类。目前，并无有效的法律法规对房屋用途类别做明确具体的分类，虽然上述规定已失效，但实践中，规划自然资源管理部门仍参照上述规定进行房屋用途分类。

通过查看房屋的产权证，审查房屋用途是住宅、办公、工商业还是仓库等，如果承租人的实际使用用途与政府批准的规划用途不一致，有可能导致经营目的落空。

对于政策允许变更使用用途的房屋，应在租赁合同中设置承租人可变更房屋使用用途的条款，避免出租人后续以此为由解除合同。

就此，租赁合同当事人需注意以下几点：

（1）对于承租人而言，务必在合同中清晰列明出租人应确保土地及房屋的使用符合规划用途的承诺。若因出租人原因导致租赁房屋的使用违反相关法律法规，出租人应承担由此引发的一切经济损失责任。这一条款的设定旨在保护承租人的合法权益，避免在合同履行过程中因出租人过错导致的损失。

（2）对于出租人来说，合同中应明确承租人必须按照约定的用途使用房屋。若承租人未经出租人同意擅自改变房屋用途，由此产生的一切损失应由承租人自行承担。这一规定有助于维护出租人的权益，确保房屋按照约定用途得到合理利用。

（3）若租赁双方或其中一方有意变更房屋用途，务必充分考虑相关因素。首先，应评估房屋用途变更是否违反效力性强制性规定，如涉及土地用途变更或“住改商”等事项时，需确保已取得利害关系业主的同意或需要经过城市规划或建设主管部门的批准。其次，需考虑房屋用途变更是否可能损害公共利益，如危害消防安全等，以避免因此导致合同效力受损。最后，还应关注房屋用途变更是否会受到相关行政规制的影响，如因改变用途而受到的行政处罚等。若租赁双方达成合意变更房屋用途，应在合同中明确相关责任承担主体，以确保双方权益得到充分保障。

法条链接

【1】《民法典》

第二百七十九条　业主不得违反法律、法规，以及管理规约，将住宅改变为经营性用房。业主将住宅改变为经营性用房的，除遵守法律、法规以及管理规约外，应当经有利害关系的业主一致同意。

第七百零四条　租赁合同的内容一般包括租赁物的名称、数量、**用途**、租赁期限、租金及其支付期限和方式、租赁物维修等条款。

第七百零八条　出租人应当按照约定将租赁物交付承租人，并在租赁期限内保持租赁物符合约定的用途。

第七百零九条，承租人应当按照约定的方法使用租赁物。特别是在租赁合同中明确约定了房屋用途的情形下，承租人对租赁物的使用不应超出出租人对其使用方法的预期，承租人超越约定用途使用租赁物很可能会损害出租人的合同利益。

【2】《商品房屋租赁管理办法》

第六条　有下列情形之一的房屋不得出租：

（一）属于违法建筑的。

（二）不符合安全、防灾等工程建设强制性标准的。

（三）违反规定改变房屋使用性质的。

（四）法律、法规规定禁止出租的其他情形。

【3】《上海市居住房屋租赁管理办法》（2021年修正）

第八条（禁止出租房屋的情形）

出租的居住房屋及其附属设施应当符合消防、治安、防灾、卫生等方面的标准和要求，并具备供水、供电等必要的生活条件。

有下列情形之一的居住房屋，不得出租：

（一）属于违法建筑的。

（二）被鉴定为危险房屋的。

（三）违反规定，改变房屋使用性质的。

（四）法律、法规、规章规定不得出租的其他情形。

案例十　超过20年的租赁期限，租赁合同是否有效？

租赁期限不得超过二十年。超过二十年的，超过部分无效。

案情介绍

案由：房屋租赁合同纠纷[①]

原告：龚某平

被告：龚某民

2001年4月20日，原告作为出租人（甲方）与作为承租人的被告（乙方）签订永久租赁使用合同，约定甲方将系争房屋永久性出租给乙方，租金人民币84，000元于2001年4月20日前一次性支付给甲方。2021年5月8日，原告向被告发送律师函，明确合同约定的租赁期限至2021年4月20日届满二十年，之后属无效约定，故原告于2021年4月20日终止合同并收回房屋，但被告未予回复。

各方观点

原告：根据《民法典》第七百零五条规定："租赁期限不得超过二十年。超过二十年的，超过部分无效。"系争房屋的租赁期限已于2021年4月20日届满二十年，双方约定的自2021年4月20日之后的租赁期限属无效约定。现原告决定于2021年4月20日终止合同并收回房屋。

被告：未做答辩。

① 案例来源：（2021）沪0115民初54350号。

法院判决

原、被告签订的永久租赁使用合同中对于租赁期限表述为永久性租赁，但根据法律规定，租赁期限不得超过二十年，超过二十年的，超过部分无效，故原告要求确认涉案合同中租赁期限超过二十年的部分无效，具有法律依据，本院予以支持。涉案合同未明确注明租赁期限的起始日期，原告认为，应以合同签订之日即2001年4月20日起算，该日期亦为租金支付之日，尚属合理，本院予以照准。租赁期限超过二十年的部分无效后，因该合同取得的财产，应当予以返还，故原告要求被告返还系争房屋，本院予以支持。

类案检索

【1】顾某晨等与上海某机械厂房屋租赁合同纠纷案①

法院经审理查明：2008年12月30日，案外人顾某1作为出租人（甲方）与作为承租人（乙方）的被告签订厂房租赁协议书，约定被告因生产需要向顾某1租赁系争房屋，约定租赁期限为长期。其后顾某1因病去世，涉案的出租房屋经析产最终由李某、顾某晨各享有50%的份额。被告未付部分租金，经多次催收置之不理。

法院审理后认为：根据法律规定，租赁期限不得超过二十年。超过二十年的，超过部分无效。本案中，顾某1与被告签订的厂房租赁协议书约定租赁期限自签约日起到期，故自签约之日起超过二十年的部分无效，未超过二十年的部分仍属有效。

① 案例来源：（2021）沪0115民初114303号。

律师解读

租赁期限不得超过二十年。超过二十年的，超过部分无效。租赁期限届满，当事人可以续订租赁合同；但是，约定的租赁期限自续订之日起不得超过二十年。本条属于效力性强制规定。

操作指引

超过 20 年租赁期的，超过部分无效，但当事人可通过续订租赁合同延长租赁合同的期限，续订的租赁期限依然不得超过二十年。法律没有规定一方继续使用，另一方没有提出异议来继续有效，而只在双方续订才有效的情况下，要使得租赁合同有效。实务中，不少当事人利用空白租赁合同来规避该法律规定。但这一举措可以通过笔迹鉴定来判断形成时间。

法条链接

【1】《民法典》

第七百零五条　租赁期限不得超过二十年。超过二十年的，超过部分无效。

租赁期限届满，当事人可以续订租赁合同；但是，约定的租赁期限自续订之日起不得超过二十年。

第七章　经营性房屋承租人的义务

一、经营性房屋承租人的义务概述

在经营性房屋租赁中，承租人同样有一系列法律责任和义务，一般如下：

（1）按时支付租金：承租人有责任按照租赁合同规定的时间和方式支付租金，逾期未支付租金可能会导致租赁合同解除等其他违约责任。

（2）合理使用房屋：承租人有责任合理使用房屋，不得违反租赁合同的规定，不得从事非法活动，不得损坏房屋。

（3）妥善使用设施：承租人需要妥善使用房屋内设施，包括但不限于电器、水暖设备等，以确保其正常使用和维护。

（4）及时通知出租人表明维修需求：承租人发现房屋存在需要维修的问题时，应当及时通知出租人，以便及时修复。

（5）不擅自终止合同：承租人不得未经出租人同意擅自终止租赁合同；否则，需承担违约责任。

（6）不得擅自转租：通常情况下，承租人在没有出租人同意的情况下不得擅自将房屋转租给他人。

（7）配合出租人的合理要求：承租人需要配合出租人的合理要求，例如合理的房屋检查、维修等。

《民法典》第七百零九条规定，承租人应当按照约定的方法使用租赁物。对租赁物的使用方法没有约定或者约定不明确，依据本法第五百一十条的规定仍不能确定的，应当根据租赁物的性质使用。

《民法典》第七百二十二条规定，承租人无正当理由未支付或者迟延支付租金的，出租人可以请求承租人在合理期限内支付；承租人逾期不支付的，出租人可以解除合同。

二、案例分析

案例一　承租人未按约定目的使用房屋，应当承担何种责任？

承租人未按照约定的方法或者未根据租赁物的性质使用租赁物，致使租赁物受到损失的，出租人可以解除合同并请求赔偿损失。

案情介绍

A 公司诉 B 公司房屋租赁合同纠纷案[①]

2013 年 10 月 30 日，原告 A 公司作为乙方、被告 B 公司作为甲方签订《厂房租赁合同》，由原告承租被告所有的涉案厂房，租赁期限为 8 年，自 2013 年 12 月 1 日起至 2021 年 11 月 30 日止。合同第三条约定："3–1 乙方向甲方承诺，租赁该厂房作为生产铝合金活动房屋及仓储，其产品对环境不造成污染，乙方应严格遵守中

① 案例来源：（2022）沪 0116 民初 1439 号。

华人民共和国的有关法律条款规定，对该租赁厂房的使用上，不允许以任何理由违背法律，乙方不得在该租赁厂区内存放武器、弹药及其他违禁品，乙方应对任何违反中华人民共和国法律的行为承担法律责任。”“3–2 **乙方保证，在租赁期内不得擅自改变上述约定的使用用途**，未经甲方书面同意，不得擅自变更固定设施及改变厂房的结构。乙方本着安全生产的原则，对于安全隐患自查自纠。”

合同第五条约定：乙方应支付 216，660 元作为厂房使用保证金，且该保证金随年租金的调整而调整。“在整个租赁期内，甲方将无息保留保证金，**当乙方不履行本合同条款时，甲方有权根据本合同 3–1、4–3、8–1，没收全部保证金。**”

第九条约定：甲乙双方租期结束时，甲乙双方共同验收厂房，乙方须结清所有费用，如乙方有未结清的费用，甲方将用乙方保证金代为支付，剩余部分无息归还乙方。原告于合计支付被告租赁保证金 271，666 元。

各方观点

原告：1. 判令被告向原告返还租赁保证金 271，666 元；2. 判令被告向原告支付逾期付款利息，以 271，666 元为基数，以一年期市场报价利率为标准，自 2021 年 12 月 1 日起计算至被告实际支付日止。2021 年 11 月 30 日，合同约定的租赁期届满，原告已按约支付了全部租金，并与被告积极联络交房事宜，将厂房打扫清洁完毕后于 2021 年 12 月 1 日请被告共同验收后将涉案房屋交还给被告，但被告至今未向原告返还任何租赁保证金。故原告起诉。

被告：事实情况是原告已经违反双方合同约定的返还保证金的情形，合同 3.1 条约定原告承租涉案厂房用途为生产铝合金房屋及仓储，**3.2 条约定原告在租赁期内不得擅自改变租赁用途，5.1 条**

约定原告不履行合同条款，被告有权根据合同 3.1 条没收全部保证金，本案中原告擅自将用途为生产铝合金房屋及仓储的涉案厂房改变用途为员工宿舍，违反合同约定，庭前勘察时，原告承认将涉案厂房变更用途为宿舍，但仅使用一段时间，但是变更用途与时间长短无关，原告已经违约，被告有权基于合同条款不返还保证金，进而不承担逾期付款利息。

法院判决

原告已支付的租赁保证金应全部退还，现被告未及时退还，应支付原告逾期付款利息损失，原告主张的逾期付款利息标准在法律允许的范围内，本院予以支持。

律师解读

本案的争议焦点之一为，原告已支付的租赁保证金应否退还。被告认为原告擅自将用途为生产铝合金房屋及仓储的涉案厂房改变用途为员工宿舍，违反合同 3–1 条约定，有权依据合同 5–1 条约定没收保证金。涉案合同 3–1 条规定：“乙方向甲方承诺，租赁该厂房作为生产铝合金活动房屋及仓储，其产品对环境不造成污染，乙方应严格遵守中华人民共和国的有关法律条款规定，对该租赁厂房的使用上，不允许以任何理由违背法律，乙方不得在该租赁厂区内存放武器、弹药及其他违禁品，乙方应对任何违反中华人民共和国法律的行为承担法律责任。”合同 5–1 条规定：“在整个租赁期内，甲方将无息保留保证金，当乙方不履行本合同条款时，甲方有权根据本合同 3–1、4–3、8–1，没收全部保证金。”

就此本院认为，首先，合同 3–1 中**强调原告租赁用途的目的是为了防范原告生产的产品对环境造成污染及排除原告租赁涉案厂房**

用于存放武器、弹药及其他违禁品等违反法律规定的行为，在该两种情况下，方能适用没收保证金的条款，本案所涉情况显然与该两种情形无关。其次，**合同 3–2 条虽约定在租赁期内不得擅自改变上述约定的使用用途，但并未在合同中约定如违反该约定时，应承担没收保证金的违约责任。**故对于被告应没收原告租赁保证金的答辩意见本院不予认可。在无其他费用未结清的情况下，原告已支付的租赁保证金应予退还。

操作指引

根据《民法典》第七百零九条，承租人应当按照约定的方法使用租赁物。特别是在租赁合同中明确约定了房屋用途的情形下，承租人对租赁物的使用不应超出出租人对其使用方法的预期，承租人超越约定用途使用租赁物很可能会损害出租人的合同利益。

例如承租人承租住宅，双方明确约定做居住待客用途，但承租人利用该住宅用于民宿、日租经营，则显然超出出租人对房屋使用方法的预期。如承租人不予纠正其违约行为，出租人可以合同利益受损致使其合同目的实现为由要求解除合同，但并不是所有出租人擅自变更租赁用途将必然构成出租人的解除权，仍应结合具体情况判断是否致使租赁物受损或出租人合同利益受损，以及出租人是否展示了继续履行合同的意愿，从而使承租人形成了合理的信赖。

法条链接

1.《**民法典**》

第二百七十九条　业主不得违反法律、法规，以及管理规约，将住宅改变为经营性用房。业主将住宅改变为经营性用房的，除遵守法律、法规，以及管理规约外，应当经有利害关系的业主一致同意。

第七百零四条　租赁合同的内容一般包括租赁物的名称、数量、**用途**、租赁期限、租金及其支付期限和方式、租赁物维修等条款。

第七百零九条　**承租人应当按照约定的方法使用租赁物**。对租赁物的使用方法没有约定或者约定不明确，依据本法第五百一十条的规定仍不能确定的，应当根据租赁物的性质使用。

第七百一十条　承租人按照约定的方法或者根据租赁物的性质使用租赁物，致使租赁物受到损耗的，不承担赔偿责任。

第七百一十一条　承租人未按照约定的方法或者未根据租赁物的性质使用租赁物，致使租赁物受到损失的，出租人可以解除合同并请求赔偿损失。

2.《商品房屋租赁管理办法》

第六条　有下列情形之一的房屋不得出租：

（一）属于违法建筑的。

（二）不符合安全、防灾等工程建设强制性标准的。

（三）违反规定改变房屋使用性质的。

（四）法律、法规规定禁止出租的其他情形。

第十条　承租人应当按照合同约定的租赁用途和使用要求合理使用房屋，不得擅自改动房屋承重结构和拆改室内设施，不得损害其他业主和使用人的合法权益。

承租人因使用不当等原因造成承租房屋和设施损坏的，承租人应当负责修复或者承担赔偿责任。

案例二　房屋租赁合同的签署人和实际使用人不一致，何方承担合同责任？

在商业租赁合同中，签约承租人和实际使用人不同，可能会出现责任承担问题。根据合同相对性原则，签约承租人承担责任是原则，但实际使用人也可能需要承担责任。在公司设立过程中，发起人以个人名义签订租赁合同，后公司作为实际使用人履行租赁合同时，出租人可以选择请求签约承租人或实际使用人承担责任。在公司设立后，股东以个人名义签订租赁合同，后以公司作为实际履约方履行租赁合同时，出租人可否要求股东或合同签约人和实际使用人共同承担违约责任还是存在争议。

案情介绍

王某诉顾某房屋租赁合同纠纷案（本案二审维持原判）[①]

2015 年 4 月 1 日，出租人（甲方）王某与承租人（乙方）顾某签订 2 份租赁合同，出租牡丹江路 ××× 号一楼、三楼，系被告顾某为开设 A 有限公司第一分公司（以下简称“第一分公司”）及案外人葛某为开设 A 有限公司第二分公司（以下简称“第二分公司”）而签订的租赁合同。第一分公司成立于 2016 年 1 月 18 日，营业场所为牡丹江路 ××× 号三楼甲，负责人为顾某。第二分公司成立于 2016 年 1 月 15 日，营业场所为牡丹江路 ××× 号三楼乙，负责人为葛某。**房屋租金是由总公司会计统一划款，一楼、三楼租金打包支付，不做区分。**对 2016 年 10 月 1 日之后的一楼、三楼租金，除 3333.33 元外，其余租金未付。

各自观点

原告：提出诉讼请求 1. 解除原、被告于 2015 年 4 月 1 日签订的租赁合同；2. 判令被告将上海市宝山区牡丹江路 ××× 号一楼

① 案例来源：（2017）沪 0113 民初 13081 号、（2018）沪 02 民终 1452 号。

房屋恢复原状后返还给原告；3. 判令被告支付原告租金（按照年租金人民币 22 万元（以下币种均为人民币）的标准，自 2017 年 3 月 1 日计算至 2017 年 3 月 31 日；按照年租金 22.88 万元的标准，自 2017 年 4 月 1 日计算至实际返还租赁物之日止）；4. 判令被告支付原告违约金（每日违约金为月租金 18，333 元的 1.5%，从 2016 年 5 月 1 日起计算至实际清偿之日止）；5. 判令被告支付违约金 36，666 元（按两个月租金计算）。

被告：牡丹江路 ××× 号一楼及三楼甲是被告为开设 A 有限公司第一分公司（以下简称“第一分公司”）而签订的租赁合同，牡丹江路 ××× 号三楼乙是案外人葛某为开设 A 有限公司第二分公司（以下简称“第二分公司”）而签订的租赁合同，实际上也是第一分公司、第二分公司在使用，租金也是第一分公司、第二分公司在支付，故租赁合同关系是发生在原告和第一分公司、第二分公司之间，被告、葛某只是在公司设立之前作为公司负责人代表公司签订合同，现原告要求被告承担没有法律依据。

法院判决

根据相关规定，发起人为设立公司以自己名义对外签订合同，合同相对人请求该发起人承担合同责任的，人民法院应予支持。本案中，租赁合同签订于 2015 年 4 月，公司成立于 2016 年 1 月，顾某亦确认系为开设公司而签订涉案租赁合同，现王某未要求由公司来承担合同责任。故，本院认为，王某主张要求顾某承担合同责任，于法有据，本院予以支持。

律师解读

本案的争议焦点主要为涉案租赁合同的相对方为公司还系个

人。顾某抗辩认为，顾某的签约行为系职务行为，房屋租赁关系应发生在王某与公司之间。对此，本院认为，从履行情况来看，首先双方实际履行的亦系2015年4月1日的两份租赁合同。其次，根据相关规定，发起人为设立公司以自己名义对外签订合同，合同相对人请求该发起人承担合同责任的，人民法院应予支持。

操作指引

商业租赁合同中签约承租人和实际使用人不同，经常会出现以下两种情形：第一种，公司设立过程中，股东以设立公司为目的而以其个人名义签署租赁合同，后公司设立并由公司作为实际使用人履行租赁合同。第二种，公司已设立，但股东以其个人名义与出租人签订租赁合同，而公司为实际使用人。

第一种情形，在司法实践中，关于签约承租人与实际使用人在承担责任方面的具体处理存在差异。其主要可分为以下两种情况：

一是仅由签约承租人负责，实际使用人不担责。

在缺乏证据显示租赁合同义务已转移至实际使用人，或实际使用人与签约承租人之间存在其他法律关系时，根据合同相对性原则，法院倾向认定签约承租人为房屋的法定承租人，并需向出租人承担违约责任。由于实际使用人与出租人之间不存在直接的租赁关系，因此不承担违约责任。

二是签约承租人与实际使用人共同担责。

根据《公司法司法解释三》，当签约承租人与出租人签订租赁合同后，若实际使用人独立行使合同项下的全部权利和义务，法院可认定其为实际承租人，并须承担相应的违约责任。

第二种情形是公司已经设立，却是股东以个人名义进行签约。在签订合同时，若股东与公司之间不存在委托代理关系，或存在但出租人不知情，且之后由公司实际履行租赁合同项下的权利和义务。在此情况下，一旦发生违约，根据合同相对性原则，并出于保护交易安全和稳定的考虑，出租人有权要求作为合同签约方的股东承担违约责任。在司法实践中，对于出租人是否可以要求合同签约人和实际使用人共同承担违约责任还是存在争议的。

从出租人角度出发来说，合同主体的变更是对合同内容的实质性变更，合同当事人应明示变更。所以如果出租人在与实际使用人的沟通过程中明确确认过其实际承租人地位，则此时视为出租人以其自己的意思表示，对租赁合同的相对方予以了同意变更。此时再主张由实际使用人承担责任就存在依据了。

总之，在争议解决阶段，如在履行合同过程中，出租人明确知晓或确认过实际使用人的承租人地位的，则出租人可向实际使用人主张。

同样的，实际使用人原则上不具有原告地位向出租人主张权利，除非其能够证明出租人明确知晓或确认过其承租人地位。

法条链接

1.《**民法典**》

第四百六十五条　依法成立的合同，受法律保护。

依法成立的合同，仅对当事人具有法律约束力，但是法律另有规定的除外。

2.《**公司法司法解释（三）**》（2020 **年修正**）

第二条　发起人为设立公司以自己名义对外签订合同，合同相对人请求该发起人承担合同责任的，人民法院应予支持；公司成立后合同相对人请求公司承担合同责任的，人民法院应予支持。

案例三　未取得营业执照的公司，如何签署租赁合同？该类合同签署后出租人应向谁主张权利？

若发起人为设立公司而签署租赁合同，供成立后的公司使用的，出租人可以选择请求签订租赁合同的发起人，即签约承租人承担责任；若成立后的公司作为房屋实际使用人，实际享有和履行了租赁合同的权利义务的，出租人也可以选择请求实际使用人承担违约责任。

案情介绍

A 公司与贺某等房屋租赁合同纠纷案[①]

2017 年 5 月 21 日，A 公司（出租人）与贺某（承租人）签订房屋租赁合同。合同约定，本合同生效后，乙方以该房屋为住所地新设公司，新设立的公司获得营业执照后，甲方将与新设立公司重新签订租赁合同，重新签订的租赁合同条款与本合同条款保持一致。重新签订的租赁合同生效后，本合同效力终止。2017 年 8 月 4 日，B 公司登记成立，贺某为发起人（股东）之一。B 公司为实际使用人。租金先付后用，四个月为一支付周期，贺某应于每个支付周期提前七日支付下期租金。因贺某拖欠租金未付，A 公司遂起诉至法院。

各自观点

原告 A 公司：贺某系 B 公司发起人，在公司设立阶段，贺某以自己名义与 A 公司签订租赁合同，根据《最高人民法院关于适用〈中华人民共和国公司法〉若干问题的规定（三）》第二条：发起人

① 案例来源：（2020）沪 0104 民初 26628 号。

为设立公司以自己名义对外签订合同，合同相对人请求该发起人承担合同责任的，人民法院应予支持。因此，A公司要求解除与贺某之间的租赁合同，贺某按约返还房屋，A公司不予退还保证金，并要求贺某支付免租期房租864，000元以及逾期支付租金的赔偿金281，962元。B公司作为系争房屋使用人，应与贺某承担共同责任。

被告贺某与B公司：本案租赁合同主体系B公司，贺某是法定代表人，在租赁合同上签字属于履行职务行为，事实上房屋也是B公司在用，贺某与B公司承担共同责任无依据。

法院判决

关于贺某辩称为设立B公司而对外签订本案租赁合同，贺某系履行职务行为，不应承担责任的意见，根据公司法解释的相关规定，发起人为设立公司以自己名义对外签订合同，合同相对人请求该发起人承担合同责任的，人民法院应予支持。现A公司明确向贺某主张合同责任，故贺某的上述意见，于法无据，本院不予采纳，贺某系本案租赁合同主体，应承担合同中的相关义务。

律师解读

本案的争议焦点之一是贺某作为发起人，为设立公司与A公司签订租赁合同，由B公司实际使用，是否应承担责任？

在司法实践中，主张承租人为具体责任主体存在一定争议：

第一种观点认为，租赁合同的签约承租人是作为房屋实际使用人的法定代表人身份或其他受托身份与出租人签订合同，也是职务行为、代理行为。故应该由实际使用人承担合同义务。这也是签约承租人提起的最普遍的抗辩。

第二种观点认为，根据合同相对性原则，由签约承租人承担合同义务，实际使用人不承担合同义务。

第三种观点认为，为保护出租人的合法权益，实际使用人与签约承租人应对出租人承担连带清偿责任。

第四种观点认为，《公司法司法解释三》第二条的规定，赋予了合同相对人在发起人以自己名义签订合同时，享有选择合同相对人的权利。但合同相对人一经选定，不得再行变更。

操作指引

在商业地产租赁中俗称的“签筹”指的是，出租人与筹备中的公司（尚未在工商管理部门设立的公司）签署租赁合同的行为。

《中华人民共和国市场主体登记管理条例》等法规规定，申请办理市场主体登记，应当提交住所或者主要经营场所相关文件。因此，商业租赁的签约承租人与实际使用人不一致的常见的情形就是，公司的发起人为生产经营目的需要，先行与出租人签订租赁合同，而后以该租赁场所作为经营场所去申请设立公司。因此待公司成立后，实际使用房屋的便是公司而不是发起人本身，从而存在租赁合同签署人与实际使用人不一致的问题。

公司在取得营业执照前，不具备法人资格，我们建议可以由发起人签署租赁合同，在公司取得营业执照后，变更租赁合同的主体。

从出租人角度出发，为了确保尽快缔结租赁关系，可以与发起人签订租赁合同，但同时为了降低合同的不稳定性，建议在与发起人的租赁合同中明确约定在新公司（实际承租人）正式设立后，由新公司（实际承租人）签署新租赁合同或主体变更协议的条款。另外建议增加新公司（实际承租人）不签署转租合同时，发起人的违约责任。如果出租人判断新公司（实际承租人）承担风险能力较弱，在签订变更协议或变更条款时，不妨要求发起人对新公司（实际承租人）在合同项下的义务承担连带责任，防止在新公司（实际承租人）拖欠费用后，出租人催讨无果。

从承租人角度出发，如果实际使用房屋及支付租金的都是新设立的公司，不论是从财务管理角度还是法律角度都应该由新设立的公司作为承租人。

法条链接

1.**《公司法司法解释（三）》（2020 年修正）**

第二条　发起人为设立公司以自己名义对外签订合同，合同相对人请求该发起人承担合同责任的，人民法院应予支持；公司成立后合同相对人请求公司承担合同责任的，人民法院应予支持。

2.**《中华人民共和国市场主体登记管理条例》**

第十六条　申请办理市场主体登记，应当提交下列材料：

（一）申请书。

（二）申请人资格文件、自然人身份证明。

（三）住所或者主要经营场所相关文件。

（四）公司、非公司企业法人、农民专业合作社（联合社）章程或者合伙企业合伙协议。

（五）法律、行政法规和国务院市场监督管理部门规定提交的其他材料。

上海法院《房屋租赁合同类案办案要件指南》认为：

1. 发起人为了设立公司，以自己名义与出租人签订租赁合同，出租人请求发起人承担合同责任，以发起人为当事人。公司设立后，出租人选择公司承担合同责任的，以公司为当事人。

2. 发起人以设立中的公司名义签订租赁合同，公司成立后，出租人请求公司承担合同责任的，以公司为当事人。法院经审查发现发起人签订合同系为了自身利益而非公司利益，且出租人对此知情或者应当知情，应当由发起人个人承担合同责任的，判决驳回出租人对公司的诉讼请求。

3. 公司因故未能设立的，根据出租人主张，以实际签订租赁合同的发起人或者全体发起人为当事人。

案例四　原租赁合同中未约定承租人是否有权转租的，转租合同的效力问题

案情介绍

李某红与徐某某房屋租赁合同纠纷一审民事判决书[①]

2021 年 3 月 24 日，原、被告签订房屋租赁合同书一份，约定原告李某红将某 2 于上海市奉贤区 ×× 镇 ×× 村 ×× 号 ×× 栋及后面小屋的全部房屋，结构为砖混的房屋租给被告使用。房屋用途为居住，被告徐某某不得擅自改变主体结构，但有权装修。租赁期限自 2021 年 3 月 24 日至拆迁为止。租金应每年由被告向原告支付，年租金 16，000 元，在合同签订后 15 日内，被告向原告支付 12 个月的租金。双方还约定，使用房屋时被告不得擅自改变房屋的结构和用途，不得储存违禁、易燃物品，不得从事非法活动，违反上述规定时，甲方有权终止合同，收回房屋，造成原告损失的，被告还应承担相应的赔偿责任。双方还对违约责任等其他事项进行了约定。

2021 年 6 月 21 日，被告徐某某将系争房屋转租给第三人张某某并签订房屋租赁合同，租期自 2021 年 6 月 21 日至 2023 年 6 月

① 案例来源：(2022) 沪 0120 民初 14238 号。

20 日止。第三人承租后，又将某 1 租赁给案外人等，现涉案房屋内共居住包括第三人在内共计 4 人。

2022 年 3 月 3 日，原告向被告通过微信表示其丈夫发现被告将某 1 转租给他人，被告的转租行为未经过原告的同意，并要求解除合同，收回房屋，要求被告 3 月 24 日前腾空房屋并将某 1 交还原告。被告则表示不可能。双方协商未果，原告遂起诉。

各自观点

原告：1. 解除原、被告于 2021 年 3 月 24 日签订的房屋租赁合同；2. 解除被告与第三人于 2021 年 6 月 26 日签订的房屋租赁合同；3. 被告及第三人搬离位于奉贤区 ×× 镇 ×× 村 ×× 号房屋，将某 1 交还给原告，并付清水电费；4. 判令被告支付 2022 年 3 月 25 日到实际搬离日租金，租金按每年人民币 16，000 元计算，暂计到 2022 年 6 月 24 日（起诉时）为 4，000 元。

被告：不同意原告的诉讼请求，与原告签订合同时告知过原告租赁房屋后用于营业性质，要转租的。

法院判决

本院认为，原、被告之间签订的房屋租赁合同系双方真实意思表示，**并未违反法律、行政法规效力性的强制规定，合法有效双方均应恪守。双方合同虽未就转租行为进行相关约定，但依据法律规定，承租人未经出租人同意转租的，出租人可以解除合同**。本案中，原告主张于 2022 年过年后发现被告的转租行为，并于同年 3 月即向被告提出解除合同，被告则抗辩原告知情其转租，但未能提供证据证明，故本院对被告的抗辩不予采信。本院认为，**原告已在法律规定的期限内对被告的转租行为提出异议，故对原告要求解**

除合同的诉讼请求予以支持。合同解除的时间为起诉状副本送达被告之日即 2022 年 8 月 10 日。合同解除后，尚未履行的，终止履行；已经履行的，根据履行情况和合同性质，当事人可以要求恢复原状、采取其他补救措施，并有权要求赔偿损失。故被告应将涉案房屋返还原告。**鉴于第三人系次承租人，在原、被告间租赁合同解除后，第三人继续占有使用涉案房屋于法无据，故原告要求被告及第三人搬离并返还涉案房屋的诉请本院予以支持。**至于被告与第三人之间的合同纠纷，应另行解决，**依据合同相对性，原告无权要求解除被告与第三人之间的租赁合同。**另，原、被告间租赁合同解除后，被告仍需支付合同解除前的租金及合同解除后至实际搬离之日止的占有使用费。

律师解读

转租合同的效力并不因未经原出租人同意或原出租人不同意或原租赁合同的无效或解除而当然无效。但出租人就承租人转租未进行追认的，转租合同无效。

操作指引

对于承租人来说，承租人经出租人同意，可以将租赁物转租给第三人。承租人转租的，承租人与出租人之间的租赁合同继续有效；第三人造成租赁物损失的，承租人应当赔偿损失。承租人未经出租人同意转租的，出租人可以解除合同。承租人经出租人同意将租赁物转租给第三人，转租期限超过承租人剩余期限的，超过部分的约定对出租人不具有法律约束力，但是出租人与承租人另有约定的除外。

对于次承租人来说，如果出租人系“二房东”，应要求其出示与房屋产权人（或代理人）签订的租赁合同，查看该租赁合同中关于转租权限与租期的约定，要确认其转租已取得出租人的同意，并与该合租人或出租人签订书面合同。“二房东”未经房屋产权人（或代理人）同意而转租的，房屋产权人（或代理人）可以解除其与“二房东”之间的租赁合同，这将直接导致转租合同无法继续履行。

法条链接

《民法典》

第七百一十六条　承租人经出租人同意，可以将租赁物转租给第三人。**承租人转租的，承租人与出租人之间的租赁合同继续有效；**第三人造成租赁物损失的，承租人应当赔偿损失。

承租人未经出租人同意转租的，出租人可以解除合同。

第七百一十七条　承租人经出租人同意将租赁物转租给第三人，转租期限超过承租人剩余租赁期限的，超过部分的约定对出租人不具有法律约束力，但是出租人与承租人另有约定的除外。

第七百一十八条　出租人知道或者应当知道承租人转租，但是在六个月内未提出异议的，视为出租人同意转租。

第七百一十九条　承租人拖欠租金的，次承租人可以代承租人支付其欠付的租金和违约金，但是转租合同对出租人不具有法律约束力的除外。

案例五　非法转租合同可以变为合法转租？

案情介绍[1]

某年，土地公司作为产权人（甲方）与承租方小笔（乙方）签

① 案例来源：（2018）川0105民初14961号、（2020）川01民终15533号。

订房屋租赁协议，主要约定：土地公司将涉案商铺出租给小笔，起始日是某年3月1日。此外该份协议第七条就房屋归还事项还载明“租赁期满或协议解除后，乙方应返还该房屋及其附属设施。甲乙双方验收认可后签字盖章，双方应结清各自应当承担的费用”；第八条关于协议的解除载明“3.乙方有下列情形之一的，甲方可以单方解除协议，收回房屋：（1）擅自将房屋转租、分租、转让、转借、联营、入股或他人调剂交换的；……”；第九条违约责任载明“乙方逾期交付租金，除仍应补交所欠房租外，并按所欠租金的1%/天向甲方交付违约金。乙方不按约定向甲方支付违约金的，甲方有权从房屋租赁保证金中扣除”。

该年3月1日至6月1日期间的房屋租金已由小笔支付完毕。7月31日，小笔与小树签订转让协议，约定小笔将商铺转让给小树，转让费用10万元。次年5月6日，小树、小志与小新签订铺面转让协议，小树与小志将涉案商铺又转让给小新。5月6日，小新进场装修，而土地公司于5月21日对涉案商铺停水停电，并于5月23日将涉案商铺上锁。

因物业公司采取停水停电措施，涉案商铺无法正常经营，小新遂起诉小树、小志、并将小笔、土地公司等其他三家公司列为第三人。小新主张确认其与小树、小志之间的房屋租赁合同无效，并要求其赔偿租金30160元、押金3000元、转让费85000元。

而土地公司同时也向法院起诉，要求小新返还商铺、小笔支付房屋租金、违约金，以及要求小笔赔偿租金及利息损失。

各方观点

土地公司认为，其合同相对方是小笔，根据合同的相对性原则，房屋租金应由小笔承担。并且在土地公司与小笔之间的房屋租赁协议中，明确约定不得将转租、转让。所以，小笔的行为为无权处分行为，进而推导出小笔其与小树签订的转让协议无效，以及小树、小志与小新签订的铺面转让协议亦属无效。并且土地公司的合同相对方是小笔，小笔应当按照合同约定支付相应租金并承担逾期支付租金的违约金。因小笔的过错导致土地公司无法收回涉案商铺，应当依法由小笔承担租金损失赔偿责任。小笔在房屋租赁协议约定的租赁期限届满后因违法转租导致商铺被小新占用而无法向土地公司返还，并且小笔也未履行返还商铺及附属设施的义务。小笔对房屋租赁协议履行存在过错，致使土地公司的利益受损，小笔应承担租金损失赔偿责任。小笔在其承租期间未经出租人同意擅自转租的行为，其也应承担返还租赁物、支付剩余租金及违约金并赔偿小新和小新无权占用期间给土地公司造成的租金收益损失、房屋占用费损失等责任。即便推定土地公司同意小笔的转租行为，但不能直接认定土地公司与小树、小志之间建立了事实上的新房屋租赁合同关系。

小笔认为，土地公司已与小树、小志形成事实上的房屋租赁合同关系，土地公司应向小树、小志主张租金，而非向小笔主张。土地公司主张小笔未经其同意签订的转让协议无效，没有法律依据。虽然，土地公司与小树、小志之间未签订书面合同，但该双方已建立了事实上的房屋租赁合同并实际履行，由此小笔已退出与土地公司之间的房屋租赁合同关系。在此情形下，土地公司无权向小笔主张租金。而且小笔并非腾退返还房屋及赔偿租金损失的主体，土地公司要求小笔承担返还房屋及赔偿租金损失，没有事实和法律依据。从客观事实看，在房屋租赁协议约定的租期届满前，土地公司就于5月21日起采取停水停电措施，并于5月23日将房屋上锁。土地公司早在房屋租赁协议约定的租期届满前就实际控制了涉案商铺，小笔在客观上无法腾退房屋，且涉案商铺内置留的设备系小新放置，实际占有使用涉案商铺的主体也并非小笔。因此，土地公司要求小笔腾退返还涉案商铺，没有事实依据。从法律规定看，小笔并非腾退涉案商铺及赔偿租金损失的主体。

法院判决

一审法院查明，土地公司与小笔签订的房屋租赁协议租赁期为2年。前述协议另约定小笔不得擅自将房屋转租、转让。小笔虽在未取得土地公司同意的情况下与小树签订转让协议，擅自将商铺转租并收取转让费，违反了合同约定，但土地公司在小树、小志经营长达近一年的时间内未提出异议。土地公司虽主张其对小笔的转租行为不知情，但小笔、小树等二人经营的业态完全不同，且小树在开店前亦完成了装修，在后期的经营过程中亦一直在缴纳租金，故对土地公司的该项主张不予采信，可以认定土地公司已经以其实际行为表明认可小树、小志租赁涉案商铺，双方形成了事实上的租赁合同关系。根据合同相对性，土地公司应向合同相对方小树、小志主张支付租金、返还商铺，故对于土地公司向小笔主张的诉讼请求，一审法院不予支持。第三人小新虽与土地公司无直接合同关系，但因小树、小志的转租行为，导致了第三人将其设备搬入涉案店铺。

一审判决后，各方都上诉。二审法院查明，小笔在与土地公司签订房屋租赁协议承租涉案商铺后，又与小树签订转让协议，将涉案商铺转租给小树、小志使用。对此，土地公司主张小笔系在未经土地公司同意的情况下擅自转租，构成违约。小笔则辩称土地公司知晓小笔将涉案商铺转租给小树、小志之事，土地公司承诺在转租后一个月内直接与小树、小志签订房屋租赁合同。在涉案商铺的经营业态由小笔经营烟酒变更为小树、小志经营餐饮的情况下，土地公司配合开通了房屋管道且实际收取了小树、小志缴纳的租金。二审法院认为，土地公司对其在小笔将商铺转租给小树、小志后近一年的时间未向小笔提出任何异议，不能做出合理解释。同时，房屋租赁协议约定租金按季度交付、先付后用。土地公司述称，小笔仅支付了 3 个月的租金。土地公司在明知小笔多次逾期支付租金的情况下，未向小笔主张租金支付、逾期付款违约责任等权利，不符常理。再结合小笔承租涉案商铺时的经营业态，与小树、小志租用商铺时的经营业态，完全不同，以及小树、小志就涉案商铺向赛特公司缴纳房屋使用费及物业管理费等费用的事实，一审法院认定小树、小志与土地公司之间已就涉案商铺建立事实上的房屋租赁合同关系，并无不当。相应地，小笔与土地公司之间的房屋租赁协议即已终止履行。故而土地公司在房屋租赁合同的相对方已变更为小树、小志的情况下，要求小笔继续承担作为承租人的租金支付、腾退返还房屋及赔偿损失等义务，违反合同的相对性原则，一审法院据此对土地公司诉请要求小笔承担责任的主张不予支持，并无不当，本院予以维持。最终维持原判，即小新协助土地公司腾退涉案商铺；驳回土地公司的其余诉讼请求。

律师解读

上述案例又是一起各方对于转租和承租权转让不清的案件。本案中，小笔未经出租人同意擅自转让承租权，而后涉案商铺又进行转租，涉及三个法律行为的评价和认定。第一个是土地公司与小笔的租赁合同。第二个是土地公司与小笔与小树、小志三方之间的法律关系。第三个是小树、小志与小新之间的法律关系。从认定难易角度来说，第一个法律关系有双方的书面约定，最易认定。第二个法律关系和第三个法律关系涉及法院的推定和法律适用，是一种运用法律的最终结果。

在转租的情形下，出租人可能会丧失对租赁物的控制，承租人未经出租人同意转租，出租人享有解除合同的权利。因此，承租人合规转租的前提条件即为经过出租人同意。同意可以是事前同意和事后同意，若合同未对转租做出明确约定，承租人可以在实施转租前获取出租人的同意，或是在转租后取得出租人的追认。另外，出租人的默示同意也可视为追认，即出租人知道或者应当知道承租人转租，但如果在6个月内未提出异议的，也视为出租人同意转租，即“违法转租”变为“合法转租”。实践中，为了追求效益最大化或出于止损的目的，很多承租人会在未取得出租人同意的情况下，承租人将其承租的房屋“转给”第三人。而上文已述所谓的“转给”包含承租权转让和转租两种模式。在此，本节论述仅仅转租内容。

根据《民法典》第七百一十八条“出租人知道或者应当知道承租人转租，但是在六个月内未提出异议的，视为出租人同意转租”之规定，即便未获得出租人的同意，但超过法定异议期，可根据法律规定推定出租人同意转租。从法条文意来看，适用本条需要满足两个条件：出租人应当知道的事实，以及异议期的6个月。

法条是根据法律行为和法律事实高度归纳与提炼所形成，法院在适用之时通常会根据经验与朴素常识，将法条中抽象的概念转化为具体情况并加以运用。本案例中，法院从三个事实来推定“出租人应当知道”，即承租房屋经营业态的变化、出租人收取租金的主体是否保持一致、作为出租人是否曾经向原承租人催缴过租金的角度等，推定出租人知道转租事实的起算时间，结合6个月异议期的规定从而做出该判决。经笔者检索并归纳，法院做出“出租人应当知道转租”事实推定会从以下几个方面考量：

与涉案商铺有关的费用支付主体、收取方式。

出租人管理承租房屋过程中发生的事件，如催缴单据、其他签署的文件。法院会结合出租人的日常管理的行为，推定出租人是否知道承租人的转租的事实，当然这里涉及都法官心证问题和自由裁量权的问题。

涉及房屋有关的特殊情况。比如在经营性房屋履行过程中，可能会出现包含具体情况涉及消防演习、消防检查、市场监督管理局的检查等。相关行政机关可能会要求承租人签署检查结果文件，或做出处罚或整改之时需要知道承租主体。大概率情况下，出租人会了解到承租房屋真正的承租主体。

出租人的员工与承租人或与次承租人的对话，明确主体变更的意思表示。这个情况之下，可能会存在其他情况的意思表示，不能完全推定出租人明确知道次承租人的身份及承租房屋的情况，仅作为注意点进行罗列。

其他可能会出现承租人主体信息的时间或文件。

这里需要提及一点的是，有些情况之下当双方均无非常明确、充分的证据证明出租人知道或不知道涉案商铺转租情况后，如果承租房屋由次承租人长期使用，如一年或更长时间，有的法院会直接推定出租人不知道承租人改变存在不合理性，由此可能判决不支持出租人的请求。

操作指引

针对不同的主体，所需注意的点各有不同，包括转租权、租赁期限、租赁商铺。

对于出租人来说，可以在租赁合同中明确约定转租事宜，包括是否同意转租，以及同意转租是否有前提，转租是否需要报备审核通过，等等。如出租人不同意承租人转租的或者不满足转租条件的，则应当了解并关注涉案商铺在经营时期的具体情况，当发现转租情况，及时在6个月内向承租人等提出异议。

而对于次承租人来说，风险在于是否尽到一个合理谨慎的义务，即在承租涉案商铺之时，是否向承租人索要过能证明承租人获得转租权利的文件。在一些案件中，如果次承租人未尽到审查的义务，包括只流于形式未达到合理审查深度，法院可能会认定次承租人也存在一定过错，相应次承租人也要承担一定的责任。除此之外，次承租人还要注意出租人与承租人之间的租赁期限与拟签订的租赁时间是包含关系或者是否一致，超出上家租赁合同的期限可能不会被认定有效，从而可能造成损失。

法条链接

《民法典》

第七百一十六条规定，承租人经出租人同意，可以将租赁物转租给第三人。承租人转租的，承租人与出租人之间的租赁合同继续有效；第三人造成租赁物损失的，承租人应当赔偿损失。

承租人未经出租人同意转租的，出租人可以解除合同。

第七百一十七条规定，承租人经出租人同意将租赁物转租给第三人，转租期限超过承租人剩余租赁期限的，超过部分的约定对出租人不具有法律约束力，但是出租人与承租人另有约定的除外。

第七百一十八条规定，出租人知道或者应当知道承租人转租，但是在六个月内未提出异议的，视为出租人同意转租。

第七百一十九条规定，承租人拖欠租金的，次承租人可以代承租人支付其欠付的租金和违约金，但是转租合同对出租人不具有法律约束力的除外。

次承租人代为支付的租金和违约金，可以充抵次承租人应当向承租人支付的租金；超出其应付的租金数额的，可以向承租人追偿。

案例六　转租合同终止后，转让费（顶手费）能否获得赔偿？

案情介绍[①]

某年8月29日，小青（乙方）与小金（甲方）签订某商铺租赁合约，约定：小金同意将坐落在涉案商铺中三间租给小青做经营零售业使用，小青愿意承租；租赁期自某年7月1日起租至某年11月30日止，租赁期满，小金收回房屋，签订合同时，小青缴纳两个月押金、水电押金。上述合同签订后，案外人小云于同年8月29日代小青向小金的银行账户支付了127000元。小金亦于同日将涉案商铺交付给小青。

此后，小云于10月4日、11月17日代小青向小金的银行账户支付了10月、11月的租金。就小云代为支付的127000元的款项，小青表示其中包括转让费70000元、押金52000元、水电押金5000元，并认为转让费70000元即顶手费。之后，涉案商铺业主直接到涉案商铺当面口头告知小青，小金无权转租涉案商铺，并当场把商铺封上，不让小青装修，此后小青再也无法进入商铺。为此，小青起诉小金要求解除合同，返还转让费（顶手费），租金、押金及赔偿损失。

---

① 案例来源：（2020）粤0104民初4030号、（2020）粤01民终23436号。

各方意见

小金认为，小青是在明知商铺是转租的情况下与小金签订转租租赁合同，小青应当对自己的行为及后果承担相应的责任。在与小青签订商铺租赁合约时，小金已告知小青商铺的基本状态及商铺业主方口头同意转租的情况，小金没有向小青隐瞒事实，且一直与商铺业主沟通，约业主签订书面的转租协议。所以首先转租是得到业主的同意，并且小青是知道现实情况，不存在未获业主同意的情况。所以，小金没有过错，反而是小青自己急于签订商铺租约并进驻商铺，且砸毁了原有的商铺装修。因此，小青应对自己的行为后果承担责任。

小青持相反观点，认为涉案商铺的转租未得到业主同意。为此，小青提供了业主出具的一份情况说明。在该情况说明中，载明了业主表示直到同年 11 月，才发现小金将涉案商铺转租给他人，业主本人是不同意小金对外转租的意思表示，落款时间为涉案时间次年的 3 月。而后，小金提供了相关与业主的聊天记录，虽然聊天记录中有提到所谓的“转让费”等，但主要内容是关于再不向业主缴纳费用，否则视为违约，收回商铺的内容。

法院判决

一审法院认为，小青与小金自愿签订某商铺租赁合约是出自双方真实意思表示，为合法有效合同，双方均应依约自觉履行。上述合同签订后，小青已通过案外人小云向小金支付了转让费若干、押金、水电押金，小金亦将房屋交付给小青使用。但此后，小金的出租方业主要求小青迁出涉案商铺后并于 12 月 9 日自行收回房屋，且业主以小金在其不知情的情况下转租涉案商铺为由提起另一个民事诉讼，致使小青未能继续使用涉案商铺，小金对此负有责任。鉴于涉案商铺已被业主收回，小青、小金签订的某商铺租赁合约亦无法继续履行，故该合同应于房屋收回之日视为解除。小青现要求小金返还转让费、押金并支付相当于押金数额的违约金的诉讼请求符合双方约定，合法有理，予以支持。鉴于双方并未就转让费70000元做出书面约定，故根据公平合理原则，酌定该款项在按小青使用期限与租期按比例折抵后的剩余部分返还给小青，经计算为66356.75元。关于小青返还三个月租金及赔偿装修费、人工费的诉讼请求，因小青已实际使用涉案商铺至12月9日，就其使用房屋期间小青应支付相应的对价，即支付租金。而小青现未能提供其已对房屋进行装修及支出人工费的相应证据，故小青上述诉讼请求，缺乏依据，不予支持。

律师解读

1. 客观事实与法律事实的关系

在转租案件中，业主方是否同意转租事宜往往是承租人和次承租人之间的争议焦点。由于各方在初期接触之时，本着促成交易成功的初衷，所述所为大多数情况下为真实意思表示，但随着后续情况的发生，出于自我保护的考量，往往会在庭审中出现法律上认定的事实与朴素理解的事实不一致的情况。本案中，小金表示业主是口头同意转租，而走到双方对簿公堂的局面是因为业主将涉案商铺转租给了他人，从而导致了小青无法使用房屋。无论当时业主是否真的口头表示过同意小金可以对外转租，以及业主是否真的是出于降低损失的考量，小金提出的所谓客观事实如果无法转换成法律事实，即便客观事实真是如此，在法律层面上，法官也会给出否定的评价。本案中，小金因为没有将业主口头同意转租的客观事实，在证据层面上予以转化，法院从而不予采信其说法。因此，各方都要树立将当下发生的重要客观事实转为法律事实的思维。

2. 证明力的博弈性

在民事诉讼案件中，对抗双方往往会提出己方证据，从而证明自己的说辞是真实客观的，但不同证据的证明力是存在高低、强弱的。法院在采信何方证据之时，也会考虑证据的形式和证明力。本案中，小青出具的一份情况说明，载明内容直接而清晰。反观小金的证据是相关聊天记录，内容主要涉及关于缴纳费用和违约责任，虽然也提及“转让费”，但该证据无论从内容也好、形式也好，显然要弱于小青的证据。此外，业主在另一个诉讼案件中曾起诉小金，以小金在其不知情的情况下转租涉案商铺为由提起另一个民事诉讼。结合案外查明的诉讼情况，法院做出不利于小金的说法合理、合法。因此，在组织证据之时，甚至是对整个诉讼策略来说，不但要从整体性上予以综合考量，同时也要在证据形式、内容及证明力上予以关注，尽可能做到明确清晰。

3. 转让费（顶手费）的不同认知

经检索，笔者发现法院判决存在不同的口径。关于顶手费（转让费），大多数法院认为，双方约定的转租期限所享受的房屋使用权利与转让费有着息息相关的联系。如果转租合同因故被终止之后，转租合同对应的权利义务无法得到全面实现，因此，相应受让方的权益对价应当进行折价，也就是对应退还一部分的转让费。本案中，法官也是根据具体使用天数折算出退还的转让费。但需要注意，由于有些转租案件的切入点不同，在法院查明事实时，并未将查明转租合同因故终止的原因过错作为重点。所以，在转租的权利义务实现之时（如控制涉案商铺），即认定受让方已经全面享受到转租合同对应的权利，其期望已全面实现。此时，受让方（次承租人）要求部分退还转让费的诉请不一定能够得到法院的支持。

操作指引

在本案中，虽然对于租赁合同是否可以转租未进行查明，但从后续中可以推断出，承租人与出租人之间的合同应当是未约定是否可以转租。在此，再次强调合同条款的重要性，对于承租人和次承租人来说，在已知范围能考虑到风险的条款，均宜尽可能地写入合同之中。笔者认为实践中的操作有以下几个注意点：

因为转让商铺的巨大潜在利益，从而次承租人才愿意支付不菲的转让费（顶手费）。而持续经营才能摊薄为此支出的成本，因此，保证转租合同在约定期限内不因未得到业主转租同意而终止的前提是拿到出租人书面同意转租的文书、文件、上家合同是基本的要求。

在与次承租人签订相关协议之时，将未来无法使用涉案商铺的情况细化，便于未来发生意外情况之时，降低损失。在此，有几种可以参考：1. 分期支付转让费（顶手费）。可以设定不同阶段的支付，比如交付商铺之时等。2. 约定因转租未得到业主同意而无法使用商铺或者其他无法全面使用商铺之时的违约责任，即彼时承租人（转让方）应当承担的违约责任和损失赔偿范围及计算方法等。

转让费（顶手费）如果和其他费用一起支付，则要注意区分金额。有些情况之下，次承租人会将所有的费用一并转至承租人（转让人）指定的账号，而事后发生分歧之时，费用总额的类目与具体金额各执一词，由于不同费用所代表的对价不尽相同。因此，在转账之时应审慎考虑合并转账还是分开转账何者为妥。

法条链接

《民法典》

第五百八十二条规定，履行不符合约定的，应当按照当事人的约定承担违约责任。对违约责任没有约定或者约定不明确，依据本法第五百一十条的规定仍不能确定的，受损害方根据标的的性质以及损失的大小，可以合理选择请求对方承担修理、重作、更换、退货、减少价款或者报酬等违约责任。

第五百八十五条规定，当事人可以约定一方违约时应当根据违约情况向对方支付一定数额的违约金，也可以约定因违约产生的损失赔偿额的计算方法。

第八章　经营性房屋租赁合同的解除及争议

依据《民法典》第五百六十二条、第五百六十三条规定，合同解除可以分为约定解除和法定解除两大类。

解除的前提是存在有效的合同，合同生效后由于订立合同时的客观情况发生了变化，会产生合同的不可能履行或者不必要履行，这种情况下如欲强制合同必须履行则可能不利于市场。因此需要设立合同解除制度，允许当事人协商解除合同或者单方依法解除合同。

合同解除之后产生的法律效果是合同关系的消灭。对于解除是否有溯及力的问题，《民法典》分为两部分：合同解除后，尚未履行的，终止履行，对尚未履行合同的状态与前的情形并无不同，因而解除合同只需单纯地终止合同的权利义务，这类合同的解除没有溯及力；已经履行的，根据履行的情况和合同的性质，当事人可以要求恢复原状或者采取其他补救措施，并有权要求赔偿损失，也就是根据履行的情况和合同的性质来决定合同是否有溯及效力。

就合同解除的情形具体而言，可以分为如下几种情形：

1. 协商一致解除合同

协商一致解除合同，不需要以存在法定或者约定解除权为前提，而是以双方协商达成一致意见为前提。协商一致解除的程序和订立合同的程序一样，一方发出解除合同的要约，另一方做出解除合同的承诺，双方需要就解除合同达成一致意见。双方协商一致的内容，应包括原合同已履行和未履行部分如何处理事宜。

2. 达成合同解除条件

双方在合同签订之时，即对合同解除条件进行了约定，约定讫，任一方可以解除合同。该情形需要注意以下几点：

首先，违约方亦享有合同解除权。解除权可以约定由一方或者双方享有，因此，条件成就时解除权并非仅为守约方享有。

其次，解除通知送达对方时解除。约定调解达成时，不等于合同必然解除。要求依照约定解除合同的一方应当发出解除通知，对方收到后才能发生解除效力。

最后，解除意思表示到达对方时合同解除。合同的解除时间点并非解除意思发出时间，解除条件成就时，只有在对方收到解除的意思表示时才是合同解除的时间点。

3. 因不可抗力致使不能实现合同目的

该情形之下解除合同需要注意以下问题：其一是重点在于“合同目的无法实现”，只有目的无法实现的合同才可以解除；其二是不可抗力与合同履行障碍之间存在因果关系，即使发生重大不可抗力事件，但是与履行障碍之间不存在因果关系的话，也不可以解除合同。

4. 在履行期限届满前，当事人一方明确表示或者以自己的行为表明不履行主要债务

该情形发生必须是在合同期限届满之前，届满后则不可以依此要求解除合同。此外还需要以积极行为明确表示不履行，或者以消极行为应当履行而不履行，同时不履行的应为主要债务，不履行非

主要债务的不成为解除合同的条件。

5. 当事人一方迟延履行主要债务，经催告后在合理期限内仍未履行

一方延迟履行的必须是主要债务，延迟履行一般债务不能解除合同。发生延迟履行的情况，相对方应当进行催稿，这是法律要求的必经程序。催告需给予合理期限，合理期限届满后仍未履行的可以解除合同。

6. 当事人一方迟延履行债务或者有其他违约行为致使不能实现合同目的

该情形的关键，延迟履行的并不要求是主要债务，或者是因为主债务违约，关键在于致使不能实现合同目的。

7. 以持续履行的债务为内容的不定期合同

该情形下，一方当事人可以随时解除合同，但是应当在合理期限之前通知对方。“合理期限”是行使解除权的必要条件，具体什么期限属于“合理”则需要结合合同的实际情况和交易惯例来判定，不存在统一的标准。

一、合同解除的认定

首先，解除权行使必须通知相对方才能发生解除合同的效力。《民法典》第五百六十五条的规定，当事人一方依法主张解除合同的，应当通知对方，也就是要采用通知方式解除合同。合同解除须由当事人做出相应的意思表示，意在使各方当事人对合同效力状态是否发生根本性变化能够有明确认识，从而达到保护交易安全的目的。因为，即便当事人约定满足一定条件时合同自动解除，但因当事人是否解除合同对相对方来说并不明确，所以，不能认为该条件成就时，合同可不通知即发生解除的效果。

其次，合同解除时间应以解除意思表示到达相对方时确定。

合同解除作为一种有相对人的民事法律行为，应采用意思表示到达主义。解除权通过解除权人单方意思表示即可产生、变更、消灭法律关系。基于形成权提起的诉讼属于确认之诉，解除权人通过提起诉讼或申请仲裁行使解除权的，其请求实质是确认其享有合同解除权且符合解除权行使条件，故属于积极确认之诉。相对人对解除权人享有解除权持有异议，诉请继续履行或确认合同未解除的，系消极确认之诉。法院判决支持解除权人诉讼请求的，就是确认解除权人享有解除权，合同得以解除源于解除权人的单方意思表示，并非判决赋予解除权人解除权。因此，解除权人在提起诉讼或申请仲裁前通知对方解除合同的，通知到达相对人时合同即予以解除，合同解除时间仍是通知到达相对人的时间。

再次，违约方可基于约定享有合同解除权。

《民法典》第五百六十二条第二款、第五百六十三条分别规定了约定解除和法定解除，合同解除的实质要件是解除权人享有解除权。根据《民法典》第五百六十二条第二款的规定，约定解除是合同约定一方在发生合同解除事由时，通过行使解除权解除合同，解除权可约定由合同任何一方或双方享有。故违约方基于合同约定享有解除权的，在解除事由发生时，亦可解除合同。根据《民法典》第五百六十三条的规定，在根本违约场合，仅守约方享有合同解除权，违约方不得主张解除合同，避免违约方可能利用解除制度谋取不正当利益。法定解除情形下违约方不享有合同解除权。违约方诉请解除合同的，应审查其是否享有解除权。违约方在不享有解除权的情况下请求解除合同的，应不予支持。

最后，能否通过约定排除法定解除权的问题。

也就是能否通过约定的方式排除合同一方的法定解除权，对此存在一定的争议。有观点认为，除《民法典》第五百零六条规定的内容外，违约赔偿请求权亦可放弃，法定解除权亦应当可以放弃，这属于意思自治的范畴。但是在最高院的相关判决中，如（2019）最高法民申5006号裁定认为“双方如何协议解除合同以及被特许人单方解除合同所应承担责任的约定，该项约定并不能对抗或排除法定解除权的行使”。地方法院在类似案件中也多认为，不能通过约定排除法定解除权。

二、租赁合同解除后房屋的交还及装修的处理

1. 租赁房屋交还

《民法典》第七百三十三条对于租赁物的返还做了原则性规定，即租赁期限届满，承租人应当返还租赁物。返还的租赁物应当符合按照约定或者根据租赁物的性质使用后的状态。

因此，判断返还的租赁物是否“符合约定”，以及什么是“根据租赁物的性质使用后的”的状态，也是判断房屋交还是否合法的前提。

相对而言，“符合约定”更容易理解，在房屋租赁合同中可以明确约定房屋按照交房时的状态交还、毛坯状态交还或者按照使用后的状态交还等，承租人按照约定交还即可。所谓租赁物的性质是指租赁物本身的属性，如汽车是用来交通运输的，就不能作为居住场所；挖掘机是用来挖土的，就不能作为交通工具转作客运。具体到房屋租赁合同，则要看房屋的具体用途，商用、办公、住宅对房屋、设备的损耗都可能不同，需要具体情况具体分析。

2. 装修的处理

《民法典》第七百一十五条规定，承租人经出租人同意，可以对租赁物进行改善或者增设他物。承租人未经出租人同意，对租赁

物进行改善或者增设他物的，出租人可以请求承租人恢复原状或者赔偿损失。通俗所说的装修问题由该条款进行调整。

首先是经出租人同意的装修。租赁期届满时，未形成附合的装饰装修物，可由承租人拆除。因拆除造成房屋毁损的，承租人应当恢复原状，承租人不得请求出租人补偿附合装饰装修费用。当事人另有约定的，按照约定处理。

其次是未经出租人同意的装修。承租人未经出租人同意装饰装修或者扩建发生的费用，由承租人负担。出租人请求承租人恢复原状或者赔偿损失的，人民法院应予支持。

因出租人违约导致合同解除，承租人有权请求出租人赔偿剩余租赁期内装饰装修残值损失；因双方原因导致合同解除，剩余租赁期内的装饰装修残值损失，由双方根据各自的过错承担相应的责任；因不可归责于双方的事由导致合同解除的，剩余租赁期内的装饰装修残值损失，由双方按照公平原则分担。

案例一　房屋交还不符合约定的条件，不能当然视为租赁合同的解除

案情介绍

2020 年 11 月 10 日，原告孔某作为承租方（乙方）与作为出租方（甲方）的被告刘某签订租房合同一份，载明甲方将位于天山花园 2 号楼 1 单元 602 室的房屋出租给原告孔某使用，室内附属设施为：太阳能、热水器、沙发、床、餐桌椅等。租赁期限自 2020 年 11 月 15 日至 2021 年 11 月 15 日；房屋租金为每月 700 元，租期满一年则年租金为 8000 元。付款方式为按年支付，另付押金 1000 元，租房终止，甲方验收无误后将押金退还乙方。租赁期内的水电、煤

气、有线电视，物业费由乙方支付，房屋修缮等费用由甲方支付；租用期内，乙方有下列情形之一的甲方可终止合同，收回房屋使用权，乙方需承担全部责任，并赔偿甲方损失：（1）乙方擅自将房屋转租，转让或转借的；（2）乙方利用承租房屋进行非法活动损害公共利益的；（3）乙方无故拖欠房屋租金达30天；（4）连续3个月不付所有费用的。……第四条双方责任及义务第5款约定在租赁期内，甲乙双方如有一方有特殊情况需解除协议的，必须提前一个月通知对方，协商后解除本协议……合同到期后，原被告双方协商租期延续半年至2022年5月15日，原告亦将续期的半年租金4000元交付给被告。2022年3月8日原告微信联系被告，“刘哥，我工作调整，要离开本市，天山花园的房子可能这周或下周就得退”。被告回复，“可以，你确定时间，我去查收一下房子”。原告回复“可能周末或者下周”。被告回复，“什么时候都可以，你提前一两天给我说声就行”。2022年3月13日原告通过微信向被告发照片并载明，“钥匙放在洗手间窗台了，刘哥，你算算房租，需要退多少”。被告回复，“好的，等我这几天去拿钥匙，再给你退钱”。2022年3月18日被告通过微信联系原告，“你的卫生就是这样打扫的吗？那个地板五颜六色，马桶都成什么样的了？我给你交房子的时候是这样的吗？水费也没交”。原告回复“好的，那我周末去打扫，搬家没来得及”。被告回复，“好的”。当日被告将缴费截图发给原告，告知，“再不交就停水了”。原告回复，“好的，从房租里扣吧哥”。2022年4月10日原告微信联系被告，“哥，天山花园房子打扫完了抽空你去验验”。被告回复，“好的”。当日被告将房屋钥匙收回。

各方观点

孔某以刘某为被告向一审法院提出诉请：1.确认原告、被告房屋租赁合同于2022年3月13日解除；2. 判令被告退还原告2个月零2天房租共计1376.34元（计算方式：6个月租金标准为4000元，日租金标准为当月租金标准除以当月日历天数，共计4000×1/3+4000×1/6×2/31=1376.34元）；3. 判令被告承担本案诉讼费用、原告为实现债权而委托的律师委托费用、原告误工费用。

被告刘某辩称根据租房合同第4.5条约定，应将该一个月的租金作为违约金，不应退还。

法院判决

法院认为本案争议的焦点问题是，孔某请求刘某退还两个月零两天的房租1377.73元是否有事实依据和法律依据。

在本案中，双方对于解除房屋租赁合同的日期产生争议，孔某主张，应以2022年3月13日作为房屋租赁合同的解除时间，刘某应当退还其房租1377.77元。对于该主张，法院认为，在双方履行租房合同的过程中，系孔某要求提前解除房屋租赁合同，刘某虽表示同意，但同时要求验收房屋。孔某对此未提出异议，应视为刘某对提前解除合同附加了验收房屋的条件。孔某于2022年3月18日将房屋钥匙放置在洗手台后，刘某发现其未将房屋打扫干净，未缴纳水费，其并未将房屋钥匙收回。2022年4月10日孔某将房屋卫生打扫完毕，刘某将房屋钥匙收回。孔某主张以2022年3月13日作为房屋租赁合同的解除时间既不符合双方约定，亦与租赁的一般交易习惯相违背，法院认定，双方之间租赁合同于2022年4月10日解除，刘某退还孔某租金755.56元。

律师解读

法律规定，合同的解除应符合双方约定、法律规定，或是双方协商一致解除。原告孔某因自身工作调动原因主张提前解除合同，构成违约，其向被告刘某表达不再继续履行合同的意思表示，被告刘某表示同意解除合同，但要查收房子，应视为被告对提前解除合同附加了验收房屋的条件，该附加条件成立，双方提前解除合同。庭审中，双方对合同解除日期存有争议，原告孔某认为，根据双方微信聊天记录可以证实其于2022年3月13日搬离承租房屋并交钥匙放置卫生间窗台的行为，应为其交还房屋、解除合同的日期。被告刘某对此不认可，认为因原告交还房屋存在卫生问题，其于2022年3月18日要求原告打扫卫生，原告同意打扫并于2022年4月10日打扫完毕，被告验收房屋合格，故双方合同解除时间应为2022年4月10日。租赁期限届满，承租人应当返还租赁物。返还的租赁物应当符合按照约定或者根据租赁物的性质使用后的状态。承租人负有及时与出租人妥善办理房屋交接手续，及时将租赁房屋交还出租人的义务。通过微信聊天记录可知，原被告双方协商提前解除合同，原告仅于2022年3月13日将租赁房屋钥匙放置在双方指定位置，但并未妥善办理房屋交接手续。3月18日被告因卫生问题并未收回钥匙，亦未收回房屋，双方对房屋返还中存有卫生问题已经确认。直至4月10日，原告将房屋卫生打扫完毕，被告验收后才将房屋钥匙收回，应视为双方妥善办理交接手续，此时，双方对合同解除及房屋的交接问题达成一致意见。故，原告孔某以提前搬离租赁房屋，将房屋钥匙放置在约定地点作为租赁合同实际解除的时间，不仅不符合法律规定，亦不符合租赁的一般交易习惯。综上，双方之间的租赁合同应于2022年4月10日解除。

法条链接

《民法典》

第七百三十三条：租赁期限届满，承租人应当返还租赁物。返还的租赁物应当符合按照约定或者根据租赁物的性质使用后的状态。

案例二　租赁合同解除后工商注册地址未注销的处理

案情介绍

2021年8月28日，原告曾某（甲方、出租方）与被告王某（乙方、承租方）签订租房合同协议书，合同约定原告将头屯河区玄武湖路666号楼5-02-1501出租给被告王某使用，租赁期限自2021年8月29日至2022年8月28日，租金及付款方式为2，100元/月，付款方式为押一付三，后期付款在上一次付款到期前20天预付到甲方银行账户。乙方应于签约同时付给甲方押金2，100元，到期结算，多余归还。本房屋仅限乙方办公之用，乙方不得私自转租、改变使用性质或供非法用途。租下本房后，乙方应立即办好租赁登记等手续。物业费承担方为甲方，采暖费承担方为甲方。水、电、天然气、电话、网络、有线电视等的使用费均由乙方支付。甲方提供完好的房屋、设施、设备，乙方应注意爱护，不得破坏房屋装修、结构及设施、设备；否则应按价赔偿，甲方应将收拾干净的房屋交给甲方，乙方到期交房时，应及时将相关公司营业执照注册（若在本房屋注册了经营场地，如营业执照等）地迁离本房屋，或者予以注销；否则，租房终止日期以乙方迁出日或者注销日为准。同时，甲方不予退还房屋押金，且应以收拾干净的房屋交给甲方；否则，甲方从乙方的押金中扣除房屋清洁费 500 元。若乙方取得了营业执照须三天内给甲方报备复印件一份；否则，甲方有权解除合同，且不退还乙方押金。合同签订后，被告王某向原告曾某支付了 2021 年 8 月 28 日至 2021 年 11 月 28 日期间的租金。

2021 年 12 月 4 日，原告曾某与被告王某签订解除租房合同的协议书，合同约定，由于承租人王某不能在合同规定的期限内支付出租人曾某位于头屯河区玄武湖路 666 号楼 5–02–1501 的房屋租金，且不愿意再继续租赁该房屋，欲解除租房合同，现双方一致达成如下协议：一、2021 年 12 月 10 日前双方办理该房屋及其水电气卡和房屋钥匙等的移交手续；二、双方对该房屋的设备设施予以现场交验，若有损害，王某必须赔偿；三、王某结清在其租赁期间的水电气等费用；四、王某付给曾某的押金 2，100 元作为违约赔偿金；五、王某须在 2021 年 12 月 15 日前迁出或者注销其在该房屋迁入和新注册的公司，包括但不限于尚存公司，“迁出或者注销”是指迁出或者注销公司一切有关手续，包括但不限于工商注册、税务等。否则，王某将承担由此造成的一切法律责任和给甲方造成的经济损失（房屋出租收入每月 2，100 元）。合同签订后，被告王某于 2021 年 12 月 11 日搬离涉案租赁房屋。

2022 年 4 月 14 日，原告曾某与案外人肖某签订租房合同协议书，合同约定原告曾某将涉案租赁房屋以 1，900 元 / 月租金出租给案外人肖某。

各方观点

原告曾某提出诉讼请求：1. 判令被告支付 2021 年 11 月 29 日至 2021 年 12 月 4 日期间的租金 420 元（2，100 元 / 月 30 天 6 天）、2021 年 12 月 5 日至 2021 年 12 月 11 日期间的房屋占有使用费 490

元（2，100元/月30天7天）以及2021年12月12日至2022年4月14日期间的房屋经济损失费8，470元（2，100元/月30天121天），以上合计金额为9，380元；2.判令被告给付原告从2022年4月14日起至尚存公司迁出涉案房屋或者注销工商登记之日止的经济损失；3.判令被告王某及尚存公司即日将尚存公司迁出头屯河区玄武湖路666号楼5-02-1501的房屋；

被告未做答辩。

法院判决

法院认为，原告曾某与被告王某在平等自愿、协商一致基础上签订的租房合同协议书、解除租房合同的协议书系双方真实意思表示，内容不违反法律强制性规定，不损害国家、集体、第三人利益及社会公共利益，为有效合同。依法成立的合同，对双方当事人即具有法律约束力，双方均应依照合同约定全面履行各自的义务；否则应承担相应的违约责任。

法院认为，2021年8月28日至2021年12月11日期间，被告王某租住原告的房屋，并交纳了2021年8月28日至2021年11月28日期间的租金，2021年12月4日，原被告双方解除租房合同协议书，故被告王某应向原告曾某支付2021年11月29日至2021年12月4日期间的租金420元（2，100元/月30天6天）以及2021年12月5日至2021年12月11日期间的房屋占有使用费490元（2，100元/月30天7天）。解除租房合同的协议书已约定了押金2，100元作为违约赔偿金，没有证据证明存在其他房屋经济损失。

关于原告曾某要求被告王某、尚存公司给付原告从2022年4月14日起至尚存公司迁出涉案房屋或者注销工商登记之日止的经济损失的诉讼请求有无事实及法律依据。法院认为，原告曾某的该诉请属于侵权责任法律关系，与本案并非同一法律关系，原告就该主张可另行提起诉讼。

关于原告曾某要求被告即日将尚存公司迁出头屯河区玄武湖路666号楼5-02-1501的诉讼请求有无事实及法律依据。法院认为，原告曾某诉请将公司注册地从租赁房屋迁出不属于法院受理民事案件的范围，故对原告曾某的该诉请，本院不予支持。

律师解读

本案的关键在于：1. 合同解除后未及时迁出或者注销工商登记，是违约还是侵权；2. 将公司注册地址从租赁房屋迁出能否成为民事案件诉讼请求。

首先，法院认为在租赁合同解除后，继续将该房屋作为公司注册地址，妨碍了房东对于物权的行使，属于侵权行为，不应当在合同之诉中处理。这种观点值得商榷，因为在双方的租赁合同中已经对解除后应当迁出或者注销工商登记做出了约定，欠缺在于约定没有明确违约金的具体数额。当侵权与违约竞合时当事人有权做出选择。因此建议在合同中明确具体违约责任。

其次，关于企业注册地址迁出或者注销的问题。营业执照是否迁出，不仅仅涉及承租人是否同意，也涉及行政部门审查其是否符合迁出条件的问题。实践中，因营业执照引发诉讼一般是因为承租人经营不善，企业已经名存实亡或者迁出成本太高或者存在经营违法情况，无法办理正常注销等。如果法院判令其迁出或者注销，将来行政机关无法执行，将使判决主文成为一纸空文，影响司法公信力。当事人诉请承租人迁出注册地或经营场所，但是无法提供迁入的地点，或者说国家目前没有规定可以迁入的地点。毕竟注册地或经营场所是承租人自愿选择的，在没有接收地点的情形下判令强行迁出，则会导致承租人成为没有住所地的商事主体，违反了法律规定。在司法实践中，人民法院一般认为该诉讼请求不属于人民法院受理民事案件的范围，不予支持。

法条链接

《民法典》

第二百三十六条：妨害物权或者可能妨害物权的，权利人可以请求排除妨害或者消除危险。

案例三　房屋占用费如何计算和承担

案情介绍

2020 年 8 月 24 日，美莎公司（承租方、乙方）与煜佳公司（出租方、甲方）签订房屋租赁合同，美莎公司向煜佳公司承租上海市中心某处花园住宅。合同约定，标的物业不能用于工商注册登记地址，如果乙方欲将标的物业用作企业办公场所及内部员工活动中心，乙方将全权负责按照适用法律的规定办理与标的物业相关的、将住宅变为经营性用房所需的必要手续，获得前述变更所需的许可、执照、登记或同意，且独力承担所有由此产生的费用与开支；如果乙方欲变更其前述营运业务，必须预先获取甲方之书面同意；乙方保证在遵守国家和上海市有关房屋使用和物业管理的规定的前提下使用标的物业；未征得甲方书面同意及按规定须经有关部门审批核准前，乙方不得擅自改变本款约定的使用用途；否则，一切风险及责任由乙方自行承担，同时甲方可书面通知乙方解除本合同，并按本合同追究乙方的违约责任。

双方确认，于 2021 年 1 月 1 日（交房日）已办理完毕房屋交接手续，煜佳公司向美莎公司全部交付该花园住宅。

后美莎公司支付租金至2022年2月。2022年6月28日，煜佳公司委托律师向美莎公司发出律师函，函告如下：一、自2022年6月30日解除《上海水晶宫房屋租赁合同》；二、美莎公司应于收到本函件之日2日内向煜佳公司支付自2022年3月1日至2022年6月30日的租金100万元及滞纳金，结清承租期间的所有拖欠费用（包括但不限于租金、滞纳金、水电费等），美莎公司缴纳的押金150万元作为违约金不予退还；三、美莎公司承担租赁合同约定的其他违约责任，赔偿因美莎公司违约而给煜佳公司造成的一切实际的直接损失、损害、费用或责任；四、美莎公司应当依照租赁合同进行自费拆除与清理，将物业还原成待租、适租的状态后于2022年6月30日归还给煜佳公司，同时还需要将物业钥匙归还给煜佳公司。

美莎公司认为，在房屋交接过程中，煜佳公司未经美莎公司同意，于2022年7月1日强行将房屋换锁，导致美莎公司之后无法继续承租使用系争房屋。经法院到系争房屋内勘察，系争房屋正门是一扇铁门，至2022年7月1日前，美莎公司、煜佳公司双方均有该门电子锁；穿过门前院子，进入主楼，主楼正门是四扇三开的玻璃铁门，中间是对开门，旁边两扇门可以容一人进出；进入主楼还有西门。另外，进入系争房屋院落还有朝北后门，美莎公司有钥匙。

各方观点

美莎公司认为，拖欠2022年3月1日至2022年6月30日四个月租金是受到疫情影响而应适用租金减免政策。煜佳公司在2022年7月1日将系争房屋擅自加锁，协商未达成一致而单方面解除合同，强行收回房屋，属于违约行为，美莎公司不应当支付房屋占用费。

煜佳公司认为，美莎公司自2022年7月1日起至2022年10月17日止一直占用系争房屋，应当按照房屋租赁合同约定承担房屋占用费。

法院判决

美莎公司租赁系争房屋时已经知晓物业用途仅为花园住宅，不能用于工商注册登记地址等经营性用途。况且，系争房屋的产权人博一公司未因疫情给予煜佳公司减免租金。因疫情影响，2022年5月，上海市人民政府颁布《上海市加快经济恢复和重振行动方案》，对承租国有房屋从事生产经营活动的小微企业和个体工商户做出免除房屋租金的规定。故美莎公司以此方案要求减免租金，一审法院不予以支持。美莎公司理应支付2022年3月至6月的租金100万元。

煜佳公司提供的报警记录、视频及照片可以印证美莎公司实际占用系争房屋至2022年10月17日。故煜佳公司主张自2022年7月1日起至2022年10月17日止的房屋使用费，法院应予以支持。但煜佳公司确实对系争房屋的主楼部分门加锁，影响了美莎公司租赁系争房屋的目的实现，煜佳公司要求按照日租金标准的250%支付使用费，一审法院无法支持；一审法院根据煜佳公司实际使用房屋的情况，酌情判处美莎公司承担房屋使用费数额，为合同约定的租金标准的50%。

律师解读

本案的关键在于，合同终止后继续占用房屋应当如何支付占用费。

首先是合同有约定的从约定，在签订合同时可以对合同终止后的占用费数额进行约定，但约定数额应当是合理的，否则可能会被参照租金给予调整；其次是参照租金主张占用费，这个被支持的概率较高；最后就是要参考占用期间所占用房屋的实际使用情况，在约定占用费或者租金的基础上，酌定占用费数额。

法条链接

《民法典》

第五百零九条：当事人应当按照约定全面履行自己的义务。

当事人应当遵循诚信原则，根据合同的性质、目的和交易习惯履行通知、协助、保密等义务。

当事人在履行合同过程中，应当避免浪费资源、污染环境和破坏生态。

案例四　不定期租赁合同的解除与占用费支付

案情介绍

2018年4月25日，彭某与金龙公司签订《房屋租赁合同》一份，约定：金龙公司将环城东路×××号内C区8–9号摊位租赁给彭某经营使用；租赁期限为一年，自2018年4月25日起至2019年4月24日止；本着先付后用的原则，彭某一次性交纳一年租金，租金包含房租金70000元，管理费2400元，卫生费2400元，应付总额84800元；该合同中对保证金没有约定；如下半年彭某还有意再继续租赁金龙公司的房位，彭某必须在已交费用期内提前一个月时间付清下半年房租，如未提前付清办理下半年手续按自愿放弃续租权，但彭某必须在已交费用期内立即搬离，否则金龙公司的一切损失由彭某承担；补充：下期房租涨10000元，需提前一个月付清。上述最后一份合同到期后，双方未续签合同，但彭某在合同到期后陆续通过微信向金龙公司支付租金，于2019年4月28日支付5000元，于2019年6月6日支付15000元（彭某自行备注：房租15000元半年少2500元），于2019年7月19日支付2000元（彭某自行备注：店货涉水扣500元付清），于2019年11月13日支付10000元（彭某自行备注：金龙市场房租10000元）。另，彭某于合同到期当日2019年4月24日支付12000元（彭某子自行备注：现金3000元合计15000元）。彭某于2020年1月18日向金龙公司支付管理费2000元，由金龙公司开具收据，载明：收款事由为管理费从2020年2月份至3月31日止。

又查明，系争房屋权利人为案外人华龙公司，金龙公司与华龙公司签订有租赁合同一份，由金龙公司向华龙公司租赁包括系争房屋在内的位于上海市奉贤区南桥镇环城东路×××号部分房屋。2019年12月7日，案外人华龙公司在系争房屋所在市场张贴《通告》一份，向该区域租赁经营户告知：根据政府对该地块的整体规划要求，按照本公司与第一承租方的租赁合同约定，双方的租赁关系于2019年12月31日期满结束。本公司决定：环城东路×××-×××号功德楼区域市场自2020年1月1日起，不再对外继续租赁。为确保按时关闭本市场，明确各方责任，现通告如下：一、即日起，要求各经营户应认真做好搬离货物、遣散人员等清场等准备工作；2019年12月31日止本市场全部停止经营。二、考虑到本市场的实际情况，本公司给各租赁商户十天宽限期，各租赁商户必须在2020年1月10日前自行搬离，并清空租赁场所内所有可移动的物品，且将租赁房屋及区域交还本公司。三、本公司将于2020年1月11日起正式关闭市场，所有进出口安排特保人员 24 小时值班，市场进行严格管控，所有车辆、人员及货物只出不进，除搬场车辆及人员外，其他人员、车辆一律不得入内。请本市场各经营户相互转告并积极配合，准时完成市场关闭事宜。2020 年 3 月 16 日，金龙公司向金龙建材市场店主发布《告知书》，告知：一、南桥镇环城东路 ××× 号金龙建材市场西门在 2020 年 3 月 16 日零点开始封闭，（房租没到期的店主可凭出入证进出），2020 年 4 月 1 日中门封闭，厕所封闭。（金龙公司 2020 年 1 月份以来一直在贴钱交水费、电费、卫生费，现在交不起了，所以停电停水。二、华龙集团 2020 年 4 月 15 日开始收回房屋，封闭环城东路 ××× 号东门。三、金龙建材市场统一搬店费标准：每平方米 50 元，金龙公司再无其他补偿。四、金龙建材市场统一搬店费标准：每平方米 50 元（50 元乘以店面面积，得出的钱数就是你方搬店费用），金龙公司再请无其他补偿。五、龙华集团、金龙公司关于 4 月 15 日前搬走的店主，将酌情收取 2020 年房屋使用费，对待 2020 年 4 月 15 日没有搬走的店主发律师函起诉至法院，收取 2020 年全部房屋使用费。六、金龙建材市场内所有的店主，在 2020 年 4 月 15 日后搬清店内物品的将没有每平方米 50 元搬店费。2020 年 4 月 16 日，金龙公司在系争房屋处张贴发布《限期搬离通知》一份，载明：自 2019 年 12 月起，金龙公司即通知彭某搬离事宜，至今已四个多月，现根据华龙公司的公告，系争建材市场已于 2020 年 4 月 16 日正式关闭，请彭某于 2020 年 4 月 30 日前立即自行搬离，逾期搬离产生的相关法律后果将由彭某自行承担。现通知一、若彭某在 2020 年 4 月 30 日前自行搬离的，可享受 50 元每平方米的搬店补偿，且金龙公司可酌情收取 2020 年度的房屋占有使用费；二、若彭某不能在 2020 年 4 月 30 日前自行搬离的，则不再享受任何搬店补偿，且金龙公司将按租赁协议标准计收实际欠付的全部房屋占有使用费；三、从2020年5月1日起，金龙公司将对滞留在市场内的货物及私人物品进行清理，统一安排仓储存放保管，由此产生的一切损失费用（包括但不限于搬运费、仓储费等）均由彭某自行承担。2020年4月22日，金龙公司向彭某发送短信一份，载明内容与2020年4月16日《限期搬离通知》内容一致。2020年4月9日彭某从系争租赁房屋内搬离物品，并由彭某锁门，但未与金龙公司办理房屋交接手续，也未交钥匙。2020年5月5日，金龙公司将系争租赁房屋内的彭某滞留的样品搬出并存放于上海市奉贤区光明村中心路×××号仓库内，并拍摄视频。2020年5月6日，金龙公司在系争租赁房屋大门上张贴封条。2020年5月9日，彭某向上海市公安局奉贤分局奉浦派出所报警，称：2020年2月至今，金龙公司负责人与租户未就商铺退租产生的退款事项达成协商，现金龙公司将建材市场关闭，近期有租户反映，商铺门被撬，损失不清，涉及租户22家，现22家租户准备联名起诉金龙公司。彭某的上述报警至今没有处理结果。

各方观点

2005年7月开始，原告向被告承租位于上海市环城东路×××号内C区8–9号，主要经营石材橱柜生意。原告向被告支付租金至2020年3月31日。原告经营到2019年12月7日时，收到房东上海龙华企业（集体）有限公司的通知其与被告的租期到2019年12月30日到期，要求包括原告在内的其他商户自2020年1月10日前搬离店铺。原告为经营该店铺投资了大量装修及人力、物力，要求赔偿。

租赁合同期满，彭某与金龙公司未续签合同，经金龙公司多次催讨，彭某仅陆续支付了租金25，000元，即租赁期延长到2019

年 9 月 2 日，在彭某与金龙公司之间形成了不定期租赁关系。2019 年 9 月 2 日，在彭某与金龙公司不定期租赁关系到期后，金龙公司多次告知彭某应立即搬离，但彭某并未按合同约定搬离。2019 年 12 月 7 日，华龙公司发出《通知》，因与金龙公司租赁关系于 2019 年 12 月 31 日期满结束，故要求各租赁商户在 2020 年 1 月 10 日前自行搬离。后因正值春节，故华龙公司并未关闭市场清退商户。其后，金龙公司多次书面及上门告知彭某应立即搬离事宜，但彭某仍占用系争场地进行经营且拒不搬离。至 2020 年 4 月 8 日，华龙公司再次发出《公告》，明确市场将于 2020 年 4 月 16 日起正式关闭，请广大租赁经营户搬空所有货物及私人物品，清场最迟期限截至 2020 年 4 月 30 日，逾期不搬离的则被视为自行放弃。在该《公告》发出后，以及金龙公司的再次催促下，彭某仍拒绝搬离。为减少不必要的损失，金龙公司不得不于 2020 年 5 月 5 日凌晨，在第三方见证下，打开彭某店铺大门，发现其店内货物及设施基本已经被其自行搬离，就余留了附着在墙上的几个吊柜和摆放在中间的几个不值钱的柜子，金龙公司将可搬离的柜子搬离并保管在位于上海市奉贤区光明中心路 ××× 号仓库内，剩余仍在系争店铺内未做处理。综上，双方的租赁合同已于 2019 年 9 月 2 日到期，彭某理应按照合同约定在已交费用期内搬离。现彭某在租赁关系到期后拒绝搬离，经金龙公司及华龙公司多次催告，以及奉浦信访办多次协商下仍拒绝搬离，以此来达到索要赔偿的目的，显然于法无据。金龙公司为防止损失进一步扩大，在提前告知的情况下对可搬离部分采取另行保管的方法并不违反法律规定，也未损害彭某的权益。

法院判决

原、被告签订的房屋租赁协议书是双方真实意思之表示，且不违反法律、法规的强制性规定，应为合法有效，双方均应恪守。双方的书面租赁合同于2019年4月24日到期，后双方未续签租赁合同，但彭某向金龙公司支付合同到期后的部分租金，金龙公司亦予以接受，故双方成立不定期租赁合同关系。不定期租赁合同，双方均可随时解除。金龙公司于2020年3月16日向彭某发送告知书，要求彭某搬离系争房屋，明确表达了解除租赁合同的意思表示，故本院认为，双方之前的租赁合同关系于2020年3月16日解除。系争房屋房东华龙公司于2019年12月7日发出《通告》，告知与金龙公司的租赁关系于2019年12月31日期满结束，要求彭某于2020年1月10日前自行搬离；金龙公司亦于2020年3月16日、2020年4月16日、2020年4月22日，分别以张贴告知书及发送短信的方式通知彭某搬离；但彭某均未搬离，直到2020年5月5日金龙公司强行让其搬离，故彭某应支付占用房屋期间的租金或占有使用费。对于彭某辩称未能搬离乃因受到疫情影响，以及市场关闭导致无法搬离的辩解意见，本院认为，彭某早已于2019年12月得知搬离通知，在金龙公司强行搬离前的一段时间内也可自由出入市场，甚至在2020年4月已将系争房屋内的物品搬离，但该段时间彭某仍占用系争房屋未交还金龙公司，其辩解意见与事实不符，本院不予采信。对于租金及占有使用费的标准，本院认为，因华龙公司发出通告告知于2020年1月11日起关闭市场，虽根据其他证据，市场当时并未完全关闭，但该通告的发出及部分大门的封闭，直接影响了彭某对系争房屋的正常使用，故本院认定自2020年1月11日起至2020年5月4日，彭某应当按原租赁合同约定租金标准的20%支付租金及房屋占有使用费，共计4，410.80元。对于彭某已付租金的问题，本院认为，金龙公司主张彭某支付的租金系截至2019年9月2日的租金，但经本院反复询问金龙公司，金龙公司均无法提供记账的依据或计算方式，彭某提供的五次转账依据，合同到期当日 2019 年 4 月 24 日支付 12，000 元，在彭某无其他证据证明系合同期满后的预付租金的情况下，本院认定为合同期内的租金；其余四次转账支付均发生于合同到期后，金龙公司未能提供其主张的反诉诉讼请求的记账依据或计算方式，故本院认定，该四笔款项为合同到期后产生的租金。综上，彭某在双方不定期租赁期间共计支付租金 32，000 元，彭某已支付截至 2019 年 10 月 8 日的租金。对于彭某在微信转账时的自行备注部分，因彭某未能提供证据予以证明存在该部分事实或双方有过约定，且金龙公司不予认可，故本院对彭某的意见不予采信。综上，彭某尚需支付金龙公司自 2019 年 10 月 9 日起至 2020 年 1 月 10 日的租金 18，027 元，以及自 2020 年 1 月 11 日起至 2020 年 5 月 4 日的租金及房屋占有使用费 4，410.8 元，两项合计 22，437.80 元。

对于彭某要求金龙公司赔偿装修损失、经营损失、搬迁费的诉讼请求，本院认为，彭某在租赁合同期内进行的为自己经营所需的装修，其使用价值在合同履行期限内耗尽，双方签订的原租赁合同已到期，故彭某要求金龙公司赔偿装修损失的诉讼请求，于法无据，本院不予支持。彭某在金龙公司多次通知搬离后未能搬离，彭某要求金龙公司赔偿经营损失及搬迁费的诉讼请求，于法无据，本院亦不予支持。

律师解读

不定期租赁合同，双方均可随时解除。合同解除后如一方继续占用房屋的，应当支付房屋占用费。占用费的标准并不必然等同于租金，而要结合占用房屋的使用情况确定。

此外，类似案件中通常会涉及房屋装修补偿的要求，但由于原租赁合同已经到期，承租人应当依据租赁合同确定的租期判断装修支出的合理性，装修的价值在固定期限租赁合同期内已经耗尽，所以在不定期租赁合同中较难主张装修损失。

法条链接

《民法典》

第七百三十三条：“租赁期限届满，承租人应当返还租赁物。返还的租赁物应当符合按照约定或者根据租赁物的性质使用后的状态。”

第七百三十四条：“租赁期限届满，承租人继续使用租赁物，出租人没有提出异议的，原租赁合同继续有效，但是租赁期限为不定期。”

案例五　出租人是否有权阻止承租人搬离

案情介绍

蓬莱 ×× 路 ×× 号房屋原属于蓬莱市广播电视台。2012 年，蓬莱广电（国企）从蓬莱市广播电视台分离，蓬莱市广播电视台现更名为烟台市蓬莱区融媒体中心（事业单位），即本案蓬莱融媒体。登州路 276 号房屋归属于蓬莱融媒体。蓬莱广电、烟台广电不具备法人资格，隶属于山东广电。2012 年分家后，蓬莱广播电视台和蓬莱广电签订租赁合同，由蓬莱广电承租蓬莱广播电视台部分场地办公。对双方 2019 年之前签订的租赁合同，均履行完毕。对 2020 年的租赁合同，双方在履行过程中发生纠纷。

2020 年 1 月份，全国各地爆发新冠疫情，各行各业均受到不同程度的影响，各级政府也相继出台减免租金的政策。蓬莱广电多次请求蓬莱融媒体减免租金，蓬莱融媒体以蓬莱广电不符合规定为由不同意减免。后蓬莱广电仅支付当年租金235，000元，尚欠租金745，000元。合同到期后，双方未续签合同。对2020年减免租金事宜，双方一直协商未果。2021年7月15日，蓬莱融媒体向法院起诉，法院依据蓬莱融媒体的诉讼保全申请，冻结蓬莱广电账户存款130万元。

双方曾协商于2021年8月31日，由蓬莱广电搬离涉案租赁场所。蓬莱广电于2021年8月24日搬离部分物资后，蓬莱融媒体以蓬莱广电未先归还属于蓬莱融媒体的办公设施（包括蓬莱广电取走9–12层楼窗帘、窗帘杆）为由，阻止蓬莱广电继续搬家，并将承租楼层部分物资搬到别处贴上封条存放；还以留置权为由扣押蓬莱广电的百万待售商品。2021年10月8日庭审过程中，蓬莱融媒体主张，蓬莱广电搬走的物资中，包含了蓬莱融媒体的物资，蓬莱融媒体是为了终止侵害才不让蓬莱广电继续搬其他物资，只要蓬莱广电归还蓬莱融媒体的物资，蓬莱融媒体就归还蓬莱广电的物资。至2021年10月16日，双方现场清点物资时，涉案9–12层楼房，蓬莱融媒体已经粉刷部分墙面，并将部分办公室名称更换进入办公。

各方观点

蓬莱广电认为，2021年10月16日，蓬莱融媒体与蓬莱广电到租赁区域内对扣押物资进行核对，且双方均录音录像，可以证明被扣押物资的具体情况及相应价值，蓬莱广电秉承实事求是原则合计被扣押物资百万余元并不为过。

蓬莱融媒体认为，在整个过程中蓬莱融媒体系合法权益受到侵害，不立即采取措施将使其合法权益受到难以弥补的损害的后果，是在必要范围内采取的合理措施，不存在恶意阻止搬离的行为。

法院判决

2021年8月23日，蓬莱广电员工撤离后，蓬莱融媒体因蓬莱广电搬离过程中未先归还借用其办公设施而阻止搬离，在法院已冻结蓬莱广电账户存款1，300，000元的情形下，又因蓬莱广电拖欠租金行使留置权扣押蓬莱广电百万元商品，导致交接无法进行，双方租赁关系于2021年8月31日视为解除。解除合同后，蓬莱融媒体若发现缺损物资，可依法主张权利。故，对2021年1月1日至8月31日期间的租金应由蓬莱广电承担；对2021年9月1日起的租金损失，蓬莱融媒体阻止蓬莱广电搬离存在过错，在10月份限蓬莱广电一天内搬离也不符合实际情况，且蓬莱融媒体对出租房屋已部分收回使用，由此产生的其他损失应由蓬莱融媒体自行承担。

未支持蓬莱融媒体要求支付房屋占用费的请求。

律师解读

留置权是源于罗马法上的恶意抗辩，很多出租人会认为对于承租人的财产享有留置权，但留置权应当依法行使。

首先，是债权人不能因为他人所欠款项没有清偿而随意留置债务人的财产，法律上要求债权人可以留置的财产必须与这个债权有密切联系，即牵连关系，也就是同一法律关系。其次，是法律例外地允许双方都是企业的，只要债权人企业与债务人企业之间合法营业关系而占有的债务人财产，债权人可以为担保其债权的实现而对其占有的债务人的财产主张留置权。最后，法律规定或者当事人约定不得留置的动产，不得留置。

法条链接

《民法典》

第四百四十七条：“债务人不履行到期债务，债权人可以留置已经合法占有的债务人的动产，并有权就该动产优先受偿。前款规定的债权人为留置权人，占有的动产为留置财产。”

第四百四十八条：“债权人留置的动产，应当与债权属于同一法律关系，但是企业之间留置的除外。”

案例六　租赁房屋正常使用后的合理状态判定

案情介绍

2009年10月8日，华龙公司（甲方）与莲花公司（乙方）签订租赁合同，约定甲方将位于华龙大厦面积2630平方米房屋出租给乙方使用，租赁房屋的交付标准为：地：80×80地砖白色仿瓷墙面；顶：石膏板吊顶；门：玻璃大门；窗户：×××；门前场地：门前场地共同使用；卫生间：完好且能正常使用，租期为10年。合同第51条约定，甲方应在本合同约定的期限前3日书面通知乙方接收租赁物。甲乙双方在交接时需签订租赁物交付确认书，并经双方签字盖章。租赁物交付确认书为甲乙双方交付租赁物的凭据，乙方在租赁物交付清单中的签字盖章日期视为租赁物交付日期。未有交接清单及接收确认单，或交接、确认单上乙方授权代表非因无故未签字或签署保留意见的，均视为甲方未完全交付租赁房屋。合同第52条约定，租赁期限将满、或本合同被依法终止履行后二十个工作日内，乙方向甲方返还租赁物，该期间，甲方不得收取租赁费用。逾期乙方如仍在使用租赁物甲方未提出异议的，应参照本合同约定时段的标准向甲方交纳租赁费用。甲方如书面通知要求返还的，乙方未返还的，乙方应按本合同约定的日租赁费用的两倍向甲方支付逾期费用，且甲方有权强行对乙方进行清场。合同第53条约定，甲方应在接到乙方书面通知约定期的二个工作日内派人接收租赁物，否则，乙方书面通知到期后的第三日视为乙方已将租赁物交还给甲方；乙方返还租赁物时，可将产权属于乙方的所有物品和设施设备搬出，保证租赁物符合正常使用后的合理状态或恢复原状。对无法搬出、或搬出后将丧失大部分价值的设施设备，乙方可折价给甲方或第三方，但甲方有优先受让权。

2020年1月上旬，因合同期即将届满，被告开始撤离租赁场所，被告与原告联系交付租赁物，原告认为房屋不属于合同约定的交付状态，不同意接收。原告于2020年1月16日向被告发送《公函》，内容为："根据贵公司与我方2009年10月8日签订的房屋租赁合同至2020年元月30日到期，现贵公司要求撤离，依照合同内容条例，贵公司在解除合同前，按合同第三部分四条51、52、53条内容要求，当时贵公司接收时的一切手续及租赁物完好无损，按正常使用的合理状态和恢复原状，经我方查看，发现整个商场吊顶全部拆除未恢复原状，电路电线全部拆除剪断，瓷地板、门窗玻璃、卫生间也有损坏，我方要求贵公司在房屋交接时全部恢复原状，如贵公司不能恢复，就按现行价格给予赔偿，我方通过专业装饰公司及电工预算整个商场需耗资98万元，如贵公司未能在合同终止前交付，视为按合同延期并支付双倍的逾期租金。"被告于2020年1月17日向原告回函，内容为"贵我双方于2009年9月26日签订租赁合同，后又签订相关补充协议，我司承租贵司华龙大厦共计2630平方米的租赁物；因贵我双方签订原合同将于2020年1月31日到期，我司已多次通知贵司解除贵我双方的租赁合同及相关补充协议。并通知贵司于 2019 年 12 月 26 日与我司办理租赁物交接手续。后贵司一直未与我司签订租赁物交接确认书，根据贵我双方合同约定，我司可以正常使用后的合理状态向贵司交还租赁物。目前租赁物及附属设施设备已按贵我双方现场沟通要求予以拆除，故再次通知贵司，请贵司安排授权代表于 2020 年 1 月 19 日 11 时在我司租赁物与我司办理租赁物交接手续。为避免双方损失扩大，请贵司按照我司上述要求尽快办理交接手续，若贵司逾期或拒不办理的，根据贵我双方合同第 53 条约定，则自 2020 年 1 月 20 日起即视为我司已将租赁物交还贵司……”被告随函并邮寄了租赁物的钥匙，原告于 2020 年 1 月 19 日签收了该邮件。2020 年 1 月 19 日，双方在租赁现场交接未达成一致，原告拒不接收租赁物，并于 1 月 20 日向被告发送函，主要内容为因商场内具体问题没有按合同内容完善和落实到位，不同意接收钥匙，并要求被告支付双倍租金。原、被告因涉案租赁物是否按合同约定交付酿成纠纷，原告遂诉至法院。

在审理过程中，因案情需要，法院依法委托资产评估公司对涉案租赁合同约定的租赁物符合正常使用后的合理状态或恢复原状进行价格评估，资产评估公司在鉴定过程中，向法院发出请示函，内容为根据评估人员会同原、被告双方于 2020 年 7 月 23 日对评估标的进行的现场勘验，将项目分为非争议部分和争议部分，并确定了预评估方案，对争议部分确定了两种评估方案，并要求如按预评估方案 1 评估，需要通知当事人补充提交进场装修图纸。法院要求被告方提交进场装修图纸，被告未在规定期限内提交。资产评估公司于 2020 年 9 月 25 日出具价格评估报告，称由于资料缺失，被告进场时原装修竣工时间不明，评估人员根据现场残留的装修痕迹、三楼吊灯现状，并参考同场地、类似装修情况的相邻商铺装修现状等计算出评估值212，586元。法院组织原、被告对上述评估报告进行质证，原告认为对适用成新度进行评估，违反了恢复原状的本意，损害了当事人的利益；被告认为，原告作为业主和出租方应当掌握有“原状”的相关资料，不存在因客观原因不能自行收集证据的情形，且价格评估报告明显缺乏依据，不应采信。

各方观点

原告认为，2020年1月31日，合同期限届满，被告自2020年1月开始撤离租赁场所，原告经检查其将交付的租赁房屋，发现不符合合同约定的交付状态，遂于2020年1月16日发函至被告，声明“经我方查看，发现整个商场吊顶全部拆除未恢复原状，电线电路全部拆除剪断，瓷地板、门窗玻璃、卫生间也有损坏”，要求被告交接时全部恢复原状，“如未能在合同终止前交付，视为合同延期并支付双倍的逾期资金”。被告则回函要求原告于2020年1月19日办理租赁物交接手续。2020年1月19日，原告临场办理租赁物交接前的检查，发现被告无视合同约定及原告的函告，不符合交付标准，遂予以拒绝接受，之后多次继续发函催告被告按合同约定交还租赁物；被告拒绝恢复。2020年3月21日，原告依据租赁物损毁程度，请专业装修公司进行恢复预算，并将预算表发给被告；被告回函同意部分恢复，但双方协商未果。被告拒绝将租赁物恢复原状予以交付已违反合同约定，给原告造成损失。据此，原告诉至法院，请求法院判决：被告承担租赁物恢复原状费用557494元。

被告认为，根据合同约定，退租时租赁物返还有两个标准，被告可以选择，被告选择保证租赁物符合正常使用后的合理状态，故原告主张恢复原状的费用没有依据；“房屋是否返还”和“返还的房屋是否符合标准”是两个不同的法律问题，如原告认为返还的房屋不符合约定标准，可在办理交接手续同时或之后再行协商解决，以避免发生不必要的损失或扩大损失。在无权主张恢复原状的情形下，原告以此不办理交接手续带来的后果应由其自行承担；本案原告目的不是维权，而是试图转移商业风险。综上，被告已经腾空房屋返还租赁物，无须承担逾期返还的费用；被告在原告同意的情况下开展内部装修改造，并依据司法解释的规定对未形成附和的电线加以拆除，同时按照正常使用后的合理状态返还房屋，无须承担恢复原状的费用，也不存在违约，请求法院依法驳回原告的全部诉讼请求。

法院判决

原告有权要求被告退租时交付的租赁物符合正常使用后的合理状态或恢复原状，被告对退租租赁物的返还可以选择上述两个标准中的一个，被告要求按照正常使用后的合理状态来交付租赁物，但在法院要求的举证期限内未提交进场装修图纸或其他能证明退租时返还的租赁物符合正常使用后的合理状态的相关证据，故根据房屋房现实情况，法院参照价格评估报告，由被告补偿原告 212586 元作为被告对租赁房屋进行恢复原状的费用比较适宜，原告主张超出部分损失费用法院不予支持。对于原告要求被告自 2020 年 3 月 1 日起按日租金 3126 元两倍计算至实际交付之日起租金的请求，因被告已在租赁期满之日前迁出租赁房屋，且于 2020 年 1 月 19 日向原告邮寄了房屋钥匙，租赁房屋由被告实际管理并已招租，故应认定被告已向原告交付了房屋。

律师解读

本案重点在于，租赁期满承租人交换房屋的标准，以及不符合标准的话如何处理。法院认为，在合同约定了交还房屋时应符合“正常使用后的合理状态”或“恢复原状”两种情况下，承租人有权选择，通常来讲“正常使用后的合理状态”对承租人更为有利。

当双方对于“正常使用后的合理状态”无法达成一致的情况下，委托第三方进行评估未尝不是一种好的方法，也能将“状态”转换为一个明确的金额，从而方便双方结算。

法条链接

《民法典》

第七百三十三条：“租赁期限届满，承租人应当返还租赁物。返还的租赁物应当符合按照约定或者根据租赁物的性质使用后的状态。”

第九章　经营性房屋租赁合同期间遇到征收的争议

在我国现行法律中仅规定房屋征收补偿的对象为被征收房屋所有权人，并未对承租人是否有权享有征收补偿利益及如何分配进行规定，但不能因此直接推断出承租人无权分割征收补偿利益的结论。事实上征收补偿中很可能包括了对承租人利益损失的补偿（如搬迁费、停产停业损失等），所以若承租人因征收遭受损失，可积极向出租人主张赔偿。

案例一　承租人是否有权主张征收利益？

承租人有权主张征收利益，但双方合同另有约定的，从其约定。在实务中仍需考虑承租方对于承租房屋的实际投入、租赁面积、租赁期限等因素，根据公平原则合理确定承租人的征收利益。

案情介绍

案由：房屋租赁合同纠纷[①]

① 案例来源：（2021）沪 0101 民初 18204 号。

原告：上海某餐饮管理有限公司

被告：上海某某菜市场经营管理有限公司、上海某（集团）有限公司

上海市黄浦区 ×× 路 ×× 号房屋产权人系某公司。某公司授予某公司经营、租借、无偿使用等权限。某公司（甲方）与某公司（乙方）于 2011 年至 2018 年间就系争房屋多次签订房屋（商铺）租赁合同。前述合同第 6.2 条均约定，租赁期间，若遇房屋征收等致使合同无法履行，乙方应无条件服从，本合同可自然终止，互不承担责任，租金按实结算，**房屋征收实施部门依法给予的补偿款（包括停工停产、装潢、搬场等费用）全部归甲方所有，乙方不得以任何理由及任何方式向甲方提出补偿要求**。

2019 年 11 月 21 日，系争房屋所处地块被纳入征收范围。某公司分别于 2020 年 11 月 2 日、2020 年 11 月 30 日向某公司发出告知书，告知双方租赁关系于 2020 年 12 月 31 日终止，并要求某公司交还系争房屋。

各方观点

原告：2019 年 11 月 21 日，系争房屋被纳入征收范围。就系争房屋所签订的《上海市国有土地上房屋征收补偿协议》签约主体为某公司，协议约定停产停业损失补偿、房屋搬场补贴、装饰装修补贴可以用于房屋租赁关系的处理，故某公司作为系争房屋承租人即实际使用人有权向某公司要求该部分征收补偿款。某公司就此起诉法院。

被告：关于征收补偿款，**在签订租赁合同时已约定如遇动迁，征收利益归某公司所有，某公司无权主张**。

法院判决

就征收利益，虽《上海市国有土地上房屋征收补偿协议》约定停产停业损失补偿、房屋搬场补贴、装饰装修补贴可用于房屋租赁关系的处理，但某公司与某公司的多份租赁合同中第 6.2 条均约定租赁期间如遇动迁，补偿款（包括停工停产、装潢、搬场等费用）全部归甲方（即某公司）所有。**鉴于双方对征收补偿款有特别约定，应当按照合同约定履行，某公司要求获得征收补偿利益的诉请，本院难以支持**。

类案检索

【1】湖北某饮食文化发展有限公司、武汉市某村民委员会房屋租赁合同纠纷[①]

一审法院认为：**虽然合同约定由于不可抗力原因造成本合同不能继续履行，双方互不负责任，但是并未约定在合同解除后村委会、某公司对三某公司的投入可无偿占有，不做任何补偿**。由于村委会、某公司解除与三某公司的合同系行使法定解除权的结果，不构成违约行为，但三某公司租赁的房屋所占用的土地被政府征用后用于实施综合改造还建用地项目，村委会、某公司系实际的受益人，**从公平原则出发，三某公司在合同被解除后无法经营酒店而向员工支付的提前解除劳动合同经济补偿金，应由村委会、某公司承担**。由于合同解除并非三某公司的违约行为所导致，而是因为不可抗力所致，且在合同解除后，三某公司需要重新寻找场地以经营酒店，这必然导致酒店在一段时间内无法正常开展生产经营。从公平

① 案例来源:（2018）最高法民终 107 号。

原则出发，一审法院确定村委会、某公司对三某公司 2013 年的经营利润损失给予补偿。

二审法院认可一审判决观点，其认为公平原则是《民法典》规定的基本原则，一审法院对装饰装修残值损失之外的其他损失，亦适用公平原则判令村委会、某公司补偿，符合法律原则和规定的精神。

【2】岳阳市某有限公司租赁合同纠纷①

裁判要旨：考虑到某公司取得租赁权后在租赁期间已全部出租给次承租人使用，且涉案房屋被征收时，租赁合同仍有 8 年的租期剩余，导致某公司的无偿投资本可在租赁期满 20 年内摊销完毕，但因政府征收使其收回成本的目的不能完全实现。而**某公司的无偿投资使被征收房屋面积扩大，被征收房屋增值，建某集团因征收获得的补偿款增值部分（8000 平方米扩建部分）与某公司的无偿投入之间存在直接的因果关系，故原审判决认定建某集团给予某公司适当补偿，并无不当。**一审法院综合租赁合同约定的内容及履行情况、某公司的实际投入情况、建某集团因涉案房屋扩建所获得的增值利益等情况，判令建某集团向某公司支付补偿款 33174778 元（扣减某公司已领取的 2800 万元，还应支付 5174778 元），已充分考虑了各种因素，维护了某公司的合法权益。二审法院判令建某集团向某公司支付补偿款 36301057.6 元（扣减某公司已领取的 2800 万元，还应支付 8301057.6 元），更加充分地维护了某公司的合法权益，对某公司并无不利，某公司主张二审判决关于补偿款的计算方式错误的申请理由不能成立，本院不予支持。在原审法院已经考虑某公司投入、租赁合同履行等因素且某公司已经参与分配补

① 案例来源：（2019）最高法民申 678 号。

偿款的情况下，某公司主张对其剩余 8 年的投资成本优先补偿，且不应支付未到期的 8 年使用期限内的租金，缺乏依据，本院亦不予支持。

【3】唐某与刘某某房屋租赁合同纠纷[①]

法院经审理查明：唐某、刘某某系表兄妹。上海市黄浦区 ×× 路 ×× 弄 ×× 号房屋（下称系争房屋）原系两人外祖母汪某某承租公房，租赁独用部位包括底东前厢 17.60 平方米及底东后厢 11.00 平方米。1984 年 5 月，汪某某死亡。2018 年，刘某某申请变更租赁户名，其时户籍在册人员系唐某、刘某某、唐某之子王某（未成年）共计三人。之后，经相关部门组织协调，唐某、刘某某就更户事宜无法达成合意。2021 年 1 月，端正公司将系争房屋租赁户名指定变更为刘某某。

法院审理后认为：本院认为，根据公房管理相关规定，承租人死亡，其生前在本处有本市常住户口之共同居住人可协商一致变更承租人，如协商不一致，可由公房出租人重新确定承租人。系争房屋更户期间，户籍在册成年人系唐某、刘某某，在两人就更户无法协商一致情形下，端正公司可在两人中指定新的承租人。鉴于（1）原承租人汪某某系唐某、刘某某之外祖母，唐某、刘某某系属同一顺位户籍在册人员；（2）唐某虽系水电路房屋受配人员，但因唐某当时尚未成年，故不应视为唐某就水电路房屋已实际享受国家分房福利。而四川北路房屋征收时，因刘某某并非征收房屋户籍在册人员，故不属征收房屋安置对象，亦不应视为刘某某就四川北路房屋曾取得征收利益。

---

① 案例来源：（2021）沪 0101 民初 16083 号。

律师解读

双方对于征收利益有特别约定的，从其约定。

如合同未做明确约定或约定措辞笼统，若征收补偿利益全归房屋所有人所有而不考虑承租方对于被征收房屋、场地的投入，罔顾被征收房屋的实际使用人和征收损失的实际承担者，则与民法公平原则背道而驰，因此合同约定并非法院在认定征收补偿在出租方和承租方之间的分配时的单一依据。

操作指引

对于不同类型的补偿项下承租人可获得的补偿份额，若出租人与承租人有明确约定的，通常从其约定；若无明确约定或无法达成一致的情况下，司法实践中通常结合实际租赁面积、租赁合同剩余期限、实际生产经营情况、装饰装修或改扩建等实际投资费用等因素予以确定。

承租人作为实际使用和经营被征收房屋的一方，若因政府征收而导致租赁合同无法继续履行，其在客观上确将面临遭受较大的经济损失。但因现行法规未对承租人在该种情况下的征收补偿请求权做出明确规定，故承租人提前在租赁合同中对征收利益的权利及分配做出明确约定，可使其有效便利行使该等请求权。

同时，考虑到具体补偿分配标准多受限于当地的司法实践及法官的自由裁量，故建议承租人在实际处理房屋租赁业务或相关征收补偿纠纷时，尽早聘请专业律师，以便及时、有效地保障自身合法权益。

案例二　承租人是否有权主张搬迁费？

承租人有权主张搬迁费。法院通常倾向于支持承租人主张的搬迁费补偿请求，但是否全部还是部分支持则需区分可搬迁设备及不可搬迁设备两种情形。

案情介绍

案由：房屋租赁合同纠纷[①]

原告：上海某某木业有限公司、姚某某

被告：上海某某包装材料有限公司

2017年4月14日，某公司（甲方）与某某木业（乙方）签订厂房租赁合同，约定甲方将位于上海市青浦区金泽镇莲钱路×××号的厂房出租给乙方，用途为木制品、五金制品生产，租赁期限自2017年5月1日至2020年4月30日止，厂房总面积3200平方米，年租金为817600元，押金136266元（两个月租金）；第十四条约定，租赁期间，如遇国家或上级新的规定，应无条件服从，并按照物权归属依法获得相应补偿。如甲方房产赔偿款项归甲方所有，乙方搬迁费归乙方所有。

2019年3月20日，某公司（甲方）与某某木业（乙方）签订厂房租赁合同终止协议，约定：一、租赁终止期为2019年4月30日，在终止日前乙方必须把厂房交还给甲方，同时（甲方）退回两个月的押金。二、由于政府征收原因造成租赁协议不能继续履行，甲方不承担赔偿乙方一个月租金责任。三、甲方不承担因提前终止造成的乙方的经营损失，但给予搬迁费用，搬迁费用由评估公司评估后确定。2019年4月30日，某某木业（乙方）搬离系争厂房。

---

① 案例来源：（2019）沪0118民初14495号。

各方观点

原告：2019年3月20日，因金泽镇水源地保护规划要求，某公司与某某木业（乙方）就终止租赁合同及搬迁相关事宜签订厂房租赁合同终止协议，约定租赁终止期为2019年4月30日，某公司（甲方）应于到期前退回某某木业（乙方）押金并给予某某木业（乙方）搬迁费用。后某某木业（乙方）多次向某公司（甲方）要求返还剩余押金及支付搬迁费用，原告仅退还100000元押金，余款拒不归还。某某木业（乙方）系一人有限责任公司，姚某某系其投资人。故某某木业（乙方）诉至本院，要求判如所请。

被告：补偿协议中的搬迁费是产权人上海彬某五金制品有限公司（以下简称“彬某公司”）和政府协商之后的结果，也是政府给彬某公司的费用，乙方不应获得协议中约定的搬迁费且某公司（甲方）与某某木业（乙方）约定过某某木业（乙方）应得的搬迁费应经过评估。

法院判决

关于某某木业（乙方）应得的搬迁费，双方在终止协议中约定金额需经评估，但实际双方未委托评估。某某木业（乙方）已实际搬离，但未举证证明其实际花费的搬迁费。双方对某某木业（乙方）搬迁的物品亦无法达成一致意见，本案无评估的基础。**故本院酌情按政府补偿标准计算搬迁费**，补偿费标准虽为每平方米100元，但该标准系政府针对产权人搬迁补偿所制定，某某木业（乙方）作为实际承租人要求参照该标准由出租人全额支付，无法律或合同依据。**本院酌情确认定某公司（甲方）应支付某某木业（乙方）设备搬迁费100000元**。

类案检索

【1】上海某服饰印花有限公司诉上海某某实业有限公司房屋租赁合同纠纷[①]

法院经审理查明：某印花公司（承租方）与某某公司（出租方）签订生产厂房租赁合同，租期两年。租赁期间，某某公司（出租方）与推进办就租赁房屋签订房屋征收补偿安置协议，但协议中未约定某印花公司具体搬离原址时间。某印花公司得知后起诉，要求某某公司（出租方）支付动迁补偿款20万元。某某公司辩称，**租赁期间未进行征收事宜，亦保证在租期内不会影响某公司正常经营。**

法院审理后认为：合同签订后，双方均按约履行，原告一直实际占有使用租赁厂房至今。现虽被告与推进办达成协议，签订了《上海市非居住房屋征收补偿安置协议》，但该协议的主体并非原告，**该协议的签订亦未对原告按约使用租赁厂房造成任何影响，原告现仍正常生产经营中。原、被告签订的合同中亦未对碰到征收事宜做出特别约定，故原告要求被告支付动迁补偿款的诉讼请求，无事实和法律依据，不予支持。**

【2】上海金汇某某二厂与上海某某塑业有限公司房屋租赁合同纠纷[②]

法院经审理查明：2015年12月4日，某某二厂与某某公司签订厂房租赁合同书，约定某某公司向某某二厂承租奉贤区西闸公路×××号部分厂房，总建筑面积为2，300平方米；年租金500，000元，每半年租金为250，000元，月租金为41，666元；租期自2016年1月15日至2021年1月14日；租金支付方式为付六押

① 案例来源：（2015）奉民三（民）初字第3813号。

② 案例来源：（2020）沪0120民初4265号。

一，半年支付一次，每次提前15日支付下期租金；附注部分约定：**若遇政府动迁，搬迁费、误工费及装修费归乙方（即某某公司），**厂房、土地等一切配套设施归甲方（即某某二厂）。因租赁厂房被动迁，双方于2018年7月1日终止履行厂房租赁合同书，某某公司搬离。

法院审理后认为：关于反诉的动迁补偿涉及的设备搬迁补偿款，某某二厂对某某公司主张的搬迁费309，831元无异议，本院予以确认。

律师解读

对于非住宅房屋搬迁经济补偿的构成主要可以分为三大类：

一、基于房屋所有权即征收资产本身价值的补偿，包括土地价值、房屋重置成新价、装修设备及附属物价值等。

二、基于搬迁产生的额外费用及损失的补偿，包括搬迁费补偿，停产停业损失补偿等。

三、基于搬迁政策发生的奖励费用，包括搬迁奖励等。

如在租赁期内因遇到征收等情形导致不能继续履行租赁合同，在双方对于补偿利益分配没有约定或约定不明的情形下，司法实践中多数裁判观点认为，承租人应有权享有在征收利益范围内的公平合理的补偿。

操作指引

租赁合同对于征收事宜是否约定及承租方是否因征收事宜遭受损失，是法院认定承租方是否能获得征收补偿利益及具体比例的重要因素。因此，建议承租方在合同中对于搬迁费做出明确的约定。法院通常倾向于支持承租人主张的搬迁费补偿请求，但是否全部还是部分支持则需区分可搬迁设备及不可搬迁设备两种情形：

1. 对于承租人投入的可搬迁设备及其他生产生活资产的搬迁补偿，法院倾向于认为承租人作为该损失的实际发生一方，可全额获得对应补偿。

2. 对于承租人投入的不可搬迁设备，如吊机、配电设备等，法院可能参照装修损失处理，即按照合同剩余租期与总租期之间的比例向承租人分配不可搬迁设备对应补偿款。

案例三　承租人是否有权主张停产停业损失？

承租人有权主张停产停业损失。

案情介绍

案由：房屋租赁合同纠纷[①]

原告：上海某某汽车服务中心

被告：上海某某工贸有限公司

原、被告之间签订有两份房屋租赁合同，被告将其奉贤区南奉公路×××号厂房出租给原告经营，租期从2006年3月1日至2012年2月28日。到期后，双方又签订两份临时房屋租赁合同，租期延展到2014年2月28日，到期后原告仍租赁使用该处厂房至今。

租赁期间，该地块遇动迁，2010年9月经评估，属于原告项下设备动迁补偿款为74，954元。2010年12月28日，上海市奉贤区土地储备中心与被告签订《上海市城市非居住房屋征收补偿安

① 案例来源：（2015）奉民三（民）初字第3486号。

置协议》，约定对被告奉贤区南奉公路 ××× 号的房屋进行征收，建筑面积 1032.25 平方米，各项补偿费用为 4180000 元，包括对承租户的补偿款。该协议约定的具体项目中，包括设备迁移费 75000 元，停产停业损失费每平方米建筑面积 400 元，为 412900 元。之后，**被告领取了征收补偿款共计 2680000 元，但领取钱款并不分具体项目。**因原告向被告主张属于原告的设备迁移费、停产停业损失费，但被告不同意支付，故原告诉讼来院。

各方观点

原告：原告租赁期间，租赁房屋被纳入征收范围，对租赁房屋及原告自有设备动迁补偿价值进行了评估。2010 年 12 月 28 日被告与上海市奉贤区土地储备中心签订了《上海市城市非居住房屋征收补偿安置协议》，约定承租房屋的停产停业损失费为 412900 元，设备迁移费为 75000 元，并约定承租户的补偿款由被告一并领取。**被告领取补偿款后，没有将属于原告的停产停业损失费、设备迁移费给付原告**，经催讨被告未付，故起诉请求判令被告给付原告设备动迁补偿款 75000 元、停产停业损失费 412900 元。

被告：不同意原告诉请。征收单位还没将设备迁移费和停产停业损失费支付给被告；原告还继续承租着被告的房屋，未停产停业；**原、被告约定如果遇动迁，原告应无条件搬迁，不应享受设备迁移费和停产停业损失费；即使被告应该支付设备迁移费和停产停业损失费，也应在原告搬离之后；**对原告请求的设备迁移费 75000 元无异议，但停产停业损失费应当按照 630 平方米计算，而不是 1032 平方米计算。

法院判决

被告上海某某工贸有限公司于本判决生效后十日内支付原告上海某某汽车服务中心设备动迁补偿款75000元、停产停业损失费412900元。

类案检索

【1】上海某某机械制造有限公司诉颜某某房屋租赁合同纠纷[①]

二审法院认定事实：2015年5月13日颜某某作为承租方（乙方）与某某公司作为出租方（甲方1）签订厂房租赁合同，合同约定某某公司将位于上海市浦东新区××镇××路××弄××号，建筑面积为694平方米的厂房出租给颜某某，租期为六年即2015年7月1日至2021年6月30日。合同第九条"提前解除合同的补偿问题"第4款约定：如遇国家、政府建设动迁，甲、乙双方均应无条件服从，甲方应于收到政府部门发出的正式通知之日起七日内书面通知乙方解除合同，甲乙双方的损失按国家有关规定补偿，甲方归甲方、乙方归乙方。2017年8月16日某某公司（甲方1）与××镇政府（甲方2）、上海市第四房屋征收服务事务所有限公司（实施单位）签订《上海市集体土地非居住房屋补偿协议》，补偿协议内容为：……6.停产停业损失补偿费589050元……

审理中，颜某某明确诉请为：根据合同第9条第4款的约定及某某公司签署的《上海市集体土地非居住房屋补偿协议》、补偿结算表的内容，停产停业费按350元/平方米计算，系争租赁厂

① 案例来源：（2018）沪01民终12409号。

房面积为695平方米，故要求某某公司支付颜某某停产停业损失243250元。

某某公司则表示不同意支付停产停业损失。虽然房屋补偿协议载明补偿款总额为5078075.40元，但依据补充操作口径的规定，某某公司实际可以获得的补偿款金额为405万元，并没有足额获得补偿结算表中列明的停产停业损失。

二审法院审理后认为：上诉人某某公司与被上诉人颜某某签订的厂房租赁合同系双方真实意思表示，内容不违反强制性法律规定，双方由此形成的房屋租赁合同关系依法应属有效。有效合同依法约束当事人全面履行。关于争议焦点一，双方租赁合同第九条第4款约定："如遇国家、政府建设动迁，甲、乙双方均应无条件服从，甲方应于收到政府部门发出的正式通知之日起七日内书面通知乙方解除合同，甲乙双方的损失按国家有关规定补偿，甲方归甲方、乙方归乙方。"从上诉人与动迁单位签订的补偿协议及其附件可以看出，归属于承租人的补偿已经一并包含在该协议中，即动迁单位只与作为产权人的出租人结算，不另行与承租人结算。上诉人主张被上诉人将系争房屋用于仓储而非生产经营。**本院认为，生产经营并非仅指"生产、加工、制造"，即便被上诉人确实将房屋用于仓储，仓储亦为生产经营的一个环节**。上诉人的主张缺乏事实与法律依据，本院不能采信。

原审根据双方合同约定及上诉人与征收单位签订的补偿协议、上诉人实际所得动迁利益，酌定上诉人向被上诉人支付停产停业损失费并无不当。上诉人二审自愿变更要求被上诉人向其支付停产停业损失费194650元，于法不悖，本院予以准许。

【2】陆某某等与吴某某房屋租赁合同纠纷①

裁判要旨：关于停产、停业损失补偿款及提前清退租赁物的补偿应由谁享有的问题，本院认为，**停产、停业补偿款虽然系针对实际经营人的补偿，但是考虑到动迁单位在计算该项金额时还是根据房屋面积来确定，**难以认定为完全因被上诉人而获得；且本案中被上诉人在承租涉案房屋后亦是转租收益，**退一步来说，上诉人出租房屋收取租金也属于经营行为**。因此，本院根据合同无效的责任以及双方合同实际履行情况等因素，酌定上诉人给付被上诉人停产、停业损失补偿款 879592 元。至于提前清退租赁物的补偿，该费用系征收人对产权人及时退租而进行的奖励，征收人也是在收到涉案房屋钥匙和相关租赁合同后才将该款项支付给上诉人。上诉人取得上述奖励既基于其自身对动迁事宜的主动推进，亦有赖于被上诉人的积极配合，故该部分补偿应由双方共同享有，因此，上诉人应支付被上诉人提前清退租赁费 336875 元。至于实物资产搬迁费用，一审法院根据合同相对性原则，结合估价报告书中的明细，确定次承租人的财产搬迁费用由被上诉人处置并无不当，本院予以认同。

律师解读

停产停业损失如何计算在实践中也是一个争议较大的问题。尤其是在承租人实际租赁使用的面积大于租赁合同载明面积的情况下，双方对于以实际使用面积还是租赁合同载明的面积、按照建筑面积还是使用面积计算都会有争议。在此情况下，应由承租人承担“实际使用面积与租赁合同约定面积不一致”的举证责任。

如果征收补偿决定中的停产停业损失是以建筑面积计算的，那

① 案例来源：（2019）沪 01 民终 13361 号。

么，在计算承租人停产停业损失时一般也会优先考虑建筑面积。

操作指引

停产停业补偿主要是针对非住宅房屋因房屋搬迁导致生产经营活动不能继续而遭受的营业利润流失、仪器设备损坏重置、人员安置等损失所做的补偿。司法实践中有观点认为，承租人实际经营房屋，搬迁对其造成了无法生产经营的实际影响，确实对其造成了停产停业的损失，故该部分补偿应归属于承租人；还有一种观点认为，所有权人将房屋对外出租，也是一种经营使用的方式，故房屋征收也对出租人造成了停产停业的损失。

出租人对房屋的出租、承租人在房屋内的经营等行为都属于对房屋的一种使用，搬迁不仅影响了出租人对房屋完整所有权的行使，也影响了承租人对租赁物的使用与收益。因此，在出租人把房屋出租给承租人经营使用的情况下，停产停业补偿实际上既包括了对出租人出租该经营房屋所获租金的补偿，也包含了承租人因该经营房屋被搬迁所产生的停产停业损失的补偿，出租人与承租人之间具体获偿比例需要结合个案情况个案分析。在司法实践中，在租赁合同对于搬迁补偿分配没有约定或约定不明的情况下，如承租人在租赁房屋内实际从事生产经营活动，存在人民法院判令停产停业补偿补助费全部或大部分归属于承租人的案例。

案例四　租赁合同的效力对于征收补偿是否有影响？

案情介绍

案由：房屋租赁合同纠纷[①]

① 案例来源：（2019）沪0117民初5082号。

原告：上海某某金刚石工具有限公司

被告：上海某某实业投资有限公司

2016年3月3日，原、被告签订房屋租赁协议，约定被告将位于本区松金公路华生开发区原教育用品有限公司（中间一幢）厂房出租给原告做商业经营之用。约定因市政建设被列入征收范围致使合同不能继续履行造成的损失，双方互不承担责任。2016年9月，被告通知原告涉案厂房列入动迁范围。2017年6月5日，车墩镇政府与被告、案外人上海市松江第一房屋征收服务事务所有限公司签订《上海市集体土地上征地房屋补偿协议（非居住房屋）》，其中搬迁费为30元/平方米 ×3620.69平方米=108621元。

各方观点

原告：2016年9月，被告通知原告厂房被列入动迁范围，协议不能继续履行，要求原告配合评估。原告遂在他处租赁新厂房，并于2016年10月开始逐步停止在该处经营，陆续将设备迁至新厂房。2017年12月，被告通知原告办理装饰装修、设施、设备补偿事宜。2018年底，原告得知除上述补偿外，上海市松江区车墩镇人民政府（以下简称车墩镇政府）还给被告补偿了350元/平方米的停产停业损失和30元/平方米的搬迁费。该款项应归厂房的实际使用人所有，但被告却未告知和支付给原告，损害了原告的利益。

被告：不同意原告的诉讼请求。其具体理由如下：首先，本次征收中的停产停业损失和搬迁费，是对作为租赁物实际产权人的被告的补偿，不是给原告的补偿。其次，**双方签订的合同属于无效合同**，在合同约定租期届满后，其于2017年6月5日与车墩镇政府签署《上海市集体土地上征地房屋补偿协议（非居住房屋）》，而且原告也是在合同约定租期届满后才搬离的，故原告并未存在因动迁而发生的停产停业损失和搬迁费。再次，原、被告已经就动征收问题达成了协议，原告违背协议约定向被告主张涉案补偿款项，有违诚实信用原则。最后，原告承租的600平方米的厂房，包括“有证”“无证”两部分，其中“有证”面积确实为原告变更诉讼请求中所述的495平方米，对停产停业损失的补偿标准350元/平方米、搬迁费的补偿标准30元/平方米，也没有异议，但是不应该给付原告。

法院判决

出租人就未取得建设工程规划许可证或者未按照建设工程规划许可证的规定建设的房屋，与承租人订立的租赁合同无效。本案系争房屋既无房地产权证，亦无证据证明取得过建设工程规划许可证，虽然在《上海市集体土地上征地房屋补偿协议（非居住房屋）》中有“有证”“无证”的表述，但该表述仅是征收中用以区分不同的补偿标准，并非确认部分房屋为合法建筑，故原、被告双方就系争房屋所签订的租赁合同应属无效。

合同无效或者被撤销后，因该合同取得的财产，应当予以返还；不能返还或者没有必要返还的，应当折价补偿。有过错的一方应当赔偿对方因此所受到的损失，双方都有过错的，应当各自承担相应的责任。

本案的主要争议焦点在于原告是否有权获得补偿协议中的停产停业损失和搬迁费。**因停产停业损失通常是因征收或征收导致房屋实际经营、使用人停产停业所产生的经营损失，而搬迁费则是房屋实际经营、使用人因搬离房屋时所产生的设备迁移损失，故依其性**

质，原告有权要求被告就上述两项损失进行补偿。被告有关停产停业损失和搬迁费是对租赁物实际产权人的补偿的辩称意见，本院不予采纳。

被告上海某某实业投资有限公司于本判决生效之日起十日内支付原告上海某某金刚石工具有限公司停产停业损失 121275 元、搬迁费 10395 元，共计 131670 元。

类案检索

【1】句容市某某印务有限公司与南京市某某物流有限公司租赁合同纠纷①

一审法院认为：首先，根据《最高人民法院关于审理城镇房屋租赁合同纠纷案件具体应用法律若干问题的解释》第二条规定，出租人就未取得建设工程规划许可证或者未按照建设工程规划许可证的规定建设的房屋，与承租人订立的租赁合同无效；但在一审法庭辩论终结前取得建设工程规划许可证或者经主管部门批准建设的，人民法院应当认定有效。该解释第三条规定，出租人就未经批准或者未按照批准内容建设的临时建筑，与承租人订立的租赁合同无效；但在一审法庭辩论终结前经主管部门批准建设的，人民法院应当认定有效。经审查认为，即使某某物流公司（承租人）辩称的涉案厂房、土地未经有关主管部门批准建设或未取得建设工程规划许可证是事实，在某某印务公司（出租人）、某某物流公司自 2012 年签订两份《租赁协议》后直至本案纠纷产生前，**某某印务公司（出租人）从未就租赁协议的效力提出异议，某某物流公司（承租人）也按合同约定缴纳了租金，且涉案厂房（包括某某印务公司（承租**

① 案例来源：（2019）苏 11 民终 1653 号。

人）自建部分）、土地均已全部纳入政府征收补偿范围内，属于政府批准且认可的，因此两份租赁协议应认定有效，双方均应按合同约定履行各自义务。

二审法院认为：维持二审判决，驳回再审申请。其中关于合同效力，该裁定认为，**即便涉案房屋未取得建设工程规划许可证，但某某公司在涉案房屋被征收后获得了相应的补偿**。这是客观事实，而本案系某某印务公司与某某物流公司就该补偿款归属产生争议，故**双方签订的租赁协议是否有效，对双方该争议的处理结果并无影响**。

律师解读

一审判决认为，有关利益分配条款属于双方对租赁协议履行中可能产生的争议所做的约定，系双方真实意思表示，内容不违反法律规定，且该条款与合同中上述存在无效情形的租赁条款各自独立，其本身也不含有导致合同无效的因素。二审判决则认为，该补偿款分配的约定可体现双方对于各自合法权益的明确和处分，已有别于对于未取得建房许可手续的房屋进行处分的约定。

操作指引

对于无效合同中的征收补偿利益分配条款，实务中，目前主要存在四种处理意见：一是认为，租赁房屋因纳入征收范围实质转化为补偿利益而有效。二是认为，租赁合同无效，但利益分配条款属于争议解决的独立条款，应当有效。三是认为，租赁合同包括利益分配条款无效，但补偿利益的分配仍然要参照该条款进行处理。四是认为，租赁合同无效，利益分配条款亦无效，一方无权基于约定，而只能基于公平原则主张利益分配。

目前，从公平原则出发，将征收补偿款进行细致分类，将其中溯源于承租人的权益（主要包括装饰装修补偿、停业停产损失、搬迁费等），根据案件具体情况进行分配。此时承租人可以取得相应比例征收补偿款的裁判思路是该类型案件的裁判趋势与主流观点。

法条链接

【1】《民法典》

第一百五十七条　民事法律行为无效、被撤销或者确定不发生效力后，行为人因该行为取得的财产，应当予以返还；不能返还或者没有必要返还的，应当折价补偿。有过错的一方应当赔偿对方由此所受到的损失；各方都有过错的，应当各自承担相应的责任。法律另有规定的，依照其规定。

【2】《国有土地上房屋征收与补偿条例》国务院令第590号

第二十四条　市、县级人民政府及其有关部门应当依法加强对建设活动的监督管理，对违反城乡规划进行建设的，依法予以处理。

市、县级人民政府做出房屋征收决定前，应当组织有关部门依法对征收范围内未经登记的建筑进行调查、认定和处理。对认定为合法建筑和未超过批准期限的临时建筑的，应当给予补偿；对认定为违法建筑和超过批准期限的临时建筑的，不予补偿。

【3】《国有土地上房屋征收与补偿条例》

第二条　为了公共利益的需要，征收国有土地上单位、个人的房屋，应当对被征收房屋所有权人（以下称被征收人）给予公平补偿。

第十七条　做出房屋征收决定的市、县级人民政府对被征收人给予的补偿包括：

（一）被征收房屋价值的补偿。

（二）因征收房屋造成的搬迁、临时安置的补偿。

（三）因征收房屋造成的停产停业损失的补偿。

市、县级人民政府应当制定补助和奖励办法，对被征收人给予补助和奖励。

第二十二条　因征收房屋造成搬迁的，房屋征收部门应当向被征收人支付搬迁费；选择房屋产权调换的，产权调换房屋交付前，房屋征收部门应当向被征收人支付临时安置费或者提供周转用房。

第二十三条　对因征收房屋造成停产停业损失的补偿，根据房屋被征收前的效益、停产停业期限等因素确定。具体办法由省、自治区、直辖市制定。

【4】《最高人民法院关于审理城镇房屋租赁合同纠纷案件具体应用法律若干问题的解释》（2020年修正）

第九条　承租人经出租人同意装饰装修，合同解除时，双方对已形成附合的装饰装修物的处理没有约定的，人民法院按照下列情形分别处理：……（四）因不可归责于双方的事由导致合同解除的，剩余租赁期内的装饰装修残值损失，由双方按照公平原则分担。法律另有规定的，适用其规定。

【5】《上海市国有土地上房屋征收与补偿实施细则》

第二十三条　（征收补偿协议主体的确定）房屋征收补偿协议应当由房屋征收部门与被征收人、公有房屋承租人签订。

被征收人、公有房屋承租人以征收决定做出之日合法有效的房地产权证、租用公房凭证、公有非居住房屋租赁合同计户，按户给予补偿。

被征收人以房地产权证所载明的所有人为准，公有房屋承租人以租用公房凭证、公有非居住房屋租赁合同所载明的承租人为准。

第二十六条（征收居住房屋的补偿方式）征收居住房屋的，被征收人、公有房屋承租人可以选择货币补偿，也可以选择房屋产权调换。

被征收人、公有房屋承租人选择房屋产权调换的，房屋征收部门应当提供用于产权调换的房屋，并与被征收人、公有房屋承租人计算、结清被征收房屋补偿金额与用于产权调换房屋价值的差价。

因旧城区改建征收居住房屋的，做出房屋征收决定的区（县）人民政府应当提供改建地段或者就近地段的房源，供被征收人、公有房屋承租人选择，并按照房地产市场价结清差价。就近地段的范围，具体由房屋征收部门与被征收人、公有房屋承租人在征收补偿方案征求意见过程中确定。

第三十四条（征收非居住房屋的补偿）征收非居住房屋的，被征收人、公有房屋承租人可以选择货币补偿，也可以选择房屋产权调换。

征收非居住房屋的，应当对被征收人、公有房屋承租人给予以下补偿：

（一）被征收房屋的市场评估价格。

（二）设备搬迁和安装费用。

（三）无法恢复使用的设备按重置价结合成新结算的费用。

（四）停产停业损失补偿。

被征收人、公有房屋承租人按期搬迁的，应当给予搬迁奖励。具体奖励标准由区（县）人民政府制定。

第三十五条（停产停业损失补偿）因征收非居住房屋造成被征收人、公有房屋承租人停产停业损失的补偿标准，按照被征收房屋市场评估价的10%确定。

被征收人、公有房屋承租人认为其停产停业损失超过被征收房屋的市场评估价10%的，应当向房屋征收部门提供房屋被征收前三年的平均效益、停产停业期限等相关证明材料。房屋征收部门应当委托房地产价格评估机构对停产停业损失做评估，并按照评估结果予以补偿。被征收人、公有房屋承租人对评估结果有异议的，可以按照本细则第二十五条第三款规定申请复核、鉴定。

二、征收补偿的主体和范围

补偿的主体：房屋所有权人。

补偿范围包括：

（一）被征收房屋价值的补偿。

（二）因征收房屋造成的搬迁、临时安置的补偿。

（三）因征收房屋造成的停产停业损失的补偿。

第十章　房屋租赁期间的执行与执行异议

精心挑选好房屋，签完租赁合同，交了房租，完成装修，场地开业经营逐步走向正轨，但房子却被法院查封，房屋要拍卖。遇到这种情况，承租人还可以继续承租房屋吗？房屋拍卖影响承租人占有、使用房屋吗？这就需要承租人了解法院执行的措施，充分理解房屋租赁权与法院执行的关系。承租人如果认为执行措施影响其权利，可以根据法律规定提出执行异议、提起执行异议之诉，以维护合法权利。

一、关于房屋的执行措施

《民事诉讼法》规定，被执行人未按照执行通知履行义务，人民法院有权查封、扣押、冻结、划拨、变价被执行人的财产。法院执行对于房屋将采取的措施及程序，做简要介绍如下：

1. 查封房屋

（1）制定财产保全或者执行文书。根据法律规定，人民法院查封被执行人的不动产，应当做出裁定，并送达被执行人和申请执行人。查封不动产的，人民法院应当张贴封条或者公告，并可以提取保存有关财产权证照。

（2）通知有关单位协助执行。查封已登记的房屋，法院应当通知有关登记机关办理登记手续。未办理登记手续的，不得对抗其他已经办理了登记手续的查封。查封尚未登记的建筑物时，人民法院应当通知其管理人或者该建筑物的实际占有人，并在显著位置张贴公告。

（3）制作查封笔录。法院查封被执行人的房屋时，执行人员应当制作笔录。

（4）查封房屋的保管及使用：查封后的房屋，不宜由人民法院保管的，人民法院可以指定被执行人负责保管；不宜由被执行人保管的，可以委托第三人或者申请执行人保管。由人民法院指定被执行人保管的财产，如果继续使用对该财产的价值无重大影响，可以允许被执行人继续使用；由人民法院保管或者委托第三人、申请执行人保管的，保管人不得使用。对承租人依法占有的房屋，人民法院可以查封、扣押、冻结，承租人可以继续占有和使用该房屋。

（5）查封房屋有一定的期限。房屋的查封期限一般为两年，查封期限届满，人民法院未办理延期手续的，查封的效力消灭，也即产权人可以自由处分房屋。

2. 拍卖

房屋被查封后，被执行人未在制定期间履行法律文书确定的义务的，人民法院应当依法拍卖、变卖被查封的房屋。拍卖房屋的流程为：

（1）委托评估。法院委托评估机构对该房屋的价值进行评估。申请人或者被申请人均有权就拍卖评估结果提出异议，请求复议。拍卖财产经过评估的，评估价即为第一次拍卖的保留价。

（2）拍卖公告。法律规定，拍卖应当先期公告，拍卖房屋，应当在拍卖前15日前公告。实践中，拍卖公告一般通过网上发布、房屋所在地法院公告栏张贴等形式进行公告。

（3）拍卖。法院在拍卖平台上拍卖房屋，目前多通过网络司法拍卖平台操作，使用较多的拍卖平台包括淘宝网（www.taobao.com）、京东网（www.jd.com）、人民法院诉讼资产网（www.rmfysszc.gov.cn）、公拍网（www.gpai.net）、中国拍卖行业协会网（www.caa123org.cn）、北京产权交易所（www.cbex.com.cn）等。法院会书面通知申请人可以选择的网络拍卖平台，由当事人选择一家实施拍卖。

拍卖时无人竞买或者竞买人的最高应价低于保留价的，可在六十日内再行拍卖。对于第二次拍卖仍流拍的动产，申请执行人或者其他执行债权人拒绝接受或者依法不能交付其抵债的，应当在六十日内进行第三次拍卖。

第三次拍卖流拍且申请执行人或者其他执行债权人拒绝接受或者依法不能接受该不动产或者其他财产权抵债的，人民法院应当发出变卖公告。自变卖公告之日起六十日内没有买受人愿意以第三次拍卖的保留价买受该财产，且申请执行人、其他执行债权人仍不表示接受该财产抵债的，应当解除查封、冻结，将该财产退还被执行人。

根据规定，如果出现流拍，再行拍卖时，可以酌情降低保留价，但每次降低的数额不得超过前次保留价的20%。

二、拍卖房屋中“买卖不破租赁”原则的适用

《民法典》第七百二十五条规定了“买卖不破租赁”的原则，“租赁物在承租人按照租赁合同占有期限内发生所有权变动的，不影响租赁合同的效力”。

《最高人民法院关于审理城镇房屋租赁合同纠纷案件具体应用法律若干问题的解释（2020年修正）》第十四条“租赁房屋在承租人按照租赁合同占有期限内发生所有权变动，承租人请求房屋受让人继续履行原租赁合同的，人民法院应予支持。但租赁房屋具有下列情形或者当事人另有约定的除外：（一）房屋在出租前已设立抵押权，因抵押权人实现抵押权发生所有权变动的；（二）房屋在出租前已被人民法院依法查封的”。

《最高人民法院关于人民法院民事执行中拍卖、变卖财产的规定》**第二十八条第2款规定：**“拍卖财产上原有的租赁权及其他用益物权，不因拍卖而消灭，但该权利继续存在于拍卖财产上，对在先的担保物权或者其他优先受偿权的实现有影响的，人民法院应当依法将其除去后进行拍卖。”

《最高人民法院关于人民法院民事执行中查封、扣押、冻结财产的规定（2020年修正）》第二十四条规定：“被执行人就已经查封、扣押、冻结的财产所作的移转、设定权利负担或者其他有碍执行的行为，不得对抗申请执行人。第三人未经人民法院准许占有查封、扣押、冻结的财产或者实施其他有碍执行的行为的，人民法院可以依据申请执行人的申请或者依职权解除其占有或者排除其妨害。”

根据以上规定，拍卖中如果租赁房屋遇到抵押、查封，会对“买卖不破租赁原则”产生影响，具体为：

（1）租赁权设立在先，抵押权设立在后，租赁权应当优先保护，拍卖后该租赁权不因拍卖而消灭。

（2）如果抵押权设立在先，租赁权设立在后，设立在后的租赁权不能影响设立在先的抵押权的实现。如果租赁权继续存在于拍卖财产上会导致拍卖的价款过低，影响抵押权的实现，人民法院应当将该租赁权依法除去后进行拍卖。

（3）租赁权设立在先，查封登记在后，租赁权应当优先保护，拍卖后该租赁权不因拍卖而消灭。

（4）如果查封登记在先，租赁权设立在后，即“查封后租赁”。根据规定，对于已经查封的房屋所作的移转、设定权利负担，不得对抗申请执行。承租人在法院采取查封措施之后取得租赁权的，不得以其租赁权对抗申请执行人。在这种情形下，法院有权要求承租人腾退房屋后依法拍卖。承租人因为腾退房屋造成的损失，可以根据租赁合同的约定向出租人主张权利。

三、执行异议和执行异议之诉

承租人承租的房屋被执行，如果承租人认为执行侵犯了其关于房屋的承租权、使用权的，可以根据法律规定提起执行异议、执行异议之诉。

1. 执行异议

法院执行拍卖房屋，如果带租约拍卖，买受人应按照原租赁合同的约定履行，承租人的租赁权得到实现。但是，如果法院拍卖房屋未认可租赁权或者虽然认可租赁权，但根据《最高人民法院关于人民法院民事执行中拍卖、变卖财产的规定》**第二十八条第2款规定：**“拍卖财产上原有的租赁权及其他用益物权，不因拍卖而消灭，但该权利继续存在于拍卖财产上，对在先的担保物权或者其他优先受偿权的实现有影响的，人民法院应当依法将其除去后进行拍卖。”要求承租人腾退房屋的，承租人均可以根据法律规定提出执行异议。承租人作为案外人提出异议的，应当在执行程序终结前提出。

2. 执行异议之诉

关于承租人的执行异议，人民法院应当自收到书面异议之日起十五日内审查，理由成立的，裁定中止对该标的的执行；理由不成立的，裁定驳回。

承租人、当事人对裁定不服，可以自裁定送达之日起十五日内向人民法院提起执行异议之诉。执行异议之诉应当自执行异议裁定送达之日起十五日内提起。对承租人提起的执行异议之诉。执行异议之诉审理期间，人民法院不得对房屋进行拍卖。人民法院经审理，如果承租人提供充足的证据证明其对于房屋享有足以排除强制执行的承租权的，法院判决支持承租人的执行异议之诉的请求，认可承租人的承租权，不就本次执行拍卖房屋。但是，如果承租人提供的证据不足以排除强制执行的，判决驳回诉讼请求。

这里需要特别注意的是，如果被执行人与承租人恶意串通，通过执行异议、执行异议之诉妨害执行的，人民法院应当依照民事诉讼法第一百一十六条规定“被执行人与他人恶意串通，通过诉讼、仲裁、调解等方式逃避履行法律文书确定的义务的，人民法院应当根据情节轻重予以罚款、拘留；构成犯罪的，依法追究刑事责任”处理。申请执行人因此受到损害的，可以提起诉讼要求被执行人、承租人赔偿。

案例一　承租人的执行异议不能仅对房屋查封提出执行异议

案由：执行异议[①]

申请人：何某

被申请人：福建某商业银行有限公司某支行

① 案例来源：最高人民法院《福建福州农村商业银行股份有限公司华林支行与何某等金融借款合同纠纷执行裁定书》【（2016）最高法执监 397 号】。

案情介绍

福建某商业银行有限公司某支行（下称“银行”）和肖某、何某、郑某发生金融借款合同纠纷一案，福州中院做出（2014）榕民初字第1025号民事判决，判令银行有权就被告郑某名下的讼争房产拍卖、变卖所得价款在450万元的限额内优先受偿。福州中院在执行过程中于2015年11月16日查封了被执行人郑某名下的本案争议房产。

何某向福州中院提起异议请求解除涉案房产的查封。何某提出，系争房屋的实际出资人系郑某东，郑某东欠何某借款，双方曾签署租赁合同，约定以租金抵债。何某某认为其对于房屋有合法承租权，从而提出执行异议，请求解除对于系争房屋的查封。

福州中院对何某的异议请求不予支持，于2016年5月4日做出（2016）闽01执异45号执行裁定（下称“闽45号裁定”），驳回其异议；何某不服，向福建高院申请复议，福建高院于2016年6月27日做出（2016）闽执复46号执行裁定（下称“闽46号裁定”），驳回其复议申请。

何某申诉请求最高法院依法撤销“闽45号裁定”和“闽46号裁定”，确认其在租赁期限内对本案争议房产享有合法租赁权益，可以继续占有、使用直至租赁期限届满。

各方观点

申请人何某认为，本案争议房产的实际出资人是郑某东，由被执行人郑某代持。因郑某东欠何某借款，以上述房产的租金和押金抵扣借款。何某享有对争议房产的租赁权。虽然郑某系本案被执行人，但何某继续占有、使用本案争议房产的权利应受法律保护。由此，何某提出执行异议，申请撤销房屋上的查封措施。

法院判决

最高法院认为：本案焦点问题为是否应当解除对本案争议房产的查封。

根据《**最高人民法院关于人民法院办理执行异议和复议案件若干问题的规定**》第三十一条第一款“承租人请求在租赁期内阻止向受让人移交占有被执行的不动产，在人民法院查封之前已签订合法有效的书面租赁合同并占有使用该不动产的，人民法院应予支持”之规定，**在执行法院实际移交占有被执行人的不动产或虽未实际移交但法院采取的执行措施有此种现实风险时，如涤除租赁权对财产进行评估、拍卖等，符合条件的承租人可以提出异议，阻止执行法院在租赁期内向受让人移交占有被执行的不动产，以保护其正常使用、收益租赁物的权利**。**但对不动产采取查封措施本身不涉及移交该不动产，也未产生将来移交的现实风险**。本案中，执行依据（2014）榕民初字第1025号民事判决已明确银行有权就本案所涉房产拍卖、变卖所得价款在450万元的限额内优先受偿，福州中院对本案所涉房产采取查封措施并无不当，该房产上无论是否附着有在先的租赁权，均不能阻止执行法院对其采取查控措施。

最终法院裁定认为，何某关于在人民法院查封之前已签订合法有效的书面租赁合同并占有使用该房产的主张无论是否成立，其解除对本案争议房产查封的请求均不能得到支持。

律师解读

1. 法院对于房屋采取查封措施，并不一定涉及房屋的转移占有

《最高人民法院关于人民法院民事执行中查封、扣押、冻结财

产的规定（2020修正）》第七条规定“查封不动产的，人民法院应当张贴封条或者公告，并可以提取保存有关财产权证照。查封、扣押、冻结已登记的不动产、特定动产及其他财产权，应当通知有关登记机关办理登记手续。未办理登记手续的，不得对抗其他已经办理了登记手续的查封、扣押、冻结行为”。**第十三条规定**“对第三人为被执行人的利益占有的被执行人的财产，人民法院可以查封、扣押、冻结；该财产被指定给第三人继续保管的，第三人不得将其交付给被执行人。对第三人为自己的利益依法占有的被执行人的财产，人民法院可以查封、扣押、冻结，第三人可以继续占有和使用该财产，但不得将其交付给被执行人。第三人无偿借用被执行人的财产的，不受前款规定的限制”。

法院查封房屋，采取的查封措施的目的，是为防止产权人转移或者处分房屋。法院采取以上的房屋查封措施后，不影响房屋的正常使用，承租人仍可以占用使用房屋。在此期间内，房屋并不涉及移交，也不存在房屋移交的风险。

那何时产生移交或者移交风险呢？在法院根据规定拍卖、变卖房屋，在房屋外张贴拍卖公告，且拍卖公告中没有提及房屋有承租人使用占用的状况时，拍卖的房屋才产生移交的风险。如果法院在拍卖公告中告知房屋上有租赁权的存在，相当于法院认可承租人与原房屋所有权人之间的租赁合同，根据“买卖不破租赁”的原则，房屋拍卖或者变卖后，不影响租赁合同的效力何履行，承租人仍有权承租房屋，不产生移交风险。

因此，法院对于房屋采取查封措施，对于承租人而言，并不一定意味着房屋的转移占有。而只有在法院根据规定对于查封的房屋进行拍卖、变卖时，房屋所有权转移，且在房屋拍卖、变卖时，房屋才涉及转移占有。法院认为，仅有房屋的查封，但尚未进入拍卖、变卖程序，未涉及移交房屋风险的前提下，无论承租人与原产权人之间的房屋租赁合同是否有效以及承租人占有使用该房屋是否成立，均不影响房屋的查封。

2. 诉讼时，承租人应选择适当的程序主张权利

根据民事诉讼“不告不理”的原则，法院审理民事案件的范围应仅限于原告的诉讼请求和被告的反诉请求。

本案中，申请人何某提出的执行异议，请求解除对于该房屋的查封。根据“不告不理”的原则，法院仅针对申请人关于房屋查封措施是否应该解除进行审理。法院经过审理，根据《最高人民法院关于人民法院办理执行异议和复议案件若干问题的规定》第三十一条第一款“承租人请求在租赁期内阻止向受让人移交占有被执行的不动产，在人民法院查封之前已签订合法有效的书面租赁合同并占有使用该不动产的，人民法院应予支持”之规定，认为**查封措施不会产生移交租赁物的现实风险，承租人不能对抗执行，裁定驳回申请人的申请。在该执行异议申请中，申请人并没有就其是否享有合法租赁权，以及是否可以继续占据、使用房屋提出请求，法院未处理。**

申请人向福建省高级人民法院申请复议，要求驳回一审裁定。福建省高级人民法院做出二审裁定维持后，申请人向最高人民法院申诉。申请人申诉的请求为：

撤销“闽45号裁定”和“闽45号裁定”，确认其在租赁期限内对本案争议房产享有合法租赁权益，可以继续占有、使用直至租赁期限届满。

该申诉请求实际上包括了两个方面的内容：一是撤销“闽45号裁定”和“闽45号裁定”；二是“确认其在租赁期限内对本案争议房产享有合法租赁权益，可以继续占有、使用直至租赁期限届满”。但是，因为第二项内容即“确认其在租赁期限内对本案争议房产享有合法租赁权益，可以继续占有、使用直至租赁期限届满”，超出了其一审、二审中的执行异议请求范围，最高院在申诉程序中不予以审查。

申请人不应针对查封房屋的执行措施提出执行异议，而是应以其有合法租赁权为由，就法院要求腾退房屋或者否认其承租权的执行行为提出执行异议。如果人民法院否定承租人租赁权的成立或存续的，系涉及实体权利的争议，在其执行异议被驳回后，可以提起执行异议之诉。

操作指引

当事人在不涉及移交占有的不动产执行案件中，该如何确保自身权益的最大化。结合最高法院裁定文书，在执行实务中，应重点关注以下内容：

1. 申请执行人（银行）如何保护自身权益

根据我们办理同类案件的经验，我们提请申请执行人在申请执行前应该注意的问题：

第一，要明确自身与被执行人之间存在的是何种权利义务关系，对被执行人享有的是抵押权还是债权？第二，要充分了解执行标的物上是否有其他人存在合法有效的租赁合同且承租人是否已合法占有、使用。第三，要充分调查承租人与被执行人之间是否存在恶意串通、以不合理的低价承租被执行的不动产甚至伪造支付租金证据等情形。若是抵押关系，抵押权人需注意避免承租人以“买卖不破租赁”为由阻止抵押物在执行程序中的变现；若是债权债务关系，债权人可以争取依法涤除租赁权以确保能够顺利评估拍卖并取得执行案款。

2. 承租人不能排除法院的强制执行几种情形

在执行案件中，除本案已说明的“不涉及移交不动产，也未产生将来移交的风险的查封措施，无论不动产上是否已经附着租赁权，都不能阻止法院的强制执行”之外，于承租人而言，应留意“不能排除法院强制执行措施”的情形:（一）承租人与被执行人恶意串通，以明显不合理的低价承租被执行的不动产或者伪造交付租金证据的，对其提出的阻止移交占有的请求，人民法院不予支持；（二）抵押之后出租，即先抵后租的，若申请执行人是抵押权人，则该种情形下承租人不能以其享有的租赁权排除法院的强制执行。

法条链接

《最高人民法院关于人民法院办理执行异议和复议案件若干问题的规定》（2020 年修正）（法释〔2020〕21 号）

第 31 条：承租人请求在租赁期内阻止向受让人移交占有被执行的不动产，在人民法院查封之前已签订合法有效的书面租赁合同并占有使用该不动产的，人民法院应予支持。

承租人与被执行人恶意串通，以明显不合理的低价承租被执行的不动产或者伪造交付租金证据的，对其提出的阻止移交占有的请求，人民法院不予支持。

《最高人民法院关于人民法院民事执行中查封、扣押、冻结财产的规定（2020 年修正）》

第 7 条：查封不动产的，人民法院应当张贴封条或者公告，并可以提取保存有关财产权证照。查封、扣押、冻结已登记的不动产、特定动产及其他财产权，应当通知有关登记机关办理登记手续。未办理登记手续的，不得对抗其他已经办理了登记手续的查封、扣押、冻结行为。

第24条：被执行人就已经查封、扣押、冻结的财产所作的移转、设定权利负担或者其他有碍执行的行为，不得对抗申请执行人。第三人未经人民法院准许占有查封、扣押、冻结的财产或者实施其他有碍执行的行为的，人民法院可以依据申请执行人的申请或者依职权解除其占有或者排除其妨害。

案例二　何种情形下，承租人阻却执行拍卖的申请才能得到支持？

案由：案外人执行异议之诉①

申请人：林某

被申请人：某银行

第三人：武夷山市某旅游公司、孙某、王某

案情介绍

武夷山市某旅游公司（简称“旅游公司”）为担保借款合同的履行，与某银行（简称“银行”）签订抵押合同，旅游公司提供其名下房产作为抵押物，并于2013年8月1日办理了抵押登记。因旅游公司未偿还借款，银行起诉，法院判决银行对旅游公司提供抵押房屋有权以拍卖、变卖所得价款，就判决的债权行使优先受偿权。法院在2016年5月16日做出拍卖房屋的执行裁定书。林某就此提出执行异议。人民法院裁定驳回对林某的异议后，林某提起执行异议之诉，林某要求判决确认林某对旅游公司名下被拍卖的房屋具有合法的租赁权，停止拍卖（变卖）上述房产或原告有权使用上

① 案例来源：福建省福州市中级人民法院（2017）闽01民初1391号；福建省高级人民法院（2018）闽民终1275号；最高人民法院（2019）最高法民申1903号。

述房产至租赁合同期限届满日止。

林某提出，其在2012年11月20日与旅游公司签订酒店房产租赁合同，租期20年，自2013年1月1日起至2032年12月31日止；租金800万元整。因旅游公司及其法定代表人曾向林某借款，旅游公司同意林某以租金冲抵，剩余租金570万元，林某应于2013年1月15日前付清。2012年11月20日，旅游公司的法定代表人王某与林某就借款进行结算，确认王某对林某欠款230万元整。2013年5月6日林某分别向王某、陈某、刘某转账共计570万元。旅游公司向林某分别开具230万元的收款收据和570万元的收款收据。林某在2013年1月与谢某签订酒店承包合同，将勤晖大酒店承包给谢某。谢某向林某支付了承包费。

2013年至2017年，谢某、林某均以旅游公司名义缴纳房产的水电费，缴纳营业税的完税证明也均显示纳税主体为旅游公司，房产大堂悬挂的营业执照显示经营主体为旅游公司某大酒店，酒店负责人王某某。

各方观点

申请人林某认为：

林某与旅游公司签订的酒店房产租赁合同是双方真实意思表示，合法有效，且涉案房产出租在先，抵押在后。即使林某不能阻却执行，其与旅游公司所签订的酒店房产租赁合同早于银行抵押权的设立，按法律规定林某也有权继续租赁诉争房产至租赁合同到期日止。根据《最高人民法院关于人民法院民事执行中拍卖、变卖财产的规定》第三十一条第二款“拍卖财产上原有的租赁权及其他用益物权，不因拍卖而消灭，但该权利继续存在于拍卖财产上，对在先的担保物权或者其他优先受偿权的实现有影响的，人民法院应当依法将其除去后进行拍卖”的规定：人民法院拍卖、变卖涉案房产不得除去林某的租赁权，林某的租赁权不因房产拍卖、变卖而消灭，涉案房产即使拍卖，林某也有权继续使用该房产至租赁期限届满日止。

被申请人银行认为：

首先，涉案房产是银行的抵押物，已在2013年8月1日办理抵押登记，生效民事判决书已确认银行有权以该房产拍卖、变卖所得价款优先受偿。其次，林某对涉案房屋没有合法的租赁权，酒店房产租赁合同系虚假合同，未实际履行。酒店房产租赁合同和酒店承包合同都是虚假的，租金未实际支付、房屋也未实际交付，林某无权以承租人身份阻止本案的执行。

法院判决

法院判决驳回申请人林某的申请。

法院认为，虽然从形式上看，林某与旅游公司在2012年11月20日签订了20年租赁期的《酒店房产租赁合同》，早于银行办理抵押登记日期2013年8月1日。林某支付的租金主要由以下几部分组成：旅游公司的法定代表人王某对申请人林某的欠款230万元抵扣租金，谢某某将应向林某交纳的承包费270万元支付给旅游公司的法定代表人王某，林某向旅游公司的法定代表人王某转账20万元，林某代旅游公司的法定代表人王某向案外人还款250万元，林某代旅游公司向承包人谢某退还承包某大酒店的押金30万元。

但是，酒店房产租赁合同并未约定以代偿债务方式支付租金，林某即使向旅游公司的法定代表人王某或者案外人付款，也难以证明是履行租赁合同约定的支付租金的行为。法院考虑到本案租赁合同存在倒签的可能性，且目前尚无鉴定租赁合同签订的确切时间的有效技术手段，林某亦未能进一步提供证据证实租赁合同确于落款之日签订。

法院判决认定，林某在本案中提供的证据，不足以证明林某在涉案房屋办理抵押登记前已签订合法有效的书面租赁合同并取得租赁权。

律师解读

《最高人民法院关于人民法院办理执行异议和复议案件若干问题的规定》:“承租人请求在租赁期内阻止向受让人移交占有被执行的不动产，在人民法院查封之前已签订合法有效的书面租赁合同并占有使用该不动产的，人民法院应予支持。承租人与被执行人恶意串通，以明显不合理的低价承租被执行的不动产或者伪造交付租金证据的，对其提出的阻止移交占有的请求，人民法院不予支持。”根据该规定，承租人在租赁期间如果遇到执行，其提出执行异议阻止向受让人移交房屋的，必须符合以下条件：

一、租赁合同的签署时间必须在查封之前

承租人主张承租权阻却向受让人移交被执行的房屋，最直接、最核心的证据就是书面的租赁合同。房屋租赁合同的签署时间，必须在法院查封房屋之前。房屋租赁合同的生效时间，对承租人、执行申请人的权益能否完全实现影响重大。因此，房屋租赁合同的签署时间通常是案件的争议焦点。

本案中，林某提供了房屋租赁合同，且房屋租赁合同在形式上签署时间在房屋抵押之前。但是，在诉讼中，被申请人银行根据房屋租金的支付、房屋占有等事实，就房屋租赁合同的真实性提出质疑，提出该合同是倒签合同。法院经过审理认为，租赁合同存在倒签的可能性，但是因为目前尚无有效的技术手段对于房屋租赁合同的签署时间进行鉴定，申请人林某亦未能提供更多的证据证明租赁合同的签署时间。据此，法院判决认为，林某提供的证据不足以证明房屋办理抵押登记前已签订合法有效的书面租赁合同。

我们认为，为证明租赁合同的签署时间，除了房屋租赁合同外，以下的文件和情形可以作为租赁关系已经成立的证明：租赁备案登记，租赁合同公证，租赁合同律师见证，已就相应租赁关系提起诉讼或仲裁，承租人支付租金的银行记录，承租人代出租人缴纳租金税的银行流水，在房屋所在物业公司办理租赁登记，已向抵押权人声明租赁情况等。

二、承租人必须提供占有房屋的确切证据

承租人提出阻止移交占有，除了要提供签署时间在查封之前的房屋租赁合同外，承租人还需占有使用该房屋，并提供其实际占有使用房屋证据。

承租人占有使用房屋的证据，除了房屋租金、物业管理费、水电等支付记录外，房屋装修或者改造合同、经营地址登记注册均是证明房屋占有使用的证据。

本案中，林某不能证明房屋是由其占有使用，故法院未支持林某阻止移交房屋的请求：

1. 林某不能提供确切的租金支付记录

根据林某提供的证据，房屋的租金是通过代偿债务方式支付。但是，房屋租赁合同中并没有约定租金是以代偿债务的方式支付。更重要的是，林某提供的代偿债务的支付记录，并不是林某与产权人之间的银行往来，而是林某与第三方之间的转账往来。也就是说，林某提供的证据只能证明转款人与收款人之间的款项往来关系，而不能证实这些款项的性质，更不能证实转账的款项是用于支付《酒店房产租赁合同》项下的租金。

2. 林某不能提供证据证明其作为承租人占有使用房屋的对外公示外观

林某提交的水电费发票显示，水电费以被执行人旅游公司名义缴纳。房屋的营业税的完税证明显示纳税主体为旅游公司，并且税收完税证明显示，房产税均是“从价计征”而非“从税计征”，由此法院推论涉案房产租赁事实并未向税务部门披露，也未依法纳税。房屋大堂悬挂的营业执照仍显示经营主体为被申请人旅游公司，酒店负责人王某（被执行人的法定代表人）。

法院根据以上事实认定林某提供的证据未能形成租赁权的公示外观，达到“宣誓租赁权”的法律效果。

三、房屋租金是重要的考量因素

根据《最高人民法院关于人民法院办理执行异议和复议案件若干问题的规定》，如果租金明显不合理，则法院将认为承租人与被执行人存在恶意串通的可能，关于阻止移交占有的请求，人民法院不予支持。租金的合理性主要包括价格和支付方式两个方面。租金价格主要参考同地区的租金标准。此外，对于租金水平本应浮动较大的商铺，如果以固定价格出租20年，价格的合理性也可能遭到质疑。关于租金的支付方式，实践中的常见问题是以租抵债是否视为支付了租金。本案中，最高人民法院虽然未否定以租抵债，但是房屋租赁合同中并未约定该等租金的折抵方式，且林某提供的银行往来不能证明是发生在房屋产权人与林某之间。因此，法院认为林某提供的证据不能证明租赁合同租赁关系的真实存在。

操作指引

在拍卖执行案件中，承租人该如何确保自身权益的最大化。结合最高法院裁定文书及我们的实践经验，承租人应重点关注以下内容：

1. 应签署书面的租赁合同，并进行租赁登记

房屋租赁必须签署书面的房屋租赁合同，在签署房屋租赁合同时，承租人应注意以下问题：

（1）承租人不仅要查明出租人是否有权出租房屋，例如是否是房屋所有权人或者是否有权转租或者处分房屋，还需要到房屋登记部门查明房屋是否有抵押。如果房屋已经被告抵押，则对于长期租赁合同而言，存在房屋被拍卖执行的风险。

（2）在签署房屋租赁合同时，租金的标准、支付方式和时间，应符合市场行情。如果有以租抵债的情况，应在租赁合同中明确，并说明债权的详细情况。

（3）《城市房地产管理法》《商品房屋租赁管理办法》要求房屋租赁应办理登记备案手续。该要求属管理性规定，是否办理登记并不影响合同效力。但是，办理了备案登记可以作为房屋租赁合同签署的最直接和最有利的证据。如果办理租赁备案登记有困难，建议就租赁合同进行公证或者见证，以确定租赁合同的签署具体时间。

2. 租赁合同的履行，应保留支付凭证

租赁合同履行过程中，应保留占用使用房屋的所有证据，包括：租金支付记录，水电等费用支付记录，房屋租赁税发票，房屋装修合同，装修费用支付记录，以及物业管理费支付记录等。

租金支付的时间、金额应与房屋租赁合同的约定一致，如果在合同履行中关于租金的支付有变更，应签署书面的变更协议。若涉及代收代付，则应由代收代付方出具书面的代付说明。

法条链接

1.《最高人民法院关于人民法院办理执行异议和复议案件若干问题的规定》（2020 年修正）

第二十四条 对案外人提出的排除执行异议，人民法院应当审查下列内容：

（一）案外人是否系权利人。

（二）该权利的合法性与真实性。

（三）该权利能否排除执行。

第三十一条 承租人请求在租赁期内阻止向受让人移交占有被执行的不动产，在人民法院查封之前已签订合法有效的书面租赁合同并占有使用该不动产的，人民法院应予支持。

承租人与被执行人恶意串通，以明显不合理的低价承租被执行的不动产或者伪造交付租金证据的，对其提出的阻止移交占有的请求，人民法院不予支持。

2.《中华人民共和国城市房地产管理法》

第五十四条 房屋租赁，出租人和承租人应当签订书面租赁合同，约定租赁期限、租赁用途、租赁价格、修缮责任等条款，以及双方的其他权利和义务，并向房产管理部门登记备案。

3.《商品房屋租赁管理办法》

第十四条 房屋租赁合同订立后 30 日内，房屋租赁当事人应当到租赁房屋所在地直辖市、市、县人民政府建设（房地产）主管部门办理房屋租赁登记备案。

第十一章　其他纠纷

案例一　承租人欠付租金，是否可以断水断电？

案由：房屋租赁合同纠纷[①]

上诉人（原审原告、反诉被告）：南京市江宁区某美食店

被上诉人（原审被告、反诉原告）：南京某商业管理有限公司

案情介绍

原告南京市江宁区某美食店作为承租人与被告南京某商业管理有限公司签订一份为期 3 年的商铺租赁合同，约定了商铺的租金及相关费用，并约定了违约条款“在租赁期内……逾期支付上述任何款项超过 7 天的，甲方有权提前 1 个工作日通知乙方后停止有关能源、设施、设备等的供应或禁止有关使用。因此造成的一切后果由乙方自行承担，甲方对乙方采取停止有关能源、设施、设备等的供应或禁止有关使用的措施后，不免除乙方交纳相关款项的义务”。在双方仅实际履行租赁合同一个季度后，原告以未办理消防许可证要求延期起算租金，并以此为由拒绝交纳合同约定的第二季度租金

① 案例来源：南京市江宁经济技术开发区人民法院（2019）苏 0191 民初 767 号判决书、江苏省南京市中级人民法院（2020）苏 01 民终 5974 号判决书。

等费用。对此，被告向原告发出关于停止提供对其服务的通知并切断水电供应。随后，原告以被告擅自切断水电造成其损失为由诉至一审法院，被告同时也就原告欠付其租金、物业管理费、水电费等提起反诉，并在反诉中提出解除双方之间的租赁合同。

各方观点

原告认为，其与被告于2018年9月签订商铺租赁合同，其因为向被告交纳了7100元代办消防相关证件的费用，而被告一直未向其出示相关证件，也不肯承诺其不会因为消防问题遭受处罚，其希望将起租期延后，因双方未就起租期达成一致，故其未交纳租金、物业费等费用，但其此前交纳的装修押金等费用足以冲抵所欠费用。但被告在未退还其7100元消防款的情况下于同年5月17日上午10点以其欠水电费为由采取了断电措施，导致其无法正常经营，造成其多项经济损失。

被告认为，其公司代为办理了有关消防证件，且其系受委托办理，没有任何义务替原告办理消防证件，原告不按期交纳有关费用，其有权依照合同约定切断水电，并主张所欠费用。

法院判决

关于被告在原告拒绝交纳租金等费用的情况下能否依据合同约定采取切断水电措施的问题。法院认为，民事主体行使权利应秉持审慎、合理合法的原则，以适当的方式行使，不得滥用。出租人采取切断水电的措施对双方合同履行造成的影响不得超过必要限度，应当与承租人欠付的租金数额、比例以及过错程度相适应。本案中，虽然被告与原告签订的商铺租赁合同约定在租赁期内，承租方逾期支付合同约定的任何款项超过7天的，甲方有权经提前一个工作日通知乙方后停止有关能源、设施、设备等的供应或禁止有关使用，因此造成的一切后果由乙方自行承担，但被告切断水电的行为明显过当。首先在双方仅实际履行涉案租赁合同一个季度，且原告欠付的下一季度租金、物业管理费等费用尚可以用，以及已交纳的租赁保证金、物业管理费押金部分抵销的情况下，被告即以原告欠付租金等费用为由切断水电，并且不愿再恢复，以彻底断绝双方合同继续履行的方式促缴欠费，使双方本可以长期履行的合同处于中止履行状态。其次，对于商铺租赁来说，保持正常的水电供应是出租方的基本合同义务，不应随意切断水电。最后，被告在原告出现违约行为后，可以采取多种途径维护自身合法权益。但应从有利于合同履行的角度，依照公平原则尽量采取适当合理的措施，但原告在尚未解除合同且可以采取其他方式维护自身权益的条件下，被告却采取直接切断水电的方式且在法院提示恢复水电以避免损失扩大后仍然断水断电，超过必要合理限度，与原告所欠租金数额、比例及过错程度不相适应。综上，在被告切断水电属于不当行使权利的情况下，被告应对其切断水电所造成的某美食店的损失予以酌情赔偿。

律师解读

一、出租人在承租人欠费时有权断水断电的约定是否有效?

《民法典》第四百九十六条：

格式条款是当事人为了重复使用而预先拟定，并在订立合同时未与对方协商的条款。

采用格式条款订立合同的，提供格式条款的一方应当遵循公平原则确定当事人之间的权利和义务，并采取合理的方式提示对方注意免除或者减轻其责任等与对方有重大利害关系的条款，按照对方的要求，对该条款予以说明。提供格式条款的一方未履行提示或者说明义务，致使对方没有注意或者理解与其有重大利害关系的条款的，对方可以主张该条款不成为合同的内容。

因商业交易的流程化程度较高，在经营性租赁合同中大多直接使用出租人提供的格式合同文本。关于承租人欠付租金，出租人有权断水断电的条款大多直接约定在该格式化的租赁合同当中。如果双方的租赁合同直接使用的是出租人提供的格式合同，且格式合同中的断水断电条款在订立合同时未与承租人协商，那么，根据《民法典》第四百九十六条的规定，该约定将被认定为格式条款。

此时出租人有提请承租人注意并且对断水断电条款进行说明的义务，从而让承租人知晓该条款，让预先拟定、在订立合同时未与对方协商的条款转化成承租人能够接受的条款，成为其真实意思表示，符合民事法律行为有效的构成要件，否则可能影响该条款的效力。如提供格式条款的一方未履行提示或者说明义务，致使承租人没有注意或者理解与其有重大利害关系条款的，承租人可以主张该条款不成为合同的内容，此时出租人的断水断电措施就会丧失合同依据。如果经过判断，该约定并非格式条款或者出租人尽到了提请承租人注意，并且对断水断电条款进行了说明的义务。那么，双方在房屋租赁合同中关于拖欠租金即可断水断电的约定应属合法有效的条款，可以成为出租人享有约定权利的合同依据。

二、出租人采取切断水电的措施应当与承租人欠付的租金数额、比例及过错程度相适应，双方合同履行造成的影响不得超过必要限度。

北京市高级人民法院《关于审理房屋租赁合同纠纷案件若干疑难问题的解答》第11条："房屋租赁合同履行过程中，从事经营活动的承租人经出租人催告并事先告知将采取断电（水、气）等行为的情况下，在合理期限内仍未依约支付租金，出租人采取前述行为属于行使合同履行抗辩权的行为，但合同另有约定的除外。承租人应当支付断电（水、气）期间的租金。出租人采取断电（水、气）等行为对合同履行造成的影响应当与承租人欠付租金的数额、比例及过错程度相适应，超过必要限度给承租人造成损失的，应当承担赔偿损失等违约责任。”

在断水断电条款合法有效的前提下，需判断适用该条款的条件是否成就，即需判断承租人是否存在欠付租金的行为、承租人欠付租金是否构成违约，以及出租人采取的断水断电措施是否符合租赁合同约定。

当租赁合同明确约定断水断电条款，且适用该条款的条件成就时，依法成立合同中的约定应当受到法律的保护。

实践中因水电供应属于经营性租赁中承租人正常经营必不可少的条件，出租人一旦对于承租人的租赁场所进行断水断电往往会导致承租人经营困难，带来较大且不必要的损失。因此，面对承租人欠付租金时，出租人采取的断水断电的行为仍需受承租人合法权益保障的限制，应当与承租人欠付租金的数额、比例及过错程度相适应。例如在前述某美食店与某管理公司房屋租赁合同纠纷案中，法院认为：“原告承租涉案商铺主要用于经营餐饮，被告采取切断水电方式催交租金超过必要合理限度，导致原告无法经营店铺，并对其造成相应的经济损失，应予赔偿。”

三、出租人断水断电后，承租人是否仍应按原约定交纳租金？

《民法典》第五百八十条：

当事人一方不履行非金钱债务或者履行非金钱债务不符合约定的，对方可以请求履行。但是有下列情形之一的除外：

（一）法律上或者事实上不能履行。

（二）债务的标的不适于强制履行或者履行费用过高。

（三）债权人在合理期限内未请求履行。

在承租人欠缴租金时，未履行金钱债务的承租人不享有民法典第五百八十条规定的违约方解除权，故其无须承担减损义务，减损义务应由享有解除权的出租人一方承担。在大量涉及断水断电导致的房屋租赁合同纠纷中，出租人面对承租人的欠付租金行为，其本可解除合同，在清算合同关系后，将房屋另行出租，但其却出于索要租金、占用费或是高额违约金等目的，怠于采取任何行动，甚至不惜放任房屋空置。

因此，实践中如果出租人没有采取适当措施，任由损失扩大，法院一般会认定出租人对于扩大的损失承担一定的责任，可酌情减少承租人在断水断电期间的租金等费用。若出租人放任损失扩大而不终止合同，其应当对损失扩大部分承担责任。

操作指引

当双方在租赁合同中明确约定出租方不履行合同义务时承租方可以断水、断电方式催缴，则应当首先判断该约定的效力问题。若该约定有效，再根据当时人是否符合适约条件、权利行使是否适当等因素判定出租人催缴手段的正当性。

对于断水断电条款，建议注意事先催告并告知将采取断水断电行为，同时还需要注意给予承租人一定的合理期限，停止供应的措施应与承租人的违约行为具有对等性。

案例二　承租人将房屋钥匙交还出租人能否被当然视为合同解除？

案由：房屋租赁合同纠纷[①]

① 案例来源：上海市浦东新区人民法院（2021）沪 0115 民初 108155 号判决书。

原告：上海 *** 空间管理有限公司（出租人）

被告：上海 *** 物流有限公司（承租人）

案情介绍

原告与被告分别于2018年4月3日、2018年5月24日签署了两份场地租用协议。履约期间，被告承租房屋后，将该房屋交由案外人上海某仓储有限公司使用。2019年9月因案外人涉嫌走私，海关查封存放相关货物的该房屋。经协调，2018年10月26日存放于该房屋中的货物搬至原告管理区域的东北角堆放。同日被告将该房屋钥匙交予门卫，原告工作人员周某于2018年10月29日拿钥匙并至该房屋及货物堆放处查看。

履约期间，被告自2018年10月起至合同期满前，长期拖欠租金。原告多次向被告催缴，被告均以各种理由拒不支付。

各方观点

原告认为，场地租用协议合法有效，被告的货物移库是在2018年10月29日完成，原告否认收到被告交还的钥匙，同时表示被告交还钥匙的行为也不代表原告同意解除合同。

被告认为，由于案外人涉嫌走私，2018年9月系争房屋被海关查封，至2018年10月26日被告将货物清空并将房屋交还给原告，同时被告向原告递交了书面的解除合同通知，写明押金作为最后一个月的租金，所以原、被告双方的合同已在2018年10月26日协议解除，在此之后的租金不应该支付。

法院判决

对于被告认为已向原告递交了解除合同的申请，货物从房屋中搬出，原告接收了被告交还钥匙的行为应视为原告同意解除合同的观点，原告对此未予确认。本院认为，合同提前解除须经双方当事人协商一致，证人周某属于原告公司督促履行合同的工作人员，其不具备决定合同是否解除的权限，诚如被告确实向原告提出过书面解除合同申请，但原告未做出同意解除的意思表示，被告承租的房屋中货物也未从原告管理的房屋范围中清场，双方只是变更了合同的标的，而不是解除合同，故本院对被告提出的合同已经解除的观点不予采纳。

律师解读

出租人对"交还钥匙"未提出异议是否能认定为默示同意解除合同？

《民法典》第一百四十条："行为人可以明示或者默示做出意思表示。沉默只有在有法律规定、当事人约定或者符合当事人之间的交易习惯时，才可以视为意思表示。"

明示，是意思表示默认的方式。默示，是有严格限制的，只能在上述三种情形下才能适用。其中，法律规定的情形如下：

《民法典》第一百四十五条规定："限制民事行为能力人实施的纯获利益的民事法律行为或者与其年龄、智力、精神健康状况相适应的民事法律行为有效；实施的其他民事法律行为经法定代理人同意或者追认后有效。相对人可以催告法定代理人自收到通知之日起三十日内予以追认。法定代理人未作表示的，视为拒绝追认。"

《民法典》第一百七十一条规定："行为人没有代理权、超越代理权或者代理权终止后，仍然实施代理行为，未经被代理人追认的，对被代理人不发生效力。相对人可以催告被代理人自收到通知之日起三十日内予以追认。被代理人未作表示的，视为拒绝追认。"

《民法典》第五百五十一条规定："债务人将债务的全部或者部分转移给第三人的，应当经债权人同意。债务人或者第三人可以催告债权人在合理期限内予以同意，债权人未作表示的，视为不同意。"

《民法典》第六百三十八条规定："试用买卖的买受人在试用期内可以购买标的物，也可以拒绝购买。试用期限届满，买受人对是否购买标的物未作表示的，视为购买。"

实际履约过程中，一方往往以自己或别人的某种作为或者不作为来直接推断另一方的意思表示。本案中，承租人上海 *** 物流有限公司向出租人工作人员交还了房屋钥匙，用行为做出了解除合同的意思表示，出租人得知后虽未明确表示不同意解除合同，但亦不能以此认定其为默认同意，因为除法律明确规定或者当事人明确约定外，同意解除合同必须由当事人明示做出。

案例三　承租人擅自搭建违章建筑导致的损害，出租人要承担责任吗？

案由：财产损害赔偿纠纷[①]

原告：上海欧记纸业有限公司

被告：上海某实业公司（出租人）

被告：上海市宝山区某汽配商店（承租人、转租人）

被告：上海某橡塑模具有限公司（实际承租人）

被告：昆山某公司

被告：张某某（电焊工人）

被告：苏州某环保科技有限公司

---

① 案例来源：上海市第二中级人民法院（2019）沪 02 民终 1048 号判决书、上海市宝山区人民法院（2017）沪 0113 民初 13171 号判决书。

被告：上海某物流发展有限公司

案情介绍

2017年3月26日10时25分，市应急联动中心接警，位于上海市宝山区某模具有限公司厂房发生火灾，造成其厂房及内部物品基本烧毁；火灾向外蔓延，造成上海某物流发展有限公司D仓库及内部纸张等物品烧毁，C仓库及内部硼砂等物品部分受损，仓库外围木材堆垛部分烧毁；造成上海市宝山区某汽配商店建筑及内部物品部分受损；造成西侧木材堆垛及宿舍内物品烧毁；过火总面积约2200平方米，火灾未造成人员伤亡。

经调查，起火部位位于上海某模具有限公司厂房内西门往东数第二根立柱附近处，起火原因为张某某在电焊过程中产生的高温焊渣引燃周边可燃物并扩大成灾。

对于火灾造成的损失，原告要求判令被告连带赔偿原告人民币4，477，622.7元（对被告某物流公司不要求承担赔偿责任，如果法院认定其有责任，相关责任由原告自行承担）。

认定事实

经调查，对起火原因认定如下：该起火灾起火时间为2017年3月26日10时22分，起火部位位于上海雯霞橡塑模具有限公司厂房内西门往东数第二根立柱附近处，起火原因为张某某（电焊工人）在电焊过程中产生的高温焊渣引燃周边可燃物并扩大成灾。

被告上海某实业公司是火灾厂房的所有权人，没有尽到注意义务，没配置相关消防设施。

火灾厂房是某汽配商店搭建的一部分违章建筑，被告上海某实业公司作为出租人没有明确制止。

被告上海市宝山区某汽配商店将违规搭建的部分厂房转租给被告上海某橡塑模具有限公司，没有配置任何消防设施设备，被告上海市宝山区某汽配商店、上海某橡塑模具有限公司在消防通道里放置很多易燃品，造成火灾事故发生。

被告上海某橡塑模具有限公司是实际承租人，原告承租的被告上海某橡塑模具有限公司隔壁被告上海某物流发展公司的仓库。被告上海某橡塑模具有限公司有个电焊作业工程，发包给被告苏州某环保科技有限公司，苏州某环保科技有限公司把工程转包给被告昆山某公司；被告张某某系昆山某公司聘用的工作人员，在操作电焊过程中违规操作导致火灾，且电焊操作证已经过期。

法院判决

1. 昆山某公司、张某某的责任问题

根据火灾事故认定书及询问笔录，本起火灾系违规操作电焊而引发，张某某在没有按期复审电焊操作证、现场没有取得动火证、未将灭火器材放置适当位置、现场未清理完可燃物、没有观察周边环境等违反安全生产相关规定的情况下动火施工，电焊作业行为与火灾的发生存在直接因果关系。张某某系昆山某公司雇用，事发时系履行职务行为，故昆山某公司应对火灾造成的损失承担主要赔偿责任。

2. 上海某橡塑模具有限公司的责任问题

根据火灾事故认定书及询问笔录，本次火灾发生原因系在电焊过程中产生的高温焊渣引燃周边可燃物并扩大成灾。上海某橡塑模具有限公司明知施工场地有大量可燃易燃物，施工前未将场地可燃易燃物清理干净，施工过程中未对现场尽到安全施工监管义务，对周围作业环境未尽到审慎注意义务，故对于火灾发生存在过错，与

火灾发生具有因果关系，上海某橡塑模具有限公司应对火灾造成的损失承担一定比例的赔偿责任。

3. 苏州某环保科技有限公司的责任问题

苏州某环保科技有限公司将其承接的工程分包给昆山某公司，未取得上海某橡塑模具有限公司的同意，在施工过程中未派人对现场进行监管，没有对实际施工人员资质进行审核，故苏州某环保科技有限公司对昆山某公司的赔偿义务承担相应比例的补充赔偿责任。

4. 上海某实业公司及上海市宝山区某汽配商店的责任问题

被告上海市宝山区某汽配商店作为转租人将可能存在消防安全隐患的违章建筑出租给上海某橡塑模具有限公司，被告上海某实业公司作为产权人和出租人，对承租人搭建违章建筑采取放任的态度，且对仓库内的动火施工疏于安全监管，故本院确认被告上海某实业公司及被告上海市宝山区某汽配商店对火灾造成的损失共同承担一定比例的赔偿责任。

综上，依据各方过错程度、原因力大小及行为性质等因素，对于火灾损失，酌情确定上海某实业公司及上海市宝山区某汽配商店共同承担10%的赔偿责任，昆山某公司承担70%赔偿责任，上海某橡塑模具有限公司承担20%赔偿责任。苏州某环保科技有限公司对昆山某公司的赔偿义务承担50%补充赔偿责任。

律师解读

出租人对第三人在其房屋及土地上添附违章建筑的行为，未积极采取措施消除安全隐患，放任违法建筑存在，引发火灾，造成损失的，出租人应承担一定比例的赔偿责任。

案例四　房屋不能办理营业执照，承租人是否可以解除租赁合同?

案由：房屋租赁合同纠纷[1]

上诉人（原审原告、反诉被告）：李某（承租人）

上诉人（原审被告、反诉原告）：张某（出租人）

案情介绍

2019 年 4 月 15 日，张某（出租人）与李某（承租人）签订房屋租赁合同，约定：出租人将位于北京市密云区 ×× 号房屋出租给承租人使用。租赁期限五年，自 2019 年 6 月 1 日起至 2024 年 5 月 31 日止。

关于办理营业执照，双方曾经协商由出租人协调有营业执照的公司通过股权转让等方式使承租人及其经营团队获得营业执照，但是，在具体细节方面双方没有谈妥，最终放弃了该种取得营业执照的方式。2019 年 7 月 31 日，承租人委托第三人发送微信给出租人，要求出租人提供房屋产权证明和房屋所有权人的身份证明，用以办理营业执照。2019 年 8 月 12 日，承租人向一审法院提起诉讼，要求解除双方之间签订的房屋租赁合同、退还已付租金，并要求出租人赔偿损失。

法院判决

作为经营性房屋租赁，出租人有义务为承租人提供办理营业执照所需的房屋产权证明等相应材料，协助承租人办理营业执照。据本案中的在案证据，结合涉案房屋的位置及其他实际情形，承租人

① 案例来源：北京市第三中级人民法院（2020）京 03 民终 10692 号判决书、北京市密云区人民法院（2019）京 0118 民初 11450 号判决书。

承租涉案房屋显然用于商业经营，出租人对此提出抗辩但并未举证，本院不予采信。出租人未能履行协助承租人办理营业执照的义务，因其行为导致了双方的租赁合同目的不能实现，承租人依照法律规定享有合同解除权。

律师解读

经营性房屋租赁实操中，无法办理营业执照一般有以下几种情形：

1. 出租人未能提供相关的必要协助。

2. 租赁房屋在先已有第三人的营业执照登记，第三人尚未对其营业执照进行迁移或注销。

3. 租赁房屋本身存在瑕疵，缺少办理营业执照必要资料（如权属瑕疵，环保、消防、排水等不符合规定）。

从案件审理结果来看，在经营性租赁合同纠纷中，提供办理营业执照所需的材料是出租人的附随义务。即使租赁合同中明确排除了出租人的这项义务，也有可能被法院基于公平原则和诚实信用原则认定出租人存在排除应负义务之嫌，故仍需负担保证承租人可及时取得办理营业执照所需材料之义务。

因此，建议出租人应合法合规进行出租，对租赁房屋的规划用途及消防、排水设施等情况有基本了解，对于租赁房屋适合经营的业态有基本判断。出租租赁房屋后，应积极履行协助义务，配合提供承租人办理营业执照所必需的证明文件。

对承租人而言，首先，在租赁合同签署前应尽到审慎的注意义务。对租赁房屋进行详细考察，对租赁房屋产权、规划用途等进行书面核实，向工商部门查询租赁房屋内是否存在第三方的营业执照。其次，结合自身拟经营的业态查询办理经营许可证（如需）、营业执照所需的证明文件，并与出租人确认其是否可以提供。最后，可以在租赁合同中明确出租人的协助义务及违约责任。

案例五　合同解除后承租方的装饰装修损失谁来承担?

案由：房屋租赁合同纠纷[①]

原告：上海某餐饮管理有限公司（承租人）

被告：上海市某研究中心（出租人）

案情介绍

2002年12月27日，上海市闵行区某酒家与某研究中心签订租赁协议，协议约定由某酒家承租某研究中心房屋用于经营饭店，该租赁协议于2009年2月28日届满。2003年至2005年期间，某酒家在该址上出资搭建了无证建筑物。

2009年3月28日，某酒家实际控制人以原告的名义与某研究中心签订租赁合同，合同约定由上海某餐饮管理有限公司承租涉案房屋用于饭店经营，租期自2009年3月1日至2021年2月28日，合同约定的建筑面积约为1300平方米，其中产证面积为826.29平方米。原告在《租赁合同》的履行期间对涉案房屋先后进行了二次整体装修。2019年11月，拆违办通知，上述无证建筑物将由该办负责拆除。经该办测量，涉案房屋存在无证建筑物面积共计1，135.40平方米，其中砖混结构1，049.70平方米，彩钢结构50.70平方米，铝合金框架钢化玻璃二处35平方米。在拆违办的此次拆违整治过程中，某研究中心全程参与并知晓拆违工作进展，从未提出任何异议。

---

① 案例来源：上海市闵行区人民法院（2020）沪0112民初3000号判决书。

上海某餐饮管理有限公司接到上述拆违通知后，立即通知某研究中心接收涉案房屋。原告认为，拆违工作直接导致其无法实际经营，租赁合同的根本目的无法实现。而该部分无证建筑物系某研究中心出租给其使用，并实际收取了相应租金。现因无证建筑物被拆除导致租赁合同根本目的无法实现，属于某研究中心的过错，故诉至法院。

各方观点

首先，原告认为，拆违工作直接导致其无法实际经营，租赁合同的根本目的无法实现有权依据法律规定解除合同。其次，在租赁期间，原告对涉案房屋加以装修，因非其原因导致饭店无法正常经营，根据《租赁合同》的约定及司法解释的相关规定，被告应当按照合同剩余期限租金的 10%（即 2020 年 1 月 1 日至 2021 年 2 月 28 日租金计 1，416，904 元）向其偿付违约金 141690 元，并赔偿装修损失。此外，被告收取的保证金及原告未使用期间的租金应当予以返还。再次，原告在告知被告评估单位、被告未提出任何异议的情况下委托公证机关和评估单位进行公证和评估，相关费用应当由被告承担。最后，原告与员工协商一致解除劳动合同，并依据劳动法律法规规定，向员工支付经济补偿金，应当由过错方被告承担赔偿责任。

被告认为，2020 年 1 月拆除的 1，135.40 平方米建筑物，系原告未经同意自行搭建的违章建筑，所有损失和责任应由原告自行承担。拆违面积计 1，135.40 平方米，系租赁合同履行期间由原告自行搭建的部分，首先在租赁协议履行期间，涉案房屋已完整具备作为餐厅的各个功能部件，故租赁合同并不存在实质性不能履行的情况。其次，此次拆违系原告故意举报促成，原告无权解除合同，其违约解除合同的行为不发生法律效力。最后，即便原告有权解除合同，合同的解除时间应以诉状到达被告时，即 2020 年 1 月 19 日解除。

法院判决

某酒家的经营者（原告的法定代表人）自 2002 年起租赁涉案房屋中的有证房屋。自 2004 年至 2009 年期间，该经营者在有证房屋的基础上搭建了违章建筑，并从事经营活动。基于此，法院认为，该经营者首先于 2009 年签订租赁合同时，对租赁标的物中，哪部分属于有证面积，哪部分属于无证面积当然知晓。其次，自 2015 年至 2021 年，涉案房屋先后经历了三次拆违，即 2015 年 12 月 17 日，被拆 460 平方米；2018 年 9 月 11 日，被拆 267.37 平方米；2021 年 1 月 2 日，被拆 1，135.40 平方米。由此可见，该经营者所经营的某酒家或原告在租赁涉案房屋长达 17 年期间，通过不断对涉案房屋的改扩建，以从事经营活动，并获取经营利益。最后，原告的工作人员于 2019 年 11 月至 12 月间持续在各级政府网站上发布文章，认为涉案房屋有违章建筑、有安全隐患，被告为此委托上海房屋质量检测站对涉案房屋进行检测，但检测站人员与原告联系检测事宜时，某公司未予配合。综上，法院认为，涉案房屋被拆违后，原告确有损失，而该部分损失，应由原告自行负担。被告将涉案房屋出租给该经营者所经营的酒家、公司，在长达 17 年期间，任由搭建违章建筑从事经营活动，并从中获取收益。拆违后，涉案房屋的多处墙体因违建而被拆除，确有损失，该部分损失由被告自行负担。

因此，关于原告要求被告赔偿装修损失 5，273，167 元、偿付违约金 141，690 元、员工经济补偿金损失 355，804.05 元、公证费 30，000 元、评估费 30，000 元的诉讼请求，法院不予支持。关于原告要求被告返还保证金250，000元的诉讼请求，于法有据，法院当予支持。关于原告要求被告返还自2020年1月1日至2020年2月29日租金计202，414.83元的诉讼请求。本院认为，首先，被告对上述款项的金额予以确认；其次，原告自2020年1月1日起因拆违，未再使用涉案房屋。综上，法院对该项诉讼请求予以支持。

律师解读

承租方租赁房屋用于商业经营，一般情况下，将会依据经营所需对租赁房屋进行装饰装修。装饰装修分为可移动装修和不可移动装修。

租赁合同解除时，承租人往往会向出租人主张装饰装修损失，出租方一般会辩称承租人对租赁房屋进行装修应为自行负担的经营成本，与出租人无关。在租赁合同明确约定装饰装修事宜的，双方应严格按照合同约定处理；在租赁合同没有明确约定且租赁合同是非正常解除的情况下，就结合双方对于合同解除过错程度来最终确定装饰装修的归属及补偿。

案例六　空调盘机爆裂漏水，物业公司未尽合理注意义务承担部分赔偿责任

案由：财产损害赔偿纠纷[①]

原告：安世科（上海）安全防范科技有限公司

被告：上海某物业管理有限公司

上海某大学

---

① 案例来源：上海市静安区人民法院（2017）沪0106民初25229号判决书。

案情介绍

上海市某大厦开发建造时，中央空调系统及供暖系统作为房屋的附属设施，随房屋建造完成并交付业主。大厦冬季使用锅炉做热源，热水由管道送至各室内风机盘管，从而完成供暖。原告为房屋的承租人，被告上海某大学为房屋出租人，被告上海某物业管理有限公司为大厦的物业管理公司。

2016年1月24日晚，物业公司保安巡逻时发现大厦23楼南面走廊积水，水由原告承租部位流出，于是关闭该楼层的水阀、切断单元电源并通知原告。经双方开门检查，发现原告财务室靠近窗户的空调风机盘管爆裂。事故造成系争房屋及23层多家租户地毯、墙面、天花板及部分办公设备、家具、存货等受损。第二天原告、被告及保险公司进行了现场勘察，现场查勘记录记载财务室窗户未关，空调盘管冻裂，以及各房间的受损部位和设施设备的详细情况。

因各方就责任和损失赔偿数额未能达成一致，原告起诉要求被告赔偿共计金额为人民币84，445.6元，包括房租损失22，539元、空调维修费6,800元、装修损失23,525元、地毯清洁费3,432元、烟感器维修费800元、36天物业费11,349.61元、律师费6,000元、电脑、打印机等其他损失10，000元。

各方意见

原告认为，房屋内中央空调风机盘管爆裂，导致大量管道水倾泻而出，承租房屋内原告财物及装修严重受损。因空调属被告上海某大学所有，两被告未尽到维修保养及使用的提醒告知义务，应承担赔偿责任。

被告物业公司认为，原告没有关闭窗户才是盘管爆裂的原因，故应由原告自行承担损失。即使被告应当承担赔偿责任，被告不认可原告提出的损失构成和金额。

被告上海某大学辩称，其将房屋交付给案外人时，房屋及附属设施状态良好；盘管爆裂系罕见低温气候条件下原告不当开窗导致，业主于事故发生后及时与被告物业公司协调采取相关措施，避免损失扩大，已尽到相关义务；上海某大学仅使用了整个大楼中央系统的一部分，并非供暖设备的所有权人。

法院判决

本院认为，结合盘管爆裂位置距窗户较近、事故发生的突然性和出水量，盘管因低温冻裂的可能性更高，原告开窗与室内温度低于零下有直接关系。原告未关闭窗户系对可能来临的暴雨、冰冻等恶劣天气对房屋造成的影响采取放任的态度，故应对其过失行为造成的财产损失承担主要责任。

被告上海某大学在将房屋交付给原告时，供暖管道系统不存在故障，因房屋使用人未妥善使用屋内设施导致的财产损失，不应由产权人承担责任。

被告物业公司作为专业物业管理机构，应当知晓天气严寒可能导致盘管冻裂，但其未能提供相应证据证明已提醒房屋使用人关闭窗户，也未对房屋使用人开窗的行为提出异议，故也应对损害结果的发生承担一定责任。

原告主张的损失金额中，法院确认原告在该次漏水事故中的物损为 25，232 元。综合考虑被告物业公司未尽合理注意义务及原告疏忽行为对损害结果的影响，法院酌情确定被告物业公司应向原告赔偿 5000 元。

律师解读

1. 判决综合各方证据，综合判断盘管因低温冻裂的可能性更高

本案中，各方关于空调盘机爆裂的原因各执己见。物业公司和产权人均认为，原告没有关闭窗户，导致盘管被冻裂，应由原告自行承担损失。但原告否认事故发生时窗户处于开启状态，认为不是冻裂，而是因为产权人和物业公司未尽到维修保养及使用的提醒告知义务而导致。

原告没有提供证据证明爆裂的原因，对于被告提出系冻裂并没有证据加以反驳，也没有向法院申请就爆裂原因进行司法鉴定。被告提供了事故发生的第二天公估公司的现场查勘记录作为初步证据，该勘察记录“现场查勘记录记载财务室窗户未关，空调盘管冻裂”，原告工作人员在现场查勘记录上签字。法院认为，这份报告能够客观反映当时的现场状况，并以此认定事故发生时窗户未关。法院同时结合事故发生时的天气（上海夜间气温低于 -3.5℃，市区最低气温达到 -7℃）、盘管爆裂位置距窗户较近、事故发生的突然性和出水量，认定盘管因低温冻裂的可能性更高。

2. 判决根据过错原则判定各方的责任

盘管爆裂是由于原告财务室的窗子开启导致，那么，窗子开启未关闭是何方责任呢？法院认为，事故发生的当天，室内气温在关窗的情况下不会达到冰点，因此，室内温度低于零下与原告开窗有直接的关系。房屋所在大楼有通风系统，开窗不具有必然性，下班后关闭窗门也是一般人应实施的常规行为。原告没有关闭窗户是对可能来临的暴雨、冰冻等恶劣天气对房屋造成的影响采取放任的态度，对于损害的发生有过失，应承担主要责任。

被告物业公司作为专业物业管理机构，应当知道天气严寒可能导致盘管冻裂，但没有提供相应证据证明已提醒房屋使用人关闭窗户，也没有对房屋使用人开窗的行为提出异议。法院由此认为物业公司未尽到职责，应对损害结果的发生承担一定责任。

关于被告产权人，因为其在向原告交付房屋时，供暖管道系统不存在故障。损害的发生是因为因房屋使用人不当使用设施导致，因此，产权人不承担责任。

最终法院判决物业公司承担的责任比例约20%。

3. 判决书中关于损失赔偿的项目和金额的认定

本案中，原告起诉的损失赔偿金额为84，445.6元，包括房租损失22，539元、空调维修费6，800元、装修损失23，525元、地毯清洁费3，432元、烟感器维修费800元、36天物业费11，349.61元、律师费6，000元、电脑、打印机等其他损失10，000元。最终法院认定损失数额为25，232元。对于原告主张的项目和金额，法院认为：

律师费、房租、物业费均系间接损失，原告亦未提供其停止办公另行租赁他处房屋使用的证据。原告无证据证明事故导致烟感器损坏。判决未支持原告主张这些费用。

空调维修费和地毯清洁费，法院根据发票金额予以确认。判决认为，供暖盘管爆裂需要维修，原告提供了空调维修费的发票。关于地毯清洁费，法院认为，根据公估公司的现场勘验报告，事发后房屋内地毯泡水。即使物业已做初步处理，原告聘请专业机构进行彻底烘干清洁亦具有合理性，法院支持地毯清洁费3432元。

关于装修费和电脑重置费，法院认可项目但酌情确定损失金额。判决认为，装修费和电脑重置费。法院认为，原告的证据不足以证明装修费金额与损失金额相当，电脑重置费用也没有相应的证据。

鉴于本案标的不大，考虑到如委托相关机构鉴定必然增加当事人的诉讼成本，判决书中酌情确认装修及电脑重置损失为15，000元。

综上，法院认定的损失金额为25，232元。

操作指引

1. 物业公司对于设施设备的维护应履行到位，且应尽到必要的提醒义务

本案中，物业公司与业主签订的《管理维修公约》约定，物业公司执行维修养护共用部位和共用设备（不包括自用部位及自用设备）；共用部位指超过一个单元以上的所有人共同使用的部位；共用设备指为超过一个单元而安装使用的共用设备。该公约明文罗列的共用部位和共用设备中仅包括共用部位的中央空调。因此，物业公司认为房屋内的空调设备不属于共用设备，没有维护责任。并且，在公约中明确约定业主应保证在任何时间内关闭所有窗户。因此，物业公司认为未关闭窗户的责任全部由被告承担。

本案中的空调系统是一个整体，且随房屋建设的原始设施设备，物业公司知晓每个单元内均有该等设备。虽然在《管理维修公约》中将认定单元内的空调系统不属于共用设备，但作为专业的物业管理公司，其对于设施设备的使用、维护，仍有提醒业主注意的义务。判决书认为，被告物业公司作为专业物业管理机构，应当知道天气严寒可能导致盘管冻裂，有义务提醒业主关闭窗户，也应就窗户的关闭状态予以检查，对于窗子开启行为应及时予以制止。被告尽到告知、检查的义务，属于未尽职责，应承担责任。

因此，物业公司在物业服务中，服务的范围不仅仅限于共用设备和公用设施，对于与房屋共用设施设备相关联的业主自用部分的设施设备，也应尽到提醒、检查的义务。

2. 事故发生后，保留现场状况，固定损害原因、范围和损失

本案中，判决认定原告承担责任及确定赔偿项目和范围时，以损害第二日公估公司的现场勘验报告作为依据。判决认为，现场查勘记录有原告工作人员签字确认，且形成于事故次日，能够较为客观地反映事故发生后的现场状况。因此，事故发生后，即使固定证据对于将来确定事故原因及损失和赔偿尤为重要。本案中，因为物业公司购买保险，事故第二日系保险公司聘请的公估公司前来勘验现场之时，并有事故各方工作人员在场参加，并签字确认。如果没有第三方机构前来勘验现场，物业公司若自行勘验现场，应注意保留录像、照片。在这种情形下，各方的参与和认可尤为重要，在勘验现场之前，应通知各方参与，并对于勘验情况进行书面记录、录像和拍照。如果现场可以确定事故原因，则在勘验笔录中，各方确认事故原因。勘验笔录的形式，不仅有文字描述，对于重点部位和设备，应拍照并打印后，由各方签字确认。

法条链接

《民法典》

第九百四十二条：物业服务人应当按照约定和物业的使用性质，妥善维修、养护、清洁、绿化和经营管理物业服务区域内的业主共有部分，维护物业服务区域内的基本秩序，采取合理措施保护业主的人身、财产安全。

对物业服务区域内违反有关治安、环保、消防等法律法规的行为，物业服务人应当及时采取合理措施制止、向有关行政主管部门报告，并协助处理。

第一千一百六十五条：行为人因过错侵害他人民事权益造成损

害的，应当承担侵权责任。

依照法律规定推定行为人有过错，其不能证明自己没有过错的，应当承担侵权责任。

第一千一百七十三条：被侵权人对同一损害的发生或者扩大有过错的，可以减轻侵权人的责任。

案例七　物业公司是否可规定水电费的标准？

案由：物业服务合同纠纷[①]

原告：叶某

被告：上海某物业管理有限公司

案情介绍

叶某在2013年购买某商业房屋。《上海市商品房预售合同》《前期物业服务合同》约定水电费按照上海市商业用水用电价格标准收取。上海市商业用电价格谷时为每度0.4元左右，峰时为每度0.8元左右，商业用水价格为每吨4.73元。物业公司收取电费以储值卡形式预先充值，电费按照谷时每度0.75元，峰时每度1.22元收取。水费按照每吨5.26元收取。自2016年5月至今，叶某已经缴纳电费24700元，水费1600元。按照叶某支付的电费计算，物业公司应当供电3~6万度，实际只供电2~3万度，应当补供电2万度。同理，物业公司需补供水34吨。

叶某起诉要求物业公司按照上海市商业电费、水费标准收取水电费，并要求物业公司补偿叶某供电2万度、用水34吨。

---

① 案例来源：上海市宝山区人民法院（2020）沪0113民初14611号判决书、上海市第二中级人民法院（2020）沪02民终9134号判决书。

各方意见

叶某认为，购房合同以及物业服务合同约定水电费按照上海市商用标准收取，但是物业公司收取的标准高于标准收费。二审期间，叶某提出，即使根据相关规定，物业公司属于转供电，但物业公司加价收取费用不合理。

物业公司认为，物业公司将电费分摊由业主承担，根据实际运营、测算和分摊下来，业主实际缴纳的电费少于物业公司实际向电力公司缴纳的电费，物业公司并非加价收取电费。

法院判决

《上海市商品房预售合同》约定，基于系争房屋商业规划用途，该房屋内的水、电、煤气均按照商业使用的标准收取。合同未明确约定商业使用标准即为自来水公司、电力公司供应商业用水用电的价格。物业公司主张输电供水的过程中损耗及共用设施设备能耗需摊入业主的水电费中，也属合理。且叶某长期按照物业公司制定的价格支付水电费，之前也无异议。

由此，法院判决支持物业公司按照预售合同约定的标准收取水电费用，驳回叶某的该项诉讼请求。

律师解读

一、经营性物业在仅开通单一用户的情形下，向业主供电供水存在损耗

在非居住项目中，开发建设房屋时，安装供水供电设备一般情况下只有单一用户，即供水供电设施设备只安装到小区规划的设备间，再由开发单位出资安装设备间到每户的输电供水线路及计量水电表。供水供电单位仅抄表到总表，由物业公司向供水供电单位统一支付费用后，再按照每户的计量表的数字分摊向业主收取。但是，因为从设备间到每户的输电供水过程中存在损耗及共用设施设备能耗，而且该等损耗和能耗没有计入每个用户的单独的计量表数字中。

二、法院判决认可合理的损耗分摊

《物业管理条例》第四十四条规定：物业管理区域内，供水、供电、供气、供热、通讯、有线电视等单位应当向最终用户收取有关费用。

无论是损耗还是公共设备公共区域的水电费，最终用户都是业主。业主作为最终用户，应承担小区的水电费。物业公司将水电费分摊由业主承担，并不违反相关的规定。

在实践中，物业公司按照每户的水电表的数字，将损耗及公用设施设备能耗进行分摊，这样每户业主实际缴纳的水电费的标准，因为加入了损耗和能耗而高于国家标准水电费。本争议案件中，根据实际运营，水电费经过测算和分摊后，业主实际缴纳的水电费少于物业公司实际向公用事业单位缴纳的费用，物业公司并非加价收取。

三、业主入住后未就水电费标准提出异议，也是法院认定分摊合理的依据

本案争议中，业主在签署房屋买卖合同时，已经知晓房屋的水电费是按照商业标准。自入住以来，持续多年一直按照物业公司的标准缴纳水电费，业主应当知道实际缴纳的水电费标准高于国家标准，但之前并没有提出异议，实际上认可分摊计算方式。物业公司分摊水电费有合理依据，并非加价收费。

操作指引

1. 应对水电费用的标准加以明确

如果经营性物业为单一水电表，水电等公用事业部门仅抄表到总表，分户表由物业公司抄表并收取，那么物业公司应就公用事业费用的标准明确告知业主。如果是出售的房屋，建议在房屋出售前进行测算，计算出相应的标准，在出售合同中明确具体的标准。如果是房屋租赁，则在房屋租赁合同的水电费标准中明确费用标准，以免将来对于费用标准产生争议。

2. 保证分摊费用合理，没有加价收费

在计算分摊费用时，尽量保证费用计算合理。《国家发展改革委、建设部关于印发〈物业服务定价成本监审办法（试行）〉的通知》规定，物业服务定价成本由人员费用、物业共用部位共用设施设备日常运行和维护费用、绿化养护费用、清洁卫生费用、秩序维护费用、物业共用部位共用设施设备及公众责任保险费用、办公费用、管理费分摊、固定资产折旧以及经业主同意的其他费用组成。其中，物业共用部位共用设施设备日常运行和维护费用是指，为保障物业管理区域内共用部位共用设施设备的正常使用和运行、维护保养所需的费用。我们理解，保障物业管理区域内共用部位共用设施设备的正常使用和运行、维护保养所需的费用，包括小区电梯、泵房、照明等的电费。如果在测算物业费成本时，将小区电梯、泵房、照明等的电费分摊如物业费中，那么在此分摊分户水电费时，应考虑该等因素，避免重复分摊。

法条链接

《民法典》

第五百七十七条：当事人一方不履行合同义务或者履行合同义务不符合约定的，应当承担继续履行、采取补救措施或者赔偿损失等违约责任。

《物业管理条例》

第四十四条：物业管理区域内，供水、供电、供气、供热、通讯、有线电视等单位应当向最终用户收取有关费用。

《中华人民共和国电力法》

第四十四条：禁止任何单位和个人在电费中加收其他费用；但是，法律、行政法规另有规定的，按照规定执行。

国家发展改革委、建设部关于印发《物业服务定价成本监审办法（试行）》的通知

第七条：物业服务定价成本由人员费用、物业共用部位共用设施设备日常运行和维护费用、绿化养护费用、清洁卫生费用、秩序维护费用、物业共用部位共用设施设备及公众责任保险费用、办公费用、管理费分摊、固定资产折旧以及经业主同意的其他费用组成。

第九条：物业共用部位共用设施设备日常运行和维护费用是指为保障物业管理区域内共用部位共用设施设备的正常使用和运行、维护保养所需的费用。不包括保修期内应由建设单位履行保修责任而支出的维修费，以及应由住宅专项维修资金支出的维修和更新、改造费用。

案例八　业主大会程序违法，业主大会决议被撤销

案由：业主撤销权纠纷[①]

原告：徐某某（业主）

被告：上海市嘉定区某广场小区业主大会

案情介绍

上海市嘉定区某某商业广场小区（以下简称小区），房屋总套数658套，其中住宅186套，非住宅商业房屋472套，小区前期物业管理服务方为上海某某物业管理有限公司。

该小区房屋出售2年及入住达到50%以上后，经过开发商、前期物业管理公司、基层政府管理部门的共同努力，组建了业主大会筹备组。筹备组成立后，于2020年6月发布《关于上海市嘉定区马陆镇好世商业广场小区业主身份及其在业主大会会议上投票数的公告》。2020年6月12日，筹备组发布召开首次业主大会会议的公告。2020年6月30日，筹备组发布首次业主大会会议决定的公告：1. 同意《业主大会议事规则》《管理规约》《专项维修资金管理规约》；2. 同意李某某、某置业公司等为本小区第一届业主委员会委员。

2020年12月，90名小区业主联名写信向政府信访等部门反映未收到选举通知、未参与投票、推选的代表未进入候选人名单等问题，小区50余名业主明确表示其未收到选举通知、未参与投票等。

2020年12月15日，小区第一届业主委员会发布关于召开第二次业主大会会议和选聘物业企业方案的公告。2020年12月31日，第二次业主大会开票现场，部分业主与业主委员会成员就通知

① 案例来源：上海市嘉定区人民法院（2021）沪0114民初15882号判决书、上海市第二中级人民法院（2023）沪02民终3552号判决书。

开会至开票箱时间是否满足 15 天的问题发生争执，业主提出部分业主仍在投票中，要求待 15 天期满后再行开票事宜，后业主委员会在部分理票人未到场的情况下宣布开票、计票。

2020 年 12 月 31 日，小区业主大会发布关于第二次业主大会会议决定的公告:《通过选聘物业企业方案和维修资金开户银行》。

原告认为，业主大会的决议侵犯其权利，起诉要求撤销业主大会决议。

各方意见

原告认为，业主大会通过排除适合业主参选业委会等手段，在未尽通知义务或未有效送达的情况下，弄虚作假、强行通过相关决议。业主大会的决议排除业主权利、严重侵害原告合法权益。

被告业主大会认为，通过相应的决议、决定业主委员会成员是经过法定程序的，有相关政府部门的全程指导、监督，不存在任何违法违规行为，符合法律规定。

法院判决

法院认为，原告对选举流程及结果提出质疑，业主大会作为二次业主大会选举的组织者、操作者、选票的保管者，应当保障选举结果的真实性，但是业主大会没有提供有效证据证明选举结果来源的真实性，应承担相应的法律后果。同时判决认为,《业主大会议事规则》和《专项维修资金管理规约》的个别内容突破了相关法律规定。该次会议关系到该等规约和选举业主委员会成员等重大事项，未能根据规定充分保证业主的知情权、表决权。由此，法院判决撤销业主大会的二次决议。

律师解读

一、业主大会的决议侵犯了业主的合法权利，业主有权申请撤销

《民法典》第二百八十条规定“业主大会或者业主委员会的决定，对业主具有法律约束力。业主大会或业主委员会做出的决定侵害业主合法权益的，受侵害的业主可以请求人民法院予以撤销”。法律规定，业主大会或者业主委员会履行职责，代表业主意愿、维护业主利益的决定，对于小区的每一位业主都具有法律约束力。但是，如果业主大会或者业主委员会做出的决定违背了业主的利益，侵害了业主的利益。那么，权利受到侵犯的业主，有权根据向人民法院申请撤销业主大会或者业主委员会做出的该项决定。

业主的合法权益，是业主基于建筑物区分所享有的合法权利。《民法典》第二百七十八条规定了业主决定建筑区划内重大事项的共同管理权的范围及表决权的行使等问题，主要包括制定和修改业主大会议事规则，制定和修改管理规约，选举业主委员会或者更换业主委员会成员，选聘和解聘物业服务企业或者其他管理人，使用建筑物及其附属设施的维修资金，筹集建筑物及其附属设施的维修资金，改建、重建建筑物及其附属设施，改变共有部分的用途或者利用共有部分从事经营活动，有关共有和共同管理权利的其他重大事项等内容。业主通过参与业主大会共同决定上述事项。业主大会针对上述事项做出的决定对全体业主具有法律约束力，但是如果业主大会所作的关于上述事项的决定侵害了业主的合法权益，则权益受到侵害的业主有权请求人民法院予以撤销。

二、召开和表决应该严格遵照法律规定的程序

《民法典》第二百七十八条规定：“业主共同决定事项，应当由

专有部分面积占比三分之二以上的业主且人数占比三分之二以上的业主参与表决。决定前款第六项至第八项规定的事项，应当经参与表决专有部分面积四分之三以上的业主且参与表决人数四分之三以上的业主同意。决定前款其他事项，应当经参与表决专有部分面积过半数的业主且参与表决人数过半数的业主同意。”

本案中，小区房屋总套数658套，其中住宅186套，非住宅商业房屋472套。涉案业主未参与表决但被业主大会视作同意票数达280余票，该280余票决定了业主大会决议的通过。但是，首次业主大会中“未参与表决视为同意”是否符合规定呢？判决认为，首次业主大会召开时，《业主大会议事规则》尚未生效，相关的投票公告程序应依照相关法律的规定。《业主大会和业主委员会指导规则》规定，业主大会会议可以采用书面征求意见的形式……凡需投票表决的，表决意见应由业主本人签名。本案中，首次业主大会采用书面征求意见的形式召开业主大会，但业主大会没有证据证明：有物业管理区域内专有部分占建筑物总面积过半数的业主参加了该次会议，且参加该次会议的业主人数超过了总业主人数的一半，而且被告将无业主本人签名表决票计入同意票，与相关规定不符。由此判决认定业主大会未保证业主的知情权、表决权。

这里需要指出的是，首届业主大会的投票公告程序，以及参与人数和表决人数等必须按照相关规定。但是，如果《业主大会议事规则》规定“未参与表决视为同意”，且经过业主大会按照合法程序确认通过生效，则之后的业主大会可根据该约定“未参与表决视为同意”的原则，对于未参与表决的业主的意见则视为同意。这是目前上海市多数法院判决认可的。

三、《业主大会议事规则》《专项维修资金管理规约》限制业主的权利，业主有权要求撤销

为规范和加强业主大会和业主委员会的建设，主管部门对于业主大会议事规则、业主公约及维修基金的使用，根据相关规定制定了示范文本，例如建设部（原）颁发的《业主大会和业主委员会指导规则》、上海市住房保障和房屋管理局颁发的《业主大会议事规则》《临时管理规约》《管理规约》《专项维修资金管理规约》的示范文本。本案中，首次业主大会决议的《业主大会议事规则》第十四条约定："有下列情形之一的，应当召开业主大会临时会议……业主委员会应当在收到……决定不召开的，应说明事实、理由和依据，并在物业管理区域内书面公告。"该条款系上海市住房保障和房屋管理局颁发的《业主大会议事规则》示范文本中的条款。

《专项维修资金管理规约》示范文本就物业公司和业主委员会使用维修资金的权限赋予了业主大会，由业主大会自由裁量。本案中，首次业主大会确定年度20万元以下维修资金使用权赋予业主委员会。

判决认为，该条款涉及业主的表决权的行使，关系到业主关于小区的管理权。首次业主大会关于修改两个条款的表述，突破了相关行政法规的原则性、强制性规定，限制了业主的权利。但在对于涉及业主实体性权利表决时，业主大会未告知业主，侵犯了业主的知情权和表决权。由此，判决予以撤销。

操作指引

1. 业主大会召开和表决的程序必须合法

召开和表决的程序合法，是指符合《民法典》《业主大会和业主委员会指导规则》等相关规定，以及小区的《业主大会议事规

则》。值得注意的是，首次业主大会的召开，因为小区的《业主大会议事规则》并未生效，必须严格按照《民法典》《业主大会和业主委员会指导规则》的规定，特别是在参与人数、参与方式、表决比例、表决票的计算等，应采取更为严格的方式执行。否则，业主将有权以程序违法为由，认为决议侵犯其权利，从而要求撤销。

在首次业主大会召开并通过合法程序通过《业主大会议事规则》后，之后的业主大会召开可按照《业主大会议事规则》的规定程序。但是，《业主大会意识规则》不能违反法律的规定。

2. 召开业主大会的程序，应留存有效的证据

业主大会会议有两种形式：一种是书面征求意见的形式，一种是集体讨论的形式。为提高效率，多数业主大会均采用书面征求意见的形式，即向业主下发表决票，由业主通过表决票中的“同意”或者“反对”意见，来表达意见，业主委员会根据回收的业主意见，通过统计做出决议。书面征求意见的形式是召开业主大会，涉及发布公告、表决票的送达、表决票的回收、表决票的统计，最后根据统计结果做出决定并公告。实践中，首先发生争议的焦点集中在表决票的送达和回收这两个程序中。特别是《业主大议事规则》规定“未回收的表决票视为同意大多数意见”，那么，“未回收”的表决票前提应该是已经送达的但业主未投票的表决票，因此，证明表决票已经送达尤为重要。其次，在表决票开箱统计时，开箱、理票、唱票、公式的程序也应客观、公正。除此之外，以上的程序应保证有据可查。特别事通知程序，建议业主大会应保留业主的通信地址和电话，通过 EMS 的形式发送书面通知，同时电话通知并进行录音，以保证业主的知情权。

系争案件中，在二审中，被告业主大会提供了由第三方会务公司拍摄的未经公证的光盘作为证据，证明将表决票投入业主的信箱，并随后进行了公告。但判决认为该视频未经公证且业主大会未提供原始载体，故判决未采纳该证据。

3. 与业主委员会选举相关的案件，不属于法院受理范围

根据目前的司法实践，法院认为，《民法典》第二百八十条的撤销权，是基于业主所享有的建筑物区分所有权。在业主大会、业主委员会所做出的决定侵害了业主对其专有部分所享有的所有权或者对专有部分以外的共有部分所享有的共有和共同管理的权利时，赋予业主以起诉的方式行使撤销权予以救济。但是与业主委员会选举相关的案件，包括业主委员会委员的资格、业主委员会换届选举、业主委员会成立等业主委员会选举相关的案件，并非侵害其具体权利的决定，而是对业主委员会的换届选举的表决，并不符合法律规定的业主可行使撤销权的范围。对于此类案件，法院一般裁定不予受理。关于业主委员会选举相关事项，应向行政主管部门反映，应由行政主管部门指导和监督。

法条链接

《民法典》

第二百七十七条

业主可以设立业主大会，选举业主委员会。业主大会、业主委员会成立的具体条件和程序，依照法律、法规的规定。

地方人民政府有关部门、居民委员会应当对设立业主大会和选举业主委员会给予指导和协助。

第二百七十八条：下列事项由业主共同决定：

（一）制定和修改业主大会议事规则。

（二）制定和修改管理规约。

（三）选举业主委员会或者更换业主委员会成员。

（四）选聘和解聘物业服务企业或者其他管理人。

（五）使用建筑物及其附属设施的维修资金。

（六）筹集建筑物及其附属设施的维修资金。

（七）改建、重建建筑物及其附属设施。

（八）改变共有部分的用途或者利用共有部分从事经营活动。

（九）有关共有和共同管理权利的其他重大事项。

业主共同决定事项，应当由专有部分面积占比三分之二以上的业主且人数占比三分之二以上的业主参与表决。决定前款第六项至第八项规定的事项，应当经参与表决专有部分面积四分之三以上的业主且参与表决人数四分之三以上的业主同意。决定前款其他事项，应当经参与表决专有部分面积过半数的业主且参与表决人数过半数的业主同意。

第二百八十条：业主大会或者业主委员会的决定，对业主具有法律约束力。

业主大会或者业主委员会做出的决定侵害业主合法权益的，受侵害的业主可以请求人民法院予以撤销。

《物业管理条例》

第十九条：业主大会、业主委员会应当依法履行职责，不得做出与物业管理无关的决定，不得从事与物业管理无关的活动。

业主大会、业主委员会做出的决定违反法律、法规的，物业所在地的区、县人民政府房地产行政主管部门或者街道办事处、乡镇人民政府，应当责令限期改正或者撤销其决定，并通告全体业主。

建设部《业主大会和业主委员会指导规则》

案例九　业主知情权的范围和方式，业主是否缴纳物业管理费不影响业主的知情权

案由：业主知情权纠纷[①]

原告：某某（业主）

被告：上海某某商业广场实业有限公司

案情介绍

奉贤区某商业广场，是纯商铺广场，由上海 ×× 有限公司开发建设。原告在 2011 年购买房屋，随后取得产权证书。原告购买房屋时，与被告上海某某商业广场实业有限公司（以下简称“广场实业公司”）签署《管理规约》，约定《管理规约》作为销售合同的附件，对业主和使用人均具有约束力。《管理公约》约定：“本《管理规约》自首位物业买受人承诺之日起生效，至业主大会制定的《业主管理规约》生效之日终止。”2021 年原告提起诉讼，要求广场实业公司向两原告公开自进驻南桥国际商业广场之日起至起诉之日止，涉及广场公共收益使用和收益情况、维修基金筹集和使用情况；停车费；物业服务资金的收支账目明细及相关财务凭证；物业服务内容及收费标准和收费依据；电梯及自动扶梯的日常管理、维护保养；物业清洁、绿化服务记录；业主名册；竣工图及附属设施的竣工图、物业质量保修文件等 20 项内容的资料，并允许复印。

各方意见

业主认为：物业服务企业根据业主的委托管理建筑区划内的建筑物及其附属物时，应当接受业主的监督。业主对物业共同部位、

① 案例来源：上海市奉贤区人民法院（2021）沪 0120 民初 782 号判决书。

共用设施设备和相关场地使用情况享有知情权和监督权。共有部分的使用和收益状况与业主的利益息息相关，业主享有知情权。

物业公司认为：首先在业主未缴纳物业费的情况下无权要求被告履行相关附随义务。其次，业主诉请不合理，已极大程度超过法律规定的公开、查阅范围。诉讼请求达到二十项，要求公开内容已远超法律规定业主有权请求公布、查阅的范围，要求公开内容中多项涉及其他业主的个人隐私内容、商业秘密等。最后，原告入住已经 10 年有余，起诉要求被告公布自被告入驻之日起的物业管理情况，时间跨度巨大，早已超过被告公司的资料保存期限，且已经超过三年诉讼时效。原告起诉明显存在主观恶意，滥用业主知情权。

法院判决

原告作为业主享有业主知情权，针对主张的各项知情权内容，法院认为：

一、法院判决认定属于知情权且要求物业公司提供的资料包括：

1. 公共收益使用和收益情况、维修资金筹集和使用情况。

2. 专项维修资金的支出账目明细及相关财务凭证（包括审批单、合同、银行转账凭证、发票等）。

3. 共有部分的使用、收益情况（包括停车费收入、广告费收入等）。

4. 物业服务合同、物业服务资金的收支账目明细以及相关财务凭证。财务凭证包括：（1）与外单位签订的委托外包合同、支出凭证、发票、对外委托外包合同执行考核费用的审批单；（2）聘用员工和劳务派遣用工的人员名册、劳动合同、劳务派遣合同、工资性支出明细台账、银行流水、个税和社保缴纳证明；（3）使用物业服务资金进行采购的审批单、发票、支出凭证;(4)缴纳税款和规费的凭证。

5. 物业管理年度计划、物业服务资金年度预决算报告。

6. 建筑物及其附属设施维修资金的筹集、使用情况的相关材料。

7. 建筑区划内用于停放汽车的车位、车库处分情况。

8. 物业管理区域公共部位停放机动车(含固定车位和临时车位)的收费情况、收费凭证及相应的收支明细。

9. 原告所有房屋所在楼栋的电梯维保记录及其他相关材料。

二、法院判决认为不属于知情权的范畴,不支持原告的请求包括:

1. 其他业主的姓名、房号、建筑物专有部分面积等个人信息。

2. 物业服务标准、收费项目、收费标准、收费收据。

3. 物业维护保养记录、物业公共区域的绿化养护记录及清洁卫生服务记录。

4. 非原告房屋所在楼栋的电梯维护保养情况。

三、法院认为业主不能证明物业公司持有广场的竣工总平面图及附属设施的竣工图、物业质量保修文件,以及单体建筑、结构、配套设施等竣工验收资料,未支持原告的该项诉讼请求。

律师解读

一、业主知情权的范围

业主作为建筑物区分所有权人,享有了解本小区建筑区划内涉及业主共有权及共同管理权等相关事项的权利。《物业管理条例》赋予了物业管理中的业主知情权和监督权"业主在物业管理活动中,享有下列权利:……(八)对物业共用部位、共用设施设备和相关场地使用情况享有知情权和监督权;(九)监督物业共用部位、共用设施设备专项维修资金的管理和使用”。《最高人民法院关于审理建筑物区分所有权纠纷案件适用法律若干问题的解释（2020年修正）》第十三条规定了业主知情权的内容：建筑物及其附属设施的维修资金的筹集、使用情况；管理规约、业主大会议事规则，以及业主大会或者业主委员会的决定及会议记录；物业服务合同、共有部分的使用和收益情况；建筑区划内规划用于停放汽车的车位、车库的处分情况；其他应当向业主公开的情况和资料。

《上海市商品住宅维修基金管理办法》规定物业公司和业主委员会应公开专项维修基金的使用情况，业主对公布的专项维修资金账目情况有异议的，可以要求业主委员会和物业服务企业提供有关的费用清单、发票原件和按户分摊清单以资核对。

在实践中，物业公司聘用员工和劳务派遣用工的人员名册、劳动合同、劳务派遣合同、工资性支出明细台账等，这些与物业公司是否提供了与物业服务合同相符的物业管理服务存在直接联系，对此业主有权知晓物业费的收支情况。物业服务中关于公共收益和公共部位、公共设施等费用收取和支付中涉及的审批单、合同、银行转账凭证、发票、收支明细、关系到资金全面收取及合理支出，以上内容均包含在知情权范围内。

二、业主知情权的限制

业主知情权依法受到法律保护，但业主应当在法律规定的范围内合法合理行使其权利。如果业主就已经知情或者应当知情的情况仍起诉要求行使知情权、就没有发生的情况或者以不合理的方式请求行使知情权、对于涉及业主隐私等内容主张知情权的，审判实践中业主人民法院不予支持。

例如本案中，法院认为除非业主有证据能够证明其他业主的姓名、房号、建筑物专有部分面积等个人信息的，与业主共有权及管理权密切相关，否则法院一般不予支持公开或者允许其他业主查询。物业服务标准、收费项目、收费标准、收费收据，属于物业服务合同中的具体内容；物业维护保养记录、绿化养护记录及清洁卫生服务记录，属于物业公司正常运营过程中形成的文件。法院认为，该部分文件不属于知情权范畴。

三、知情权的行使方式

业主享有知情权的所有材料，业主可要求查阅。对于业主查阅资料的方式，可以利用摄像、录影或者其他技术手段进行复制。但因使用复制方式而产生的复制费用，例如复印费用、光盘刻录费用等应由复制方自行承担。此外，业主在查阅过程中，法院支持业主可以聘请律师、会计师等专业代理人予以协助。

操作指引

一、对业主知情权申请的核查

在物业管理中，有业主提出查询资料、文件、收入凭证等，物业管理公司应根据法律规定，对于业主的要求认真核查，对于属于知情权范畴的请求，应予以提供和协助业主核查。面对业主的查询要求，物业公司可以从以下几个方面核查：

1. 核实业主身份

首先应该核实业主的身份，避免出现假冒身份等情况，以免侵犯业主的个人信息，让真正的业主权益受损。

2. 明确业主查看资料的具体范围

业主提出查询申请，应提出具体的资料查询范围，包括时间范围、资料名称和类别等。

这里需要注意的是，业主知情权不适用诉讼时效，物业公司不能以业主的请求超出了三年诉讼时效而拒绝业主的查询请求。

但如果业主申请调阅的资料涉及业主的隐私，例如其他业主的个人信息，若非用于正当目的，物业公司不应提供。再如小区的监控录像，业主在权利受到侵犯需要调阅监控时，可以申请查阅，但若复制，因涉及其他业主的隐私，建议由业主报警，通过公安机关复制涉及相关事务的监控资料。

3. 登记留档和声明

物业公司向业主提供具体信息和资料后，应予登记，比如说记载业主在何时通过何种具体方式查询了哪些具体资料，并由业主签字确认，以用于公司内部存档，同时以防后续发生争议时有据可循。

若涉及个人隐私或者商业秘密事项，需业主提供声明，说明查询资料的具体目的和用处，避免资料泄露侵犯第三方权利。

二、物业公司主动公开信息和资料保管

《民法典》第九百四十三条规定：物业服务人应当定期将服务的事项、负责人员、质量要求、收费项目、收费标准、履行情况，以及维修资金使用情况、业主共有部分的经营与收益情况等以合理方式向业主公开并向业主大会、业主委员会报告。实践中，物业公司会每年通过公告的形式将以上信息公示，大多公告通过表格和数字，将物业收支情况列明公示。物业公司按照规定公开该等信息后，业主是否仍有权要求进一步公开详细信息？司法实践中，法院做出的判决认为，如果仅是通过公告的形式简单列明各项收入及支出数额，业主的知情权及监督权难以通过简单的表格和数字落实。物业公司还应向申请查阅相关原始凭证的业主公开相关资料。

因此，物业公司不能因为每年公开资料而拒绝业主的查询要求，更不能因此忽视资料的保管。业主知情权诉讼没有诉讼时效限制，业主若对共公共收益、维修基金等公共管理、物业管理存在异

议，有权随时提出质疑和诉讼，物业公司有义务配合。因此，对于日常管理的资料、明细和原始资料，应予以保留和存档，以免发生争议时，因为缺乏证据而处于不利地位。

法条链接

《中华人民共和国民法典》

第九百四十三条　物业服务人应当定期将服务的事项、负责人员、质量要求、收费项目、收费标准、履行情况，以及维修资金使用情况、业主共有部分的经营与收益情况等以合理方式向业主公开并向业主大会、业主委员会报告。

《物业管理条例》

第六条　房屋的所有权人为业主。

业主在物业管理活动中，享有下列权利：

（一）按照物业服务合同的约定，接受物业服务企业提供的服务。

（二）提议召开业主大会会议，并就物业管理的有关事项提出建议。

（三）提出制定和修改管理规约、业主大会议事规则的建议。

（四）参加业主大会会议，行使投票权。

（五）选举业主委员会成员，并享有被选举权。

（六）监督业主委员会的工作。

（七）监督物业服务企业履行物业服务合同。

（八）对物业共用部位、共用设施设备和相关场地使用情况享有知情权和监督权。

（九）监督物业共用部位、共用设施设备专项维修资金（以下简称专项维修资金）的管理和使用。

（十）法律、法规规定的其他权利。

《最高人民法院关于审理建筑物区分所有权纠纷案件适用法律若干问题的解释（2020年修正）》

第十三条　业主请求公布、查阅下列应当向业主公开的情况和资料的，人民法院应予支持：

（一）建筑物及其附属设施的维修资金的筹集、使用情况。

（二）管理规约、业主大会议事规则，以及业主大会或者业主委员会的决定及会议记录。

（三）物业服务合同、共有部分的使用和收益情况。

（四）建筑区划内规划用于停放汽车的车位、车库的处分情况。

（五）其他应当向业主公开的情况和资料。

《上海市商品住宅维修基金管理办法》

第十九条　业主委员会或者其委托的物业管理企业应当每月与开户银行核对维修基金账目，并将下列情况每半年向全体业主公布一次：

（一）维修基金交纳、使用和结存的金额。

（二）发生物业维修、更新的项目和费用，以及按户分摊情况。

（三）业主委员会活动经费在维修基金中列支的项目和费用，以及按户分摊情况。

（四）维修基金使用和管理的其他有关情况。

前款第二项规定的情况，应当按每幢住宅范围公布；一幢住宅有两个或者两个以上门号的，应当按门号公布。

业主对公布的维修基金账目情况有异议的，可以要求业主委员会和物业管理企业提供有关费用清单、发票原件和按户分摊费用清单进行核对。

开户银行应当每月向业主委员会发送维修基金账户对账单，每年向全体业主发送维修基金分户对账单。业主委员会和业主可以向开户银行查询其账户或者分户账的情况。

案例十　追缴维修基金，不受诉讼时效限制

案由：业主大会所有权纠纷[①]

原告：某某大厦小区业主委员会（业主委员会）

被告：上海某某总公司

案情介绍

被告上海某总公司原所有的位于中山北一路的房屋拆迁，其在1995年与拆迁人某公司签署《拆迁补偿协议》，约定根据拆一还一原则，大楼建成后，1至2层约1600平方米作为产权补偿，地下室400平方米作为使用权补偿归还被告。2004年1月5日，被告与拆迁人签订了《关于交付中山北一路某号久乐大厦补偿用房的协议》，约定由拆迁人向被告交付商场的一层和二层，办理产证的所需费用，由被告自行负担。然被告获得权证之房屋，从未支付过系争房屋的维修资金。

2010年9月15日，业主大会通过表决决议，决定由业主大会代表业主提起相关诉讼，向被告追缴维修基金。

各方意见

原告业主大会认为，被告作为业主未缴纳维修基金，违反法定义务，侵害其他业主的权利，应根据法律规定缴纳维修基金。

被告认为，业主大会不符合民事诉讼主体资格，并且业主大会

---

① 案例来源：上海市第二中级人民法院上（2011）沪二中民二（民）终字第1908号判决书，2016年最高人民法院发布第14批指导性案例之一【指导性案例65号】。

没有权利提起诉讼追缴维修基金。此外，被告与小区其他业主各自有入口完全分离，不使用电梯等设备，物业服务也自行完成。被告在2004年获得房地产权证，至2011年起诉已超过诉讼时效。

法院判决

法院认为，业主大会作为全体业主的共有财产管理者，对房屋共有部分的维修和改良具有法律规定的权利。要求业主缴纳维修基金，并非是单纯的债权请求权，不是时效制度的客体，不应适用时效制度。法院判决支持业主委员会的诉讼请求，判决上海某某总公司支付维修基金。

律师解读

一、业主委员会有民事诉讼主体资格，可以作为原告，也可以作为被告

最高人民法院在〔2002〕民立他字第46号《最高人民法院关于金湖新村业主委员会是否具备民事诉讼主体资格请示一案的复函》中，答复金湖新村业主委员会符合“其他组织”条件，对房地产开发单位未向业主委员会移交住宅区规划图等资料，未提供配套公用设施及专项费，公共部位维护费及物业管理用房，商业用房的，可以自己名义提起诉讼。

在〔2005〕民立他字第8号《最高人民法院关于春雨花园业主委员会是否具有民事诉讼主体资格的复函》，答复业主委员会是业主大会的执行机构，具有对外代表全体业主、对内具体实施与物业管理有关行为的职能，其行为的法律效果及于全体业主。赋予业主委员会当事人地位，可以达到明确责任主体、简化程序、降低诉讼成本的效果。因此，最高法院倾向于承认业主委员会的当事人地位。

根据最高人民法院的复函及目前法院判决，均认可业主委员会的民事诉讼主体资格，可以作为原告或者被告参加诉讼。但是，业主委员会作为原告参加诉讼，需要具备一定的条件：

第一，诉讼涉及事项须涉及小区业主物业公共利益。

第二，业主委员会提起诉讼须经过业主大会授权，即业主管理规约授权业主委员会提起诉讼或业主大会决议等授予业主委员会对特定范围内事项提起诉讼的权利。

二、业主大会诉讼要求业主缴纳维修基金，不受诉讼时效的限制

诉讼时效期间自权利人知道或者应当知道权利受到损害及义务人之日起计算。法律另有规定的，依照其规定。但是，自权利受到损害之日起超过二十年的，人民法院不予保护，有特殊情况的，人民法院可以根据权利人的申请决定延长。

但也并非所有的争议均适用诉讼时效的规定。最高人民法院关于审理民事案件适用诉讼时效制度若干问题的规定（2008）（法释〔2008〕11 号）第一条规定：

当事人可以对债权请求权提出诉讼时效抗辩，但对下列债权请求权提出诉讼时效抗辩的，人民法院不予支持：

1. 支付存款本金及利息请求权。

2. 兑付国债、金融债券以及向不特定对象发行的企业债券本息请求权。

3. 基于投资关系产生的缴付出资请求权。

4. 其他依法不适用诉讼时效规定的债权请求权。

2017 年 1 月 1 日开始实施的《民法总则》(《民法典》第一百九十六条）关于诉讼时效，增加关于以下请求权不适用诉讼时效的规定：

1. 请求停止侵害、排除妨碍、消除危险。

2. 不动产物权和登记的动产物权的权利人请求返还财产。

3. 请求支付抚养费、赡养费或者扶养费。

4. 依法不适用诉讼时效的其他请求权。

在本案的争议中,《民法总则》尚未颁布。法院认为，关于维修基金缴纳的争议不适用诉讼时效的规定：

根据《物业管理条例》及《住宅专项维修资金管理办法》的规定，专项维修资金属于业主所有，专项用于物业保修期满后物业共用部位、共用设施设备的维修和更新、改造的资金。《物业管理条例》规定，业主在物业管理活动中，应当履行按照国家有关规定缴纳专项维修资金的义务。因此，维修基金是在购房款、税费、物业费之外，单独筹集、专户存储、单独核算者。专项维修资金的缴纳并非源于特别的交易或法律关系，是建筑物的全体业主共同利益而特别确立的一项法定义务，其只存在补缴问题，不存在因逾时而可以不缴的问题。

业主大会要求补缴维修资金的权利，是业主大会代表全体业主行使维护小区共同或公共利益之职责的管理权。如果允许某些业主不缴纳维修资金而可享有以其他业主的维修资金维护共有部分而带来的利益，其他业主就有可能在维护共有部分上支付超出自己份额的金钱，这违背了公平原则；并将对建筑物的长期安全使用，以及对全体业主的共有或公共利益造成损害。①

由此，法院认为被告作为业主，不依法自觉缴纳专项维修资金，并以业主大会起诉追讨专项维修资金已超过诉讼时效进行抗辩

① 案例来源：最高人民法院 上海市虹口区久乐大厦小区业主大会诉上海环亚实业总公司业主共有权纠纷案——2016 年最高人民法院发布第 14 批指导性案例之一【指导性案例 65 号】。

的理由不能成立。

操作指引

业主大会作为原告提起诉讼，需要经过法定的程序

虽然法院认可业主委员会可以作为原告提起诉讼，但是如果业主委员会作为原告，需要经过法定的程序，完善相关的手续；否则，其诉讼主体资格也将被质疑或者否定。

首先，业主委员会的成立，应符合法定程序。也就是业主委员会应当依法成立，经业主大会选举产生，并经物业所在地的区、县人民政府房地产行政主管部门和街道办事处、乡镇人民政府备案。只有依法成立，取得备案证明的业主委员会才具备作为员工的起诉资格。

其次，业主委员会提起诉讼，需经过业主大会（业主代表大会）的合法授权。

能否获得业主大会的授权，对于业主委员会能否参加诉讼至关重要，因此，业主委员会在参与案件前，应先获得业主大会的授权，以免因缺乏授权而影响业主委员会参与案件的效果。合法的授权可以有以下方式：

1. 在制定的业主公约中授予业主委员会对于涉及公共利益的事项提起诉讼。但是，建议该等特定诉讼事项应明确和具体。如果授权不明确或者对于诉讼成本没有约定，可能会导致诉讼资格不被认可的风险。

2. 召开业主大会授权。召开业主大会可以业主大会集体讨论的方式，也可以采用书面征求意见的方式，就某一种或者某一类诉讼事项授权。经业主大会授权，业主委员会在诉讼中可以承认、放弃、变更诉讼请求，寻求和解，提起反诉或上诉。

法条链接

1.《物业管理条例》

第七条：业主在物业管理活动中，应当履行按照国家有关规定交纳专项维修资金的义务。

第五十四条：专项维修资金属于业主所有，专项用于物业保修期满后物业共用部位、共用设施设备的维修和更新、改造，不得挪作他用。

2.《住宅专项维修资金管理办法》（建设部、财政部令第165号）

第二条：本办法所称住宅专项维修资金，是指专项用于住宅共用部位、共用设施设备保修期满后的维修和更新、改造的资金。

3.《民法典》

第一百九十六条：

下列请求权不适用诉讼时效的规定：

（一）请求停止侵害、排除妨碍、消除危险。

（二）不动产物权和登记的动产物权的权利人请求返还财产。

（三）请求支付抚养费、赡养费或者扶养费。

（四）依法不适用诉讼时效的其他请求权。

案例十一 使用他公司楼盘名称是否构成侵权？

案由：侵犯商标权及不正当竞争纠纷[①]

原告（二审上诉人、再审申请人）：广州某发展有限公司（星河湾公司）

① 案例来源：最高人民法院（2013）民提字第3号再审判决书。

广州某房地产有限公司（宏富公司）

被告（二审被上诉人、再审被申请人）：天津某房地产开发有限公司（宏兴公司）

案情介绍

宏富公司经国家工商行政管理总局商标局核准注册以“星河湾”及字母“Star River”为标志的组合商标，核定使用服务为第36类和第37类。后上述两商标转让给星河湾公司。星河湾公司许可宏富公司使用该商标。注册商标两次被认定为广州市著名商标，有效期自2005年8月至2011年12月；2008年2月，注册商标被认定为广东省著名商标，有效期3年。自2001年至2010年期间，宏富公司就其在广州及太原开发的“星河湾”楼盘在各大媒体及广播电台投放广告。

宏兴公司是天津市西青区“青水家园”项目的开发商，该项目为经济适用房，执行政府指导定价。2004年5月20日，经宏兴公司申请，天津市西青区人民政府地名办公室批准“青水家园”第二期项目的28栋建筑使用“星河湾花苑”这一地名；并下发了“津地用字（2004）第11-8号标准地名证书”。在宏兴公司建设的“星河湾花苑”小区入口标示小区名称为“星河湾”。

原告向南通市中级人民法院提起诉讼，要求被告停止侵权及不正当竞争行为，变更楼盘名称，不再包含注册商标“星河湾”文字，赔偿损失人民币25万元等。

南通市中级人民法院认为，宏兴公司使用“星河湾”的行为并非标示商品或服务来源的商标性使用，使用“星河湾”的行为不足以造成相关公众的混淆，宏兴公司未对原告构成不正当竞争。原告向江苏省高级人民法院提起上诉，江苏省高级人民法院驳回上诉。

原告向最高人民法院申请再审。

各方意见

原告认为：被告宏兴公司的行为构成商标侵权和不正当竞争。1. 建造、销售不动产的服务与不动产本身构成类似，被告的行为属于在销售商品房的服务中使用“星河湾”注册商标。2. 原告的注册商标“星河湾”在全国房地产行业范围内已具有很高的美誉度、知名度和影响力，被告的行为足以造成市场和相关公众的混淆及误认。3.“星河湾”既是原告的企业字号，又是知名商品的特有名称，被告在网站及楼盘上使用“星河湾”作为其标识，意在借助“星河湾”的知名度来吸引相关公众的注意，以提升其房地产项目的知名度，具有明显的“搭便车”故意，亦造成相关公众误产生混淆、误认，构成不正当竞争。

被告认为：根据工商局的相关规定，商品房作为不动产不能申请商品商标，原告涉案商标保护范围是提供商品房建造和销售的服务，并非商品本身。被告项目本身是经济适用房，而非商品房，且与原告注册商标的范围类别不属于相同和类似。项目名称是青水花园 2 期，地名是“星河湾花苑”，被告使用“星河湾”的地名，不足以造成消费者的混淆，且被告开发的经济适用房，在当地具有较大影响力，没有必要借助当时不知名的“星河湾”来吸引公众。

法院判决

最高人民法院判决认为：

首先，不动产管理、建筑等，与商品房销售相比，两者功能用途、消费对象、销售渠道基本相同，开发者均系相关房地产开发商，不动产管理、建筑等服务与商品房销售存在特定的联系，应当认定为商品与服务之间的类似。

其次，原告等从2001年开始在媒体上对星河湾楼盘进行宣传，“星河湾”命名的楼盘先后获得了相关荣誉，具有较高的知名度。被告将其开发的楼盘命名为“星河湾花苑”，其最显著的部分为“星河湾”文字，会使相关公众误认该楼盘与原告的“星河湾”系列楼盘有一定的联系，容易误导公众。

由此，最高人民法院判决认定被告将与星河湾公司享有商标专用权的“星河湾”商标相近似的“星河湾花苑”标识作为楼盘名称使用，容易使相关公众造成混淆误认，构成对商标权的侵害。

律师解读

一、被告将含有“星河湾”字样的“星河湾花苑”作为楼盘名称是否侵犯原告的商标权

我国的注册商标是按照规定的商品分类表，根据使用商标的商品类别和商品名称，分别注册申请，注册商标的商标专用权仅限于核定使用范围之内的商品。因此，本案的争议焦点就是被告使用“星河湾花苑”作为楼盘名称是否侵犯原告的商标权。原告注册商标的服务种类为36类和37类。国家工商行政管理总局商标局的《关于“商品房”如何确定类别问题的复函》(商标函〔2003〕32号)，关于商品房的商标申请，“在‘商品房’建筑、销售等环节中，建造永久性建筑的服务属于37类，以‘商品房建造’申报；出售‘商品房’的服务属于36类，以‘商品房销售服务’申报”。根据该规定，一审判决和二审判决，均认为商品房作为不动产本身不能申请商品商标，因为本案争议的两个商标属于与商品房建造、销售有关的服务商标，并非商品房本身的来源，与被告所使用的“星河湾”商品类别不同也不类似。

但是，最高人民法院认为，根据最高人民法院《关于审理商标民事纠纷案件适用法律若干问题的解释》第十一条第三款之规定，商品与服务类似是指商品和服务之间存在特定联系，容易使相关公众混淆。本案中的两个注册商标核定的服务类别分别是不动产管理、建筑等，与商品房销售相比，两者功能用途、消费对象、销售渠道基本相同，开发者均系相关房地产开发商，不动产管理、建筑等服务与商品房销售存在特定的联系，应当认定为商品与服务之间的类似。

“星河湾”命名的楼盘具有较高的知名度，“星河湾”文字是注册商标中最具有显著性和知名度的部分。“星河湾花苑”这个楼盘名称，在事实上起到了识别楼盘的作用，实质也属于一种商业标识。该标识中最显著的部分为“星河湾”文字，与原告的注册商标中的显著部分“星河湾”完全相同，加之现代社会信息流通丰富快捷，相关房地产开发商在全国各地陆续开发系列房地产楼盘亦非罕见，被告此种使用方式，会使相关公众误认该楼盘与原告开发的“星河湾”系列楼盘有一定的联系，容易误导公众。

因此，最高人民法院判决认为，被告将与星河湾公司享有商标专用权的“星河湾”商标相近似的“星河湾花苑”标识作为楼盘名称使用，容易使相关公众造成混淆误认，构成对原告商标权的侵害。

二、法院如何判决民事责任的承担

1. 商标侵权赔偿数额的计算，在原告没有证据证明损失，以及被告收益的前提下，法院判决赔偿数额会考量涉案商标对原商标实际影响大小、侵权方的主观故意程度、侵权产品性质等，酌情确定赔偿数额。

本案中，最高人民法院依法酌定赔偿额为 10 万元。最高人民法院的理由是，原告未提供遭受损失的证据，也没有证明被告因侵权行为所获得的利益。同时，法院考虑到原告并未进入被告所在地域开发房地产项目，被告其主观上并无利用“星河湾”商标声誉之故意，且该楼盘系经济适用房，执行政府指导定价等因素。综合以上因素，根据最高人民法院《关于审理商标民事纠纷案件适用法律若干问题的解释》第十六条之规定，酌定赔偿数额。

2. 商标侵权案件中，原告会要求被告承担停止侵权、消除影响，赔礼道歉的责任。法院一般会根据民法关于善意保护之原则，在商标权等知识产权与物权等其他财产权发生冲突时，应以其他财产权人是否善意作为权利界限和是否容忍的标准，同时应兼顾公共利益之保护。本案中，由于政府相关部门已经批准被告使用楼盘名称“星河湾花苑”，小区居民已经入住多年，并且原告也没有提供证据证明购房人在购买房屋时知晓小区名称侵犯商标权，如果判令停止使用该小区名称，会导致商标权人与公共利益及小区居民利益的失衡。因此，法院不再判令停止使用该小区名称，但被告在其尚未出售的楼盘和将来拟开发的楼盘上不得使用相关“星河湾”名称作为其楼盘名称。此外，法院根据查明的事实，认为被告并无主观利用“星河湾”商标声誉之故意，原告亦未证明其商誉遭受损失，故不支持原告关于消除影响、赔礼道歉的诉讼请求。

操作指引

如果商场、办公楼等经营性物业的经营者，为了提高物业的知名度、吸引更多的客户，会在物业名称上下一番工夫，如果突出使用一些知名的连锁企业的文字标识，虽然与他人注册商标不完全相同。例如前述案件中的“星河湾花苑”，但这些文字显然是他人注册商标中具有呼叫功能的显著部分，具有区分商品或服务来源的作用，未经许可擅自使用相同或近似文字，容易导致混淆的，构成商标侵权。

在此，律师提醒经营者：第一，不要主动去攀附他人的知名商标；第二，即便自己想到或者广告公司提供了好听的名称，也要通过国家知识产权商标局的官方网站如国家知识产权局商标局、中国商标网（cnipa.gov.cn）查询有无被他人注册。否则，极有可能承担拆除侵权标识、赔偿损失的法律责任。

法条链接

《中华人民共和国商标法》（2019年修正）

第五十七条　有下列行为之一的，均属侵犯注册商标专用权：

（一）未经商标注册人的许可，在同一种商品上使用与其注册商标相同的商标的。

（二）未经商标注册人的许可，在同一种商品上使用与其注册商标近似的商标，或者在类似商品上使用与其注册商标相同或者近似的商标，容易导致混淆的。

（三）销售侵犯注册商标专用权的商品的。

（四）伪造、擅自制造他人注册商标标识或者销售伪造、擅自制造的注册商标标识的。

（五）未经商标注册人同意，更换其注册商标并将该更换商标的商品又投入市场的。

（六）故意为侵犯他人商标专用权行为提供便利条件，帮助他人实施侵犯商标专用权行为的。

（七）给他人的注册商标专用权造成其他损害的第五十二条第（一）项、第（二）项，最高人民法院《关于审理商标民事纠纷案件适用法律若干问题的解释》第九条第二款、第十条、第二十一条。

《最高人民法院关于审理商标民事纠纷案件适用法律若干问题的解释》

第九条：商标法第五十七条第（一）（二）项规定的商标相同，是指被控侵权的商标与原告的注册商标相比较，二者在视觉上基本无差别。

商标法第五十七条第（二）项规定的商标近似，是指被控侵权的商标与原告的注册商标相比较，其文字的字形、读音、含义或者图形的构图及颜色，或者其各要素组合后的整体结构相似，或者其立体形状、颜色组合近似，易使相关公众对商品的来源产生误认或认为其来源与原告注册商标的商品有特定联系。

第十条：人民法院依据商标法第五十七条第（一）（二）项的规定，认定商标相同或者近似按照以下原则进行：

（一）以相关公众的一般注意力为标准。

（二）既要与商标的整体比对，又要与商标主要部分比对，比对应当在比对对象隔离的状态下分别操作。

（三）判断商标是否近似，应当考虑请求保护注册商标的显著性和知名度。

案例十二　违法售后包租，涉及刑事犯罪被追究刑事责任

案由：非法吸收公众存款案[①]

案情介绍

某市新卉购物中心，系由某房地产公司建设。被告单位某投资

---

①案例来源：浙江省嘉兴市中级人民法院（2017）浙04刑终296号刑事裁定书。

公司在2011年取得购物中心的经营权和商业房屋经销权，2012年吴某经过购买股权取得投资公司的控制权。在吴某的运作下，新卉购物中心未销售完毕的商铺（“一期尾盘”），均从开发商名下转移至投资公司的关联公司名下。2014年开始，为回笼资金，投资公司与某营销策划有限公司的工作人员梁某、张某人策划，采用“销售使用权、售后包租”的模式推销商铺，约定：交付商铺满五年可按合同价140%回购，满十年可按合同价160%回购；同时约定商铺由投资公司承包经营十年，前三年每年承包费为使用权出让价的9%，中间四年为10%，后三年为11%。但在推销商铺期间，投资公司、吴某将该等商铺用于抵押借款。

在“一期尾盘”商铺销售期间，吴某向新卉购物中心的开发商购买该项目中另外的3200平方米商业房产（以下简称“二期商铺”），由吴某控制的其他公司与开发商签署商品房买卖合同。商品房买卖合同约定总价款4800万元，但吴某仅支付了800万元，未能取得房屋产权。在未取得产权、未经批准不得分割的情况下，吴某、投资公司对“二期商铺”进行了违法的虚拟分割，并委托销售代理公司代理销售，仍采用签订商铺使用权出让合同、商铺承包经营合同的形式向社会公众推销商铺，以投资公司名义销售商铺使用权后，再由鑫岛公司或浙江新卉商业经营管理有限公司承包经营，同时约定了与一期尾盘相同的回购、承包费等事宜。

在销售代理公司销售人员梁某、张某的销售下，购房人与投资公司签署了商铺使用权出让合同、商铺承包经营合同，向投资公司支付了购房款。但因商场经营不善，投资公司不能向购房人支付商铺承包经营费用。并且，截至商铺使用权出让合同约定的回购时间后，投资公司既不能办理回购手续向购房人交付房屋，也不能向购房人退还购房款。

各方意见

被告人投资公司和吴某认为，投资公司和吴某销售商铺，有真实商铺销售目的及行为。虽然“一期尾盘”商铺被抵押，但投资公司具备交付尾盘商铺的实际能力和退赃能力，投资公司销售“二期商铺”时，比照“一期商铺”的情形，有理由相信可以办好分割产权。同时购房者对于是否回购、返租有自主选择权，因此，被告人认为其行为不构成犯罪。

被告人销售公司负责人梁某、张某认为，作为普通销售人员，无法得知房产被抵押及不能分割销售，在商铺具有真实预售证等证件的情形下，被告人已经尽到了合理审查义务。

法院判决

法院认为被告人构成非法吸收公众存款罪。

法院认为，被告人投资公司不具有房产销售的真实内容和销售房产目的。“一期尾盘”商铺虽有产权，但被实际控制人吴某用于抵押借款，导致合同约定的办理产权无法实现；“二期商铺”，投资公司仅向开发商支付了小部分对价但并未取得房屋的所有权，亦无法办出承诺的分割产权，因此，法院认定被告人的真实目的并非销售房产。被告人吴某虽表示愿意退赔，但无退赔之实，不影响对其行为性质的定性。

销售代理公司的销售人员被告人梁某、张某作为专业的房产销售人员，明知或者应当明知产权登记存在巨大风险，而为单方面追逐个人获利，对广大购买者的权益置若罔闻，主观上持间接故意，对于犯罪结果的发生具有推波助澜的重要作用，法院认定其行为应以非法吸收公众存款罪共犯论处。

律师解读

“售后包租”是商业地产开发商一种常用的房地产开发经营模式，开发商将商业地产如商场、酒店等划成众多小面积出售给投资者，随后开发商或开发商指定的第三方运营管理公司返租投资者购买的商业地产，包租年限多为 3 至 10 年，由开发商或运营管理公司作整体商业运营，开发商或运营管理公司向投资者固定每月返还一定比例的租金。“售后包租”营销模式，虽然可以短时间内回笼资金，但长久来看，并不能解决后期的经营和租金收益稳定性问题。特别是，这种模式如果仅是为了融资目的，并不具有房产销售的真实内容和销售房产目的，则涉及非法吸收公众存款的犯罪行为。

一、国家禁止采取售后包租或者变相售后包租的方式销售未竣工商品房

《商品房销售管理办法》第十一条规定，房地产开发企业不得采取售后包租或者变相售后包租的方式销售未竣工商品房。《民法典》第一百四十三条规定，违反法律、行政法规的强制性规定的合同无效。《商品房销售管理办法》属于部门规章，售后包租未竣工商品房的行为违反了该规定，但售后包租的协议并不会导致无效。但根据《商品房销售管理办法》第四十二条规定，房地产开发企业以售后包租的形式销售商品房的，可能面临被处以警告，责令限期改正，并可处 1 万元以上 3 万元以下的罚款。

二、涉嫌采取非法集资行为售后包租的刑事责任

《最高人民法院关于审理非法集资刑事案件具体应用法律若干问题的解释》第一、二条明确规定：不具有房产销售的真实内容或者不以房产销售为主要目的，以返本销售售后包租、约定回购、销

售房产份额等方式非法吸收资金的，应当依照刑法第一百七十六条的规定，以非法吸收公众存款罪定罪处罚。在司法实践中，售后包租被法院认定为非法集资，通常表现为个人或者开发商以虚构的商业地产项目或者以实际已无法完成的项目为幌子，以返本销售、售后包租、约定回购、销售房产份额等方式非法吸收资金，符合《最高人民法院关于审理非法集资刑事案件具体应用法律若干问题的解释》第一、二条规定之情形。由于并不存在真实的商业地产项目或者由于开发商的经营状况恶化而使项目无法完成，进而使合同中约定的产权取得、租赁等合同目的无法实现，则合同中约定的“高额回报”就成了一纸空文，即使合同解除，也因经营者无力偿还债务导致投资有去无回。

操作指引

关于售后包租，一种是现房销售后的售后包租，另一种是期房销售的售后包租。

《商品房销售管理办法》及相关规定，禁止售后包租或者变相售后包租未竣工的商品房。现房的售后包租是不禁止的，期房的售后包租是违规的。

《最高人民法院关于审理非法集资刑事案件具体应用法律若干问题的解释》第二条规定“不具有房产销售的真实内容或者不以房产销售为主要目的，以返本销售、售后包租、约定回购、销售房产份额等方式非法吸收资金的”，如果具备司法解释规定的情形，以非法吸收公众存款罪定罪处罚。因此，经营者应避免“不具有房产销售的真实内容或者不以房产销售为主要目的”的销售形式。根据我们的整理，以下情形可被认定为“不具有房产销售的真实内容或者不以房产销售为主要目的”：

1. 房屋已被抵押、查封的。即开发商明知房产已被抵押或查封的，仍与购房者签订“售后返租协议”，由于房产无法进行产权过户登记，法院可以据此认定属于“不具有房产销售的真实内容”，仅是融资的手段而已。

2. 承诺回购但不能履行回购义务。即开发商承诺在房产销售后一定期限内主动或在购房者要求下以不低于房产销售时的价格，并以一定的溢价率回购已出售的房产，但未能履行回购义务。对于这种情形，法院极有可能据此认定属于“不以房产销售为主要目的”的情况。

3. 订立虚假购房合同。即开发商与购房者在不存在真实交易标的或不存在真实交易的意思表示的情况下，签订商品房买卖合同，由开发商向购房者承诺以租金形式给予固定回报的情形。这种情形属于比较典型的融资行为，在符合其他条件的情况下，通常都会被法院认定为非法吸收公众存款。

4. 销售房产份额。即开发商将不能分割销售的房产，分割成数个独立的份额销售，但每个房产份额并不能办理产权登记。开发商将房产份额销售给购房者并约定返租，支付固定租金。这种情形下，每个特定房产份额实质上成为融资的载体，并不具有真实出售的目的，很可能被法院认定为非法吸收公众存款的行为。

法条链接

《商品房销售管理办法》

第十一条：房地产开发企业不得采取售后包租或者变相售后包租的方式销售未竣工商品房。

第四十二条：房地产开发企业在销售商品房中有下列行为之一的，处以警告，责令限期改正，并可处以 1 万元以上 3 万元以下罚款。

（一）未按照规定的现售条件现售商品房的。

（二）未按照规定在商品房现售前将房地产开发项目手册及符合商品房现售条件的有关证明文件报送房地产开发主管部门备案的。

（三）返本销售或者变相返本销售商品房的。

（四）采取售后包租或者变相售后包租方式销售未竣工商品房的。

（五）分割拆零销售商品住宅的。

（六）不符合商品房销售条件，向买受人收取预订款性质费用的。

（七）未按照规定向买受人明示《商品房销售管理办法》《商品房买卖合同示范文本》《城市商品房预售管理办法》的。

（八）委托没有资格的机构代理销售商品房的。

《最高人民法院关于审理非法集资刑事案件具体应用法律若干问题的解释》

第一条：违反国家金融管理法律规定，向社会公众（包括单位和个人）吸收资金的行为，同时具备下列四个条件的，除刑法另有规定的以外，应当认定为刑法第一百七十六条规定的“非法吸收公众存款或者变相吸收公众存款”：

（一）未经有关部门依法许可或者借用合法经营的形式吸收资金。

（二）通过网络、媒体、推介会、传单、手机信息等途径向社会公开宣传。

（三）承诺在一定期限内以货币、实物、股权等方式还本付息或者给付回报。

（四）向社会公众即社会不特定对象吸收资金。

未向社会公开宣传，在亲友或者单位内部针对特定对象吸收资金的，不属于非法吸收或者变相吸收公众存款。

第二条：实施下列行为之一，符合本解释第一条第一款规定的条件的，应当依照刑法第一百七十六条的规定，以非法吸收公众存款罪定罪处罚：

（一）不具有房产销售的真实内容或者不以房产销售为主要目的，以返本销售、售后包租、约定回购、销售房产份额等方式非法吸收资金的。

（二）以转让林权并代为管护等方式非法吸收资金的。

（三）以代种植（养殖）、租种植（养殖）、联合种植（养殖）等方式非法吸收资金的。

（四）不具有销售商品、提供服务的真实内容或者不以销售商品、提供服务为主要目的，以商品回购、寄存代售等方式非法吸收资金的。

（五）不具有发行股票、债券的真实内容，以虚假转让股权、发售虚构债券等方式非法吸收资金的。

（六）不具有募集基金的真实内容，以假借境外基金、发售虚构基金等方式非法吸收资金的。

（七）不具有销售保险的真实内容，以假冒保险公司、伪造保险单据等方式非法吸收资金的。

（八）以网络借贷、投资入股、虚拟币交易等方式非法吸收资金的。

（九）以委托理财、融资租赁等方式非法吸收资金的。

（十）以提供“养老服务”、投资“养老项目”、销售“老年产品”等方式非法吸收资金的。

（十一）利用民间“会”“社”等组织非法吸收资金的。

（十二）其他非法吸收资金的行为。

第十二章 隐形法律关系、或有法律关系纠纷及问题

在经营性物业管理服务中，尤其是大型综合性商场，业主、物业管理服务企业、承租人等，这些法律主体之间因为签署合同，权利义务均有书面合同约定，一旦遇到问题可以按照合同约定处理。然而还有一些法律关系属于隐性的、或特定法律关系，这些主体之间没有书面或者口头的合同，但也会因为人身或者财产损害而产生法律纠纷。例如顾客A进入大商场，从他一进入大商场就与大商场形成一种隐性的法律关系，顾客A的人身、财产受到大商场一定程度保护，但双方之间并没有书面的合同，这可以称之为隐性法律关系。如果顾客A平安无事地走出大商场，这种隐性法律关系就告结束。一旦顾客A在大商场产生问题，如撞倒（形成人身伤害问题）、如财产被抢或被盗（形成财产损害问题），这些问题都会与物业管理服务企业产生关系，乐意称之为隐性法律关系。如顾客A进入大商场后还进入B饮食店，坐下来饮食，那顾客A与大商场隐性法律关系暂时停止，而与B饮食店形成或有法律关系。可见顾客A走进大商场，有大商场形成隐性法律关系，在大商场内走过B饮食店而不进入饮食店，则与饮食店就不形成法律关系，只有

进入B饮食店坐下饮食才与B饮食店产生法律关系。但是，如果B饮食店在其经营范围外地大商场范围内有倾倒垃圾、悬挂广告等行为，导致顾客A受到伤害，那么顾客A就与B饮食店和大商场都产生了法律关系。这些，均可称之为或有法律关系。在大型商场内，这种隐性法律关系、或有法律关系大量存在，一旦发生问题，就要寻找解决问题的依据。

案件一　饭店洒了垃圾，导致商场顾客摔跤，物业管理公司是否承担赔偿责任？

案由：生命权、身体权、健康权纠纷[①]

原告（上诉人）：何某

被告（被上诉人）：某饭店公司

某游泳健身会所公司

某物业公司

案情介绍

某游泳健身会所在大厦一楼设置接待台，某饭店在大厦二楼、三楼营业。场地出租方、健身会所公司、物业公司、饭店曾就安全责任问题签署了《会议记录》，约定："1. 承诺一、二楼公共区域的安全，一旦发生意外，谁的顾客谁承担责任。2. 二楼的公共区域卫生由丰收日负责，一楼的公共区域卫生由健身房负责。"某日下午，饭店员工使用大厅厢式客梯运厨余垃圾至一楼时，不慎将垃圾倾倒在一楼电梯口的地面，后进行了清扫。清扫垃圾过程中，何某进入大厦一楼大厅到健身会所的前台处办事。期间，饭店员工对地面清

---

① 案例来源：上海市虹口区人民法院（2021）沪0109民初7295号判决书、上海市第二中级人民法院（2022）沪02民终833号判决书。

扫结束，将垃圾桶拉走，何某从前台区域向电梯快步行走，在之前垃圾倒翻处的地面滑倒。

何某为治疗产生医疗费84，990.66元，经鉴定，构成九级伤残，伤后休息210日，营养60日，护理90日。

何某起诉要求饭店方、健身会所公司、物业公司共同按全部责任承担人身损害侵权赔偿责任。

各方意见

原告认为：饭店的员工倒翻垃圾后未清理干净、未消除地面湿滑的安全隐患，是导致原告滑倒受伤的直接侵权人；健身会所公司明知其经营场所区域的地面上有垃圾倾倒致湿滑情况，未及时进行处理以消除安全隐患，亦存在过错，应承担责任；物业公司对客梯的使用未尽管理职责，未限制使用客梯运送厨余垃圾，在场所内地面湿滑时未及时清理，也应承担责任。

饭店公司答辩认为：饭店员工在垃圾倾倒后立即进行了清理，不会造成地面湿滑。原告行走过于匆忙，且原告在一楼服务台停留站立时应是看到电梯口倒翻垃圾后清扫的情况的，在之后行走时应注意安全，原告未注意安全而摔倒受伤，其自身应承担一定责任。另，根据各方签署的会议记录内容，即“一楼、二楼的公共区域的安全，一旦发生意外，谁的顾客谁承担责任；二楼的公共区域卫生由饭店负责，一楼的公共区域卫生由健身房负责”。现原告是健身房的顾客，事发地点也是一楼健身房负责卫生区域，此本案侵权责任应由健身房所属公司承担。

游泳健身会所公司认为：原告对行走安全未尽注意义务存在过错，饭店使用客梯运送大体积湿垃圾、垃圾倾倒后未清理干净致地面存在安全隐患，其作为直接侵权人应承担责任。原告摔倒处是一楼大厅公共区域，客梯是健身房和饭店共用，而在饭店员工倒翻湿垃圾简单清扫后，仅有几十秒时间间隔，原告就摔倒了，健身房工作人员即使看到垃圾倒翻情况也来不及做出处理，故游泳健身公司不应承担责任。

被告物业公司辩称：原告自身承担未尽安全注意义务的责任，其余则应该按照四方会议记录约定内容，原告作为健身房的顾客在健身房负责管理的一楼大厅电梯口发生人身损害，相应责任应由健身房的经营方承担。

法院判决

饭店员工未对地面垃圾残留物清理干净致地面湿滑，饭店的经营单位应承担 35% 侵权赔偿责任。

物业公司作为事发场所的物业管理公司，应对场所内的卫生、环境等尽到安全管理责任，原告在一楼大厅公共区域因地面湿滑滑倒受伤，物业公司未能及时排除安全隐患，未尽安全保障义务，应承担 15% 的补充赔偿责任。

原告作为一名完全民事行为能力人，应对自身安全尽到必要的注意义务，在行走时注意地面状况、小心慢行，以避免发生不必要的损害。何某在走入一楼大厅时饭店员工还在清扫垃圾，何某应看到该情况，后从服务台走向客梯过程中行动匆忙，未留意脚下地面情况，其对自身安全谨慎不够，未尽安全注意义务，亦是其人身受损的原因。原告自负 50%责任。

健身会所公司不承担责任。

律师解读

一、物业公司未尽到合理限度的安全保障义务，应承担赔偿责任

《民法典》第一千一百九十八条：宾馆、商场、银行、车站、机场、体育场馆、娱乐场所等经营场所、公共场所的经营者、管理者或者群众性活动的组织者，未尽到安全保障义务，造成他人损害的，应当承担侵权责任。

因第三人的行为造成他人损害的，由第三人承担侵权责任；经营者、管理者或者组织者未尽到安全保障义务的，承担相应的补充责任。经营者、管理者或者组织者承担补充责任后，可以向第三人追偿。

安全保障义务的目的是保护他人的人身和财产安全，其主要内容是，要求义务人必须采取一定的行为来维护他人的人身或者财产免受侵害。审查义务人是否尽到安全注意义务，首先要确定义务人应当负有的安全保障义务的具体内容，然后在此基础上判断义务人是否已经实施行为尽到安全保障义务。安全保障义务的具体内容可以参考义务人所在行业的普遍情况、所在地区的具体条件、所组织活动的规模等因素，从侵权行为的性质和力度、义务人的安全保障能力以及发生侵权行为前后义务人所采取的措施等方面，根据实际情况综合判断。[①]

本案中，物业公司作为大厦的管理者，是法定的负有“安全保障义务”的主体。《民法典》第九百四十二条第一款规定：“物业服

---

① 主要观点来源于：中国审判理论研究会民事审判理论专业委员会编著的《民法典侵权责任编条文理解与司法适用》，法制出版社，2020 年 7 月版，第 132–136 页。

务人应当按照约定和物业的使用性质，妥善维修、养护、清洁、绿化和经营管理物业服务区域内的业主共有部分，维护物业服务区域内的基本秩序，采取合理措施保护业主的人身、财产安全。”此条款是物业服务企业的安全保障义务的原则性规定。保持大厦公共部位的清洁，维护大厦的基本秩序，是物业公司的职责与义务。本案侵权行为发生一楼大厅，属于大厦的公共部位，但物业公司并没有采取合理、必要的措施避免损害的发生，饭店员工通过客体运送湿垃圾，物业公司未纠正和制止，垃圾在一楼大厅倾倒后，物业公司未及时处理，更未在湿滑地面周边采取警示、防护措施以避免来往人员滑倒。虽然饭店员工倾倒垃圾是导致原告滑倒伤害的直接原因，但物业公司未尽到管理职责，在管理上是存在过失的，该管理过失与原告的受伤存在一定的因果关系。由此，法院判决物业公司根据法律规定承担补充赔偿责任。

二、受害人的谨慎注意义务

《民法典》第一千一百七十三条规定：被侵权人对同一损害的发生或者扩大有过错的，可以减轻侵权人的责任。

过错，分为故意和过失。故意是指行为人明知自己的行为会导致某一损害后果，而希望或放任该后果发生的一种主观心理状态。过失是指行为人因疏忽或者轻信，而使自己未履行应有的注意义务的一种心理状态。

作为成年人，在公共场所行走、活动时，应对周围状况进行观察，应注意地面状况、周边状况，小心慢行，以避免不必要的伤害。如果行走时因匆忙、疏忽等原因，未留意周边环境，而导致伤害，受害人有过失，根据法律规定可以减轻侵权人的责任。

在公共场所摔跤、滑倒等类案中，多数判决持此观点，认为受害人未尽谨慎注意义务而自身承担主要责任，物业公司承担次要责任。

三、物业公司与经营者之间的约定，不对抗第三人

本案中，饭店、物业公司、游泳建设会所签署会议纪要，约定“一楼的公共区域卫生由健身房负责”，但是法院未判决健身会所承担责任。笔者认为，“一楼的公共区域卫生由健身房负责”仅是物业公司、饭店、建设会所之间的约定，但原告起诉要求饭店、健身会所、物业公司承担赔偿责任，其依据是法律关于侵权责任的规定。

饭店员工倾倒垃圾导致滑倒摔伤，饭店是实施侵权行为的人，应承担赔偿责任。健身会所公司未实施违法行为，主观上也没有过错，根据法律规定不应承担责任。物业公司作为大厦的管理者，对于公共区域的卫生、安全责任，是物业公司的法定义务，该义务不以合同约定转移给第三方。如果物业公司将公共区域出租给第三方，并约定出租的公共区域由第三方承担应由物业公司承担的保洁、保安职责，除非该公共区域在物理上被封闭为第三方独立使用的空间，若仍为开放式的公共区域，那么物业公司的法定管理者职责并不能因为协议的约定而排除。物业公司作为公共场所的管理者，在饭店将可用电梯运送垃圾时未及时予以制止，在垃圾倾倒后也未有清洁人员进行清洁，在地面仍有湿滑时也未设置明显的提示防止顾客摔跤，物业公司尽安全保障义务，应承担赔偿责任。

四、赔偿费用如何确定

原告要求赔偿的费用包括医疗费、住院伙食补助费、营养费、护理费、交通费、残疾赔偿、精神损害抚慰、鉴定费、律师代理费、材料制作费。

根据《最高人民法院关于审理人身损害赔偿案件适用法律若干问题的解释（2022 年修正）》的规定：

医疗费根据医疗机构出具的医药费、住院费等收款凭证要求赔偿。如果对治疗的必要性和合理性有异议的，应当承担相应的举证责任。

误工费根据受害人的误工时间和收入状况确定。误工时间根据受害人接受治疗的医疗机构出具的证明确定。受害人因伤致残持续误工的，误工时间可以计算至定残日前一天。

受害人有固定收入的，误工费按照实际减少的收入计算。受害人无固定收入的，按照其最近三年的平均收入计算；受害人不能举证证明其最近三年的平均收入状况的，可以参照受诉法院所在地相同或者相近行业上一年度职工的平均工资计算。司法实践中，一般按照当事人提交的个人所得税完税凭证对于个人收入状况予以计算。

护理费根据护理人员的收入状况和护理人数、护理期限确定。住院期间的护理费，根据医院的护理费收据计算，出院后护理期限内的护理费一般参照护工费用，上海按约每天 50 元的标准计算。

住院伙食补助费可以参照当地国家机关一般工作人员的出差伙食补助标准予以确定。上海按一般按照每天 15~20 元的标准计算。

营养费根据受害人伤残情况参照医疗机构的意见确定。上海市的标准一般是 40 元一天。

误工期、营养期、护理期，俗称“三期”，法院按照司法鉴定机构出具的鉴定报告来确定“三期”。

交通费根据受害人及其必要的陪护人员因就医或者转院治疗实际发生的费用计算。交通费应当以正式票据为凭。

残疾赔偿金根据受害人丧失劳动能力程度或者伤残等级，按照受诉法院所在地上一年度城镇居民人均可支配收入标准，自定残之日起按二十年计算。但六十周岁以上的，年龄每增加一岁减少一年；七十五周岁以上的，按五年计算。

残疾辅助器具费按照普通适用器具的合理费用标准计算。伤情有特殊需要的，可以参照辅助器具配制机构的意见确定相应的合理费用标准。

精神损害抚慰金按照责任比例、伤害程度大小确定。

律师代理费，受害人为诉讼聘请律师代理，产生律师费，亦属损失之一，具合理性，法院一般会酌情判决。

操作指引

实践中，商场的经营者或者物业公司会对公共区域进行利用，例如临时出租举办活动，给租户搭建展台或者设置接待处。这种情况下，虽然部分公共区域由第三方占用，但是占用区域并未封闭。物业公司作为公共区域的管理者，并未因为第三方占用部分区域而减轻其管理责任，相反，由于第三方占用公共区域，增加了设施，扩大了人流，更加重了安全保障义务。物业公司更不能因为与第三方公司签署协议约定由第三方承担安全保障义务而放松管理。

物业公司履行公共区域的安全保障责任中，建议重点关注以下：

1. 对管理区域内的不当行为及时介入处理，避免事故发生，事故发生后，应当及时报警采取救治措施。

2. 日常工作中应注重细节，例如清洁地面、楼梯、走廊等要做好安全提示。

3. 对公共场所的安全、卫生，应进行动态管理制度与指标，对于人员进入频繁的区域定期巡查，发现问题及时解决。

4. 对可能造成损害的风险，以明显的标识或者其他方式尽到充分的警示、告知义务，例如小心地滑、小心台阶、禁止攀爬、禁止翻越、禁止追逐打闹等。

5. 加强对项目管理人员的安全培训，多以实践案例作为警示，防微杜渐，避免危险结果的发生。

法条链接

1.《民法典》

第九百四十二条：物业服务人应当按照约定和物业的使用性质，妥善维修、养护、清洁、绿化和经营管理物业服务区域内的业主共有部分，维护物业服务区域内的基本秩序，采取合理措施保护业主的人身、财产安全。

对物业服务区域内违反有关治安、环保、消防等法律法规的行为，物业服务人应当及时采取合理措施制止、向有关行政主管部门报告并协助处理。

第一千一百六十五条：行为人因过错侵害他人民事权益造成损害的，应当承担侵权责任。

依照法律规定推定行为人有过错，其不能证明自己没有过错的，应当承担侵权责任。

第一千一百七十三条：被侵权人对同一损害的发生或者扩大有过错的，可以减轻侵权人的责任。

第一千一百七十九条：侵害他人造成人身损害的，应当赔偿医疗费、护理费、交通费、营养费、住院伙食补助费等为治疗和康复支出的合理费用，以及因误工减少的收入。造成残疾的，还应当赔偿辅助器具费和残疾赔偿金；造成死亡的，还应当赔偿丧葬费和死亡赔偿金。

第一千一百八十三条：侵害自然人人身权益造成严重精神损害的，被侵权人有权请求精神损害赔偿。

第一千一百九十八条：宾馆、商场、银行、车站、机场、体育场馆、娱乐场所等经营场所、公共场所的经营者、管理者或者群众性活动的组织者，未尽到安全保障义务，造成他人损害的，应当承担侵权责任。

因第三人的行为造成他人损害的，由第三人承担侵权责任；经营者、管理者或者组织者未尽到安全保障义务的，承担相应的补充责任。经营者、管理者或者组织者承担补充责任后，可以向第三人追偿。

2.《最高人民法院关于审理人身损害赔偿案件适用法律若干问题的解释》

3.《最高人民法院关于确定民事侵权精神损害赔偿责任若干问题的解释》

案件二　顾客参加商家的活动而受伤，物业公司是否承担责任?

案由：违反安全保障义务责任纠纷[①]

原告：姚某

被告：上海木 *** 文化发展有限公司（运维公司）

上海物业服务有限公司（物业公司）

潜 ** 有限公司（安装公司）

沈 ** 艺术有限公司（提供方）

案情介绍

2021 年上海城市空间艺术季主题演绎展在“上生新所”开幕，

① 案例来源：上海市长宁区人民法院（2022）沪 0105 民初 1629 号判决书。

原告姚某陪同外孙女乘坐展区内跷跷板，跷跷板中间为一棵大树，树木两侧各三个座位，每个座位前均有扶手，每侧最外围座位后无靠背。当时跷跷板上有6人，原告与其外孙及另一名儿童在跷跷板一侧，原告坐在最外围，对面是另一名成年男性和两名儿童。跷跷板交替上升，对面的成年男性向下发力时，原告一侧的跷跷板翘起，导致原告跌落而受伤。原告受伤后，到医院进行门诊和住院治疗，被诊断为右肱骨近端骨折，花费医疗费等6万余元。

“城市空间艺术季主题演绎展”的主办方是市规划资源局、市文化旅游局、各区政府。主办方与木**公司（下称“运维公司”）签署展期运维维护服务项目合同，运营公司负责“展品设备运行、维护、开幕式、分论坛等活动的策划和执行工作等”。主办方与风**公司签署“艺术季主展方案及执行管理”合同，约定风**公司提供的服务内容为演绎展策划和执行及相关活动的策划及执行等工作，包含展陈策划、布展和撤展工作……展品设备运行、维护、开幕式、分论坛等活动的策划和执行工作等。

跷跷板作为展品由被告沈*公司进行设计制作（下称“提供方”），潜*公司（下称“安装方”）进行安装，安装完毕后经过验收合格。

展览所在地“上生新所”由万**公司（下称“物业公司”）提供日常物业管理服务。

各方意见

原告认为，展览的运维公司应当对原告的损失承担70%赔偿责任；跷跷板的提供方应当承担20%的赔偿责任；物业公司应对原告的损失承担5%的赔偿责任；展品安装公司，应当对原告的损失承担5%的赔偿责任。

被告运维公司认为，其已经履行合理限度内的安全保障义务，包括安排了志愿者在旁巡视，并在原告乘坐前对其进行过安全提示，原告摔伤之后亦第一时间陪同其就医治疗，不存在任何过错。

被告物业公司认为，原告摔倒的直接原因系其在跷跷板造成的，跷跷板是临时安装的展品，应当由运营公司进行运营维护，展览不属于其物业服务范围；跷跷板设计本身存在缺陷，周边没有挡板，很容易导致乘坐人员摔倒。

被告安装方认为，其仅进行安装、拆除、运输等工作。安装后运营公司接收，其不应承担责任。

被告跷跷板的提供方认为：其不是承担安全保障义务责任的主体，已经告知过运维公司或物业公司需提醒乘坐者上下跷跷板时须告知对方，原告自身存在重大过错。

法院判决

运维公司负责展览现场的运营管理，虽安排志愿者巡视，但并未消除危险状况。活动期间，运维公司没有对于参观者进行充分的提醒，也没有通过设置警示牌、防护垫等保障措施以确保参观体验者的人身安全，事发后也未及时固定跷跷板相对方的身份信息，属未尽到安全保障义务，对于原告的损失承担 50% 的责任。

跷跷板的提供方，明知跷跷板存在视线遮挡，具有安全隐患，未设计提供配套的安全防护措施，也未在验收、交付等环节向运维公司及物业公司履行充分的安全告知义务，对于原告的损失承担 20% 的赔偿责任。

跷跷板的安装公司，是按照跷跷板的提供方的要求进行安装并通过了验收，原告的损害并非跷跷板的安装缺陷所导致，法院判决安装公司不承担责任。

物业公司的工作职责是按照物业合同的约定对场地进行物业管理工作，并保证展览设施的布置及安装、搭建操作不影响园区及其租户的正常运行。而展览是第三方租赁场地而举办，展览期间展品的运营维护工作并不属于物业公司的工作范围，法院判决物业公司不承担责任。

原告作为一个年近60周岁的完全民事行为能力人，理应对乘坐跷跷板过程中存在的危险因素有所认知，但其在明知跷跷板相对方系成年男性、跷跷板周围并无防护措施的情况下乘坐跷跷板，且在准备下来时亦未告知对方，未尽谨慎注意义务，极大增加了摔倒跌落的风险，且原告摔倒后亦未及时关注并获取跷跷板上其余人员的身份信息。法院认为，原告自身亦存在一定过错，可以减轻被告的赔偿责任。法院判决原告自行承担30%的责任。

律师解读

一、法院为何未判决物业公司承担安全保障义务

本案中，原告因乘坐跷跷板摔落而导致伤害。造成原告伤害的直接原因是跷跷板，那么展览期间跷跷板的运营、安全等是否由物业公司承担责任呢？

《民法典》第九百四十二条第一款规定："物业服务人应当按照约定和物业的使用性质，妥善维修、养护、清洁、绿化和经营管理物业服务区域内的业主共有部分，维护物业服务区域内的基本秩序，采取合理措施保护业主的人身、财产安全。"本案中，物业公司提供了《物业服务合同》和《2021年上海城市空间艺术季万科合作合同》。《物业服务合同》约定，物业公司的日常物业服务内容包括物业工程设施设备管理、客户服务、保洁服务、绿化服务、安全管理等。《2021年上海城市空间艺术季万科合作合同》约定：甲

方（新华街道办事处）负责组织现场活动的开展、人员与设施设备的安全管理工作，因展览搭建施工等原因导致发生人身财产损失的，由甲方负责解决；甲方在现场布置、安装、搭建操作时应遵守乙方的物业管理规定和有关设施操作的规定及要求，并保证其布置及安装、搭建操作不得影响园区及其租户的正常运行。

根据法律规定和物业服务合同的约定，物业公司负责公共部分的日常管理工作，包括清洁、绿化、维修、养护等。展览是第三方租赁场地而举办，展览主办方临时安装跷跷板作为展览品，物业公司与展览主办方通过合同明确展览期间设施设备的安全管理工作由主办方负责。本案中有一个重要的事实，就是物业公司曾经就展览中的安全隐患向运维方和安装方提出过整改意见，安装方也进行了整改。

根据以上合同的约定，跷跷板作为展品，虽然设置搭建在物业公司的物业服务范围内，但其设计、运营维护工作并不属于物业公司的工作范围，况且物业公司在展品安装的过程中，也尽到了应尽的安全义务。顾客因使用设计有缺陷的跷跷板而发生的伤害事故，物业公司没有过错，不承担责任。

二、法院如何认定责任方

本案涉及主体较多，包括原告、活动主办方、展览运营维护方、物业公司，运营维护方通过合同将其中的部分服务转包给其他公司、跷跷板对面的乘坐成年人，共计六类相关方。本案中，运营方表示，如果活动主办方需承担责任，则由其公司一并承担。诉讼中，原告未起诉活动主办方。原告因不知晓跷跷板对方人员的信息，也未起诉直接导致其伤害的跷跷板对面乘坐人。根据民事诉讼“不告不理”的原则，法院未审查和判决活动主办方、跷跷板对方人员是否承担责任，而根据原告诉讼中确定的被告，即运维公司、设计制作公司、安装公司、物业公司这四类主体，《民法典》第一千一百九十八条的规定，“宾馆、商场、银行、车站、机场、体育场馆、娱乐场所等经营场所、公共场所的经营者、管理者或者群众性活动的组织者，未尽到安全保障义务，造成他人损害的，应当承担侵权责任”。进行责任划分和判决。

跷跷板是一种游乐设施，乘坐人分坐两端，轮流用脚蹬地，一端翘起，另一端下落。本案中的跷跷板系作为艺术品进行展览，其展陈方案陈述为：利用园区内通道现状树木设置，将人分置于跷跷板的两端，借助于树的遮挡，使双方不能看见彼此，希望借此使人发现面对面交往的重要。展览过程中，允许参展人乘坐跷跷板进行实际体验。展品的设计是看不到彼此而要达到“面对面沟通”的重要性，但是乘坐人在看不到彼此的情形下乘坐跷跷板，会产生一定的安全隐患。在此情况下，跷跷板的提供者、管理者均应采取一定的安全防护措施，以消除安全隐患。

运维公司负责展览的布展、运维工作，应对现场观展人员尽到提醒、协助、保护等安全保障义务，但跷跷板周围并无安全防护措施，例如安全垫、使用说明及警示牌，运维公司虽然安排了志愿者，但志愿者并没有进行安全提示，也没有在近处进行操作说明以及安全防护，事发后运维公司也没有及时核实固定跷跷板上其他人员的身份信息，导致原告不能向操作不当的跷跷板对方人员主张权利。另外，运维方表示，如果主办方需承担责任，其愿意一并承担。由此，法院运维方承担了 50% 的赔偿责任。

跷跷板的提供方，设计理念存在缺陷，未提供配套的防护措施，例如防护靠背、安全带、防护垫等设施。本案中，提供方没有证据证明其告知过运维方注意现场安全防护。由此，法院判决认定跷跷板提供方存在过错。

因为原告的受伤与跷跷板的安装没有关系，法院认为安装公司没有过错，无须承担责任。

操作指引

1. 服务合同条款要做到服务范围明确、义务具体

《物业管理条例》第三十六条第二款规定："物业服务企业未能履行物业服务合同的约定，导致业主人身、财产安全受到损害的，应当依法承担相应的法律责任。"除了物业服务合同之外，在经营性物业举办活动、展览或者临时占用等特殊情况下，应与举办方或者临时场地使用者签署安全管理协议，就占用使用期间的安全责任进行明确具体的约定，包括各自承担义务和责任的范围、内容等。该种协议的内容：一方面要具体、明确，避免对于保护业主人身、财产安全有关的义务约定模糊，否则可能因为物业公司作为公共场所的管理者，将承担管理者的安全保障义务；另一方面，也应符合法律规定，合法地对于责任和义务进行划分，而不能将法定的义务和责任进行转嫁；否则，法院也可能认定约定无效或认为内部约定不对抗第三人，而仍有物业公司承担责任。

2. 保证履约到位，安全预防工作做到实处并做好记录

协议签署后，应保证履行到位，且有履行的记录。例如本案中，物业公司除了通过合同与主办方将责任进行划分外，在实际履行中，更是将安全责任落到实处，即对于展览方安装的展品进行了检查，并指出整改建议。该安全检查和整改建议给到展览方后，保存了相关的证据。在发生争议后，以上资料作为物业公司履行了合同约定义务的证据，法院最终认定物业公司不承担责任。

因此，在合同签署后，关键是合同义务要落到实处，从制度的建立、具体操作，到记录考核、监督检查，每一个步骤都要一丝不

苛，做好相关的登记和记录，以便万一打起官司保留证据。

法条链接

《民法典》

第九百四十二条：物业服务人应当按照约定和物业的使用性质，妥善维修、养护、清洁、绿化和经营管理物业服务区域内的业主共有部分，维护物业服务区域内的基本秩序，采取合理措施保护业主的人身、财产安全。

对物业服务区域内违反有关治安、环保、消防等法律法规的行为，物业服务人应当及时采取合理措施制止、向有关行政主管部门报告并协助处理。

第一千一百六十五条：行为人因过错侵害他人民事权益造成损害的，应当承担侵权责任。

第一千一百七十三条：被侵权人对同一损害的发生或者扩大有过错的，可以减轻侵权人的责任。

第一千一百七十九条：侵害他人造成人身损害的，应当赔偿医疗费、护理费、交通费、营养费、住院伙食补助费等为治疗和康复支出的合理费用，以及因误工减少的收入。造成残疾的，还应当赔偿辅助器具费和残疾赔偿金；造成死亡的，还应当赔偿丧葬费和死亡赔偿金。

第一千一百九十八条：宾馆、商场、银行、车站、机场、体育场馆、娱乐场所等经营场所、公共场所的经营者、管理者或者群众性活动的组织者，未尽到安全保障义务，造成他人损害的，应当承担侵权责任。

因第三人的行为造成他人损害的，由第三人承担侵权责任；经营者、管理者或者组织者未尽到安全保障义务的，承担相应的补充责任。经营者、管理者或者组织者承担补充责任后，可以向第三人追偿。

《物业管理条例》

第三十六条：物业服务企业未能履行物业服务合同的约定，导致业主人身、财产安全受到损害的，应当依法承担相应的法律责任。

参 考 文 献

1. 魏玮 . 非居住物业管理的矛盾纠纷及其化解［J］. 城市问题，2014（1）.

2. 柯堤 . 非居住物业管理若干问题研究［J］. 上海房地，2013（5）.

3. 吴鸿根 . 构建上海非居住物业管理法律法规体系［J］. 上海房地，2018（7）.

4. 李国庆 . 加拿大公管式公寓的物业管理［J］. 城市问题，2011（1）.

5. 翁国强 . 美国物业管理的主要特点及其楼宇星级管理模式［J］. 境外视窗，2003（2）.

6. 魏玮 . 上海市非居住物业管理制度研究［J］. 政府法制研究，2013（10）.

7. 冯俊 . 物业管理中若干法律关系的思考［J］. 法学专论，2003（24）.

8. 杨帆 . 物业管理［M］. 四川：西南财经大学出版社，2013.

9. 王占强 . 物业管理：经典案例与实务操作指引［M］. 北京：中国法制出版社，2020.

10. 张作祥．物业管理概论（第 4 版）［M］．北京：清华大学出版社，2008.

11. 程鸿群编．现代物业管理教程［M］．武汉：武汉大学出版社，2009.

12. 柳涌．香港物业管理方法［M］．北京：中国建筑工业出版社，2008.

13. 李士和、蔡庆兵．物业管理学［M］．浙江：浙江大学出版社，2007.

14. 丁兆增．商业物业管理法律风险防范与纠纷解决——以宝龙城市广场为视角［M］．厦门：厦门大学出版社，2014.

15. 张建新．物业管理概论［M］．南京：东南大学出版社，2005.

16. 董藩、周宇．物业管理概论［M］．北京：清华大学出版社，2005.

17. 张作祥．物业管理实务［M］．北京：清华大学出版社，2006.

18. 韩华、李洪磊、金芳．物业管理法律实务精要［M］．北京：法律出版社，2022.

19. 北京物业管理行业协会编．中国物业管理常用法律法规文件汇编［M］．北京：中国计划出版社，2022.

20. 赵海成、王军华编．物业管理概论（第 3 版）［M］．北京理工大学出版社，2021.

21. 郭宗逵、姚胜、高荣．物业管理［M］．东南大学出版社，2015.

22. 邵小云．公共物业·商业物业·工业物业管理与服务［M］．化学出版社，2015.

23. 吴鸿根 . 构建上海非居住物业管理法律法规体系［J］. 上海房地，2018（7）.

24. 魏玮 . 非居住物业管理的矛盾纠纷及其化解——以上海市为例［J］. 城市问题，2014（1）.

25. 柯堤 . 非居住物业管理若干问题研究［J］. 上海房地，2014（5）.

26. 胡永魁 . 我国物流园区发展模式演变及趋势概述［J］. 物流技术与应用，2023，28（11）.

27. 魏玮、罗良忠、王洪卫等 . 上海市非居住物业管理制度研究［A］. 2013 年政府法制研究［C］. 华东政法大学：2013：482+484–535.

28. 王凯敏 . 产权式商铺建筑物区分所有权研究［D］. 天津师范大学，2020.

后　记

本书主要关注经营性物业的物业管理法律理论研究和经营房屋的租赁、经营，以及物业管理实务中的若干重点问题。本书的理论部分，由田汉雄老师倾情指导，祝小东律师编制大纲，高清廉、丁伟认真修改。解读我国现行法律法规，介绍境外物业管理法律规定，诠释经营性物业管理的特点和难点。是对经营性物业管理法律理论的探索。本书的实务部分，由上海市光大律师事务所七位律师反复研究，精心筛选，深度剖析一系列典型、新颖案例，直观揭示法律规则在复杂现实情境中的巧妙运用与纠纷化解之道，旨在启迪读者洞察法理，提升应对实际问题的能力。案例部分以主体、客体、法律行为等为标准，分为不同的专题。在每个专题中，针对相对典型案件的判决进行分析。每个案例分为六个部分，分别从案情介绍、各方观点、法院判决、律师解读、操作指引、法条链接进行介绍和分析。

七位律师具体撰写如下：陆煜雯编写第六和第九章，庞亦翡编写第七章，吴海编写第八章，吴燕华和林摇雪共同编写第十章，吴燕华和邹颖共同编写第十一章，徐军编写第十二章。全书统稿工作由吴燕华完成。由于出版时间紧促，书中难免存在不足之处，恳请广大读者批评指正。